中国房地产业发展代价度量及制度补偿研究

李德智 著

东南大学出版社·南京

内容提要

在界定房地产业发展代价的基础上,从"全寿命周期""代价指向主体""代价来源主体"等三个维度探讨房地产业发展代价的分类和组成。选取商品房销售额与房屋销售面积之比和城镇基尼系数分别表征房价和城镇居民贫富差距,利用计量经济模型定量检验我国房价上涨"加大城镇居民贫富差距"的社会代价。选取居民消费价格指数和房价指数分别代表物价和房价,利用计量经济模型检验我国房价上涨"推动物价上涨"的社会代价。构建房地产开发生态效率模型及相应的房地产开发生态足迹、生态承载力和生态赤字等计算模型,定量检验"房地产开发生态效率低"的自然界代价。剖析我国房地产业发展代价的产生根源,提出对我国房地产业发展代价进行制度补偿的思路。本书可供房地产经济与管理领域的学者参考,也适合关心我国房地产业发展的各界人士阅读。

图书在版编目(CIP)数据

中国房地产业发展代价度量及制度补偿研究/李德智著.
—南京:东南大学出版社,2015.12
ISBN 978-7-5641-6266-5

Ⅰ.①中… Ⅱ.①李… Ⅲ.①房地产业-经济发展-研究-中国 Ⅳ.①F299.233

中国版本图书馆 CIP 数据核字(2016)第 003263 号

出版发行	东南大学出版社
出 版 人	江建中
网 址	http://www.seupress.com
电子邮箱	press@seupress.com
社 址	南京市四牌楼 2 号
邮 编	210096
电 话	025-83793191(发行) 025-57711295(传真)
经 销	全国各地新华书店
印 刷	兴化印刷有限责任公司
开 本	787m×1092mm 1/16
印 张	10.5
字 数	225 千
版 次	2015 年 12 月第 1 版
印 次	2015 年 12 月第 1 次印刷
书 号	ISBN 978-7-5641-6266-5
定 价	42.00 元

本社图书若有印装质量问题,请直接与营销部联系。电话(传真):025-83791830

序 言

本书的出版缘起于笔者的博士论文《中国房地产业发展代价问题研究》。自 2005 年 9 月开始,笔者在东南大学土木工程学院李启明教授和香港理工大学建筑及房地产学系 Eddie Chi Man Hui 教授的指导下,攻读土木工程建造与管理的博士学位。由于笔者是在职读博,彼时的主要工作是为东南大学工程管理专业的本科生讲授"房地产开发与经营"和"统计学"等课程。在备课和平时的科研中,笔者发现我国房地产业自改革开放以来,快速发展,房地产开发投资额、新开工和竣工房屋面积、城镇人均住宅建筑面积、吸纳就业人口等屡创新高,对国民经济起到积极拉动作用,成为当之无愧的支柱产业。与此同时,房地产业带来社会、经济、环境等方面的消极后果,包括高房价引致的中低收入家庭住房困难(如"蚁族""群租")和城镇居民贫富差距加大、大量房屋建设产生的建筑垃圾和扬尘、征地拆迁引发的群体性事件(如自焚、官民冲突)、房地产业占用大量资金对其他行业的挤压效应,等等。近年来,许多学者纷纷开展对房地产业发展积极作用的分析和评价研究,探究房地产业发展引致消极后果的研究比较少。为弥补这一缺陷,笔者拟从"发展代价"的视角,定性分析和定量检验我国房地产业引致的消极后果,并探寻相应的解决之道。

本书将哲学和社会学领域的"发展代价"思想引入房地产业,应用发展代价理论、生态学、制度经济学、计量经济学等相关理论和方法,系统性地研究我国房地产业的发展代价问题。除第 1 章的"绪论"和第 7 章的"总结与展望"之外,本书的主要内容如下:在第 2 章中,参照社会发展代价的概念及类似概念,并结合对房地产和房地产业的概念界定,明确房地产业发展代价的概念,然后从"房地产开发项目全寿命周期""代价指向主体""代价来源主体"等三个维度对我国房地产业发展代价进行分类(如按照代价指向主体的维度将房地产业发展代价分成自然界代价、社会代价、集体代价和个人代价等四个方面),并通过举例详细阐述房地产业发展代价的组成;在第 3 章中,选取商品房销售额与房屋销售面积之比和城镇基尼系数分别表征房价和城镇居民贫富差距,然后利用异方差性检验、格兰杰因果检验和广义脉冲响应函数及预测均方误差分解等计量经济模型,定量分析 1987 年—2005 年我国房价和城镇基尼系数之间的关系,判定近年来我国房价上涨付出了城镇居民贫富差距加大的社会代价;在第 4 章中,选取居民消费价格指数 CPI 和房价指数 REPI 分别代表物价和房价,并以 2005 年 11 月—2007 年 10 月间南京市为例,开展线性相关关系分析、自相关性分析、时间序列平稳性检验、协整检验、误差修正模型、格兰杰检验、广义脉冲响应函数分析等计量经济分析,判定近年来我国房价上涨付出了"推动物价上涨"的社会代价;在第5章中,将生态效率引入房地产开发行业,构建房地产开发生态效率模型及相应的房地产开发生态足迹、生态承载力和生态赤字等计算模型,并对2005年—2007年的南京市住宅开发进行了实证分析,判定近年来我国房地产业发展付出了"房地产开发生态效率低"的自然界代价;在第6章中,总结社会发展代价产生根源相关理论,深刻剖析我国房地产业发展代价的产生根源,包括定性的制度根源探究和定量的增长方式(以集约度和粗放度的组合表征)评价,并最终提出对我国房地产业发展进行制度补偿(包括正式制度和非正式制度)的思路。因博士论文成稿于2008年年底,而且部分章节已经提前在国内外期刊和学术会议上发表,故大部分案例研究的数据都截止于2008年。在决定出版本书之后,笔者搜集相关数据,并利用更新后的数据进行部分章节的案例分析,发现研究方法基本结论一致。加之时间仓促,笔者仅更新了我国房地产业发展的基本数据,并未更新案例研究的数据。

本书的编写和出版得到众多人士的关心和帮助。笔者首先感谢导师李启明教授和Eddie Chi Man Hui教授的谆谆教导,帮我打开学术殿堂的大门,授我拾级而上的方法,并不断鼓励笔者努力前行。没有两位导师的教导,绝无笔者博士论文的完成,自然亦无本书的出版。笔者还要感谢东南大学土木工程学院的吴刚院长及其他领导,他们不仅为笔者创造了良好的工作条件,还通过江苏高校优势学科建设工程、江苏高校品牌专业建设工程等经费资助本书的出版。笔者还要感谢东南大学建设与房地产系的诸位同仁,他们给笔者提供了和睦的工作环境和全方位的支持。笔者还要感谢舒瑞、周文韬、谢莉、谭凤等同学,他们帮笔者搜集和更新了部分数据。笔者更要感谢家人,没有她们的理解和付出,笔者难以定心从事教学和科研工作,将本书献给她们!

在本书的写作过程中,参考了许多论文、书籍和电子资源,向这些作者深表谢意。由于作者水平有限,且时间紧迫等原因,本书难免有缺陷乃至错误之处,敬请广大读者批评指正!

李德智
2015.12.1

目 录

1 绪论 ………………………………………………………………………… 1
　1.1 研究背景和实践意义 ……………………………………………… 1
　　1.1.1 近年来我国房地产业发展取得的成就 ……………………… 1
　　1.1.2 近年来我国房地产业发展存在问题 ………………………… 4
　　1.1.3 本研究实践意义 ……………………………………………… 8
　1.2 国内外研究现状及理论意义 ……………………………………… 9
　　1.2.1 国外研究现状 ………………………………………………… 9
　　1.2.2 国内研究现状 ………………………………………………… 12
　　1.2.3 本研究理论意义 ……………………………………………… 13
　1.3 研究目的、内容及方法 …………………………………………… 14
　　1.3.1 研究目的 ……………………………………………………… 14
　　1.3.2 研究内容 ……………………………………………………… 14
　　1.3.3 研究方法 ……………………………………………………… 16
　1.4 本章小结 …………………………………………………………… 16

2 房地产业发展代价概念界定及内涵剖析 …………………………… 17
　2.1 社会发展代价的概念及内涵 ……………………………………… 17
　　2.1.1 "发展"的概念及内涵 ………………………………………… 17
　　2.1.2 "代价"的概念及内涵 ………………………………………… 20
　　2.1.3 发展代价的分类 ……………………………………………… 21
　2.2 房地产业发展代价的概念及内涵 ………………………………… 23
　　2.2.1 房地产业发展代价的概念 …………………………………… 23
　　2.2.2 房地产业发展代价的分类 …………………………………… 26
　　2.2.3 房地产业发展代价的组成 …………………………………… 29
　2.3 本章小结 …………………………………………………………… 35

3 中国房地产业发展代价度量(一)
　——对房价上涨"加大城镇居民贫富差距"的社会代价检验 ……… 36
　3.1 变量选择与数据确定 ……………………………………………… 36
　　3.1.1 房价 …………………………………………………………… 36

3.1.2　贫富差距 …… 39
　3.2　模型构建与分析 …… 45
　　3.2.1　线性相关关系分析 …… 45
　　3.2.2　异方差性检验 …… 47
　　3.2.3　时间序列平稳性检验 …… 48
　　3.2.4　格兰杰因果检验 …… 50
　　3.2.5　广义脉冲响应函数 …… 51
　　3.2.6　方差分解分析 …… 55
　3.3　分析结果解释 …… 58
　3.4　本章小结 …… 60

4　中国房地产业发展代价度量（二）
——对房价上涨"推动物价上涨"的社会代价检验 …… 61
　4.1　变量选择与数据确定 …… 61
　　4.1.1　CPI …… 61
　　4.1.2　REPI …… 68
　4.2　模型构建与分析 …… 72
　　4.2.1　异方差性检验 …… 72
　　4.2.2　线性相关关系及自相关性分析 …… 73
　　4.2.3　时间序列平稳性检验 …… 76
　　4.2.4　协整检验 …… 78
　　4.2.5　误差修正模型 …… 80
　　4.2.6　格兰杰因果检验 …… 82
　　4.2.7　广义脉冲响应函数 …… 83
　　4.2.8　方差分解分析 …… 85
　4.3　本章小结 …… 87

5　中国房地产业发展代价度量（三）
——对"房地产开发生态效率低"的自然界代价检验 …… 89
　5.1　生态效率的定义、计算方法和应用 …… 89
　　5.1.1　生态效率的定义 …… 89
　　5.1.2　生态效率的计算方法 …… 91
　　5.1.3　生态效率的国内外应用 …… 92
　5.2　房地产开发生态效率和生态足迹 …… 95
　　5.2.1　房地产开发生态效率的概念和计算模型 …… 95
　　5.2.2　房地产开发经济价值计算模型 …… 96
　　5.2.3　生态足迹的概念及分析方法 …… 98
　　5.2.4　房地产开发生态足迹及相关计算模型 …… 103

5.3 南京市住宅开发生态效率的实证分析 ·· 106
　　　　5.3.1 南京市及其住宅开发基本情况分析 ·· 106
　　　　5.3.2 计算方法采用和基础数据获取 ·· 108
　　　　5.3.3 南京市住宅开发的生态足迹和生态赤字 ·································· 110
　　　　5.3.4 南京市住宅开发的生态效率 ·· 113
　　　　5.3.5 结果分析与讨论 ·· 114
　　5.4 本章小结 ·· 115

6 中国房地产业发展代价根源剖析及制度补偿 ·· 116
　　6.1 发展代价产生根源的相关理论 ·· 116
　　　　6.1.1 社会发展代价产生根源的相关理论 ·· 116
　　　　6.1.2 其他发展代价产生根源的相关理论 ·· 118
　　6.2 中国房地产业发展代价根源之相关制度 ··· 119
　　　　6.2.1 中国房地产业发展代价的根源 ·· 119
　　　　6.2.2 中国房地产业发展代价的制度根源 ·· 122
　　6.3 中国房地产业发展代价根源之增长方式 ··· 126
　　　　6.3.1 房地产开发行业经济增长方式 ·· 126
　　　　6.3.2 房地产开发行业集约度与粗放度 ··· 128
　　　　6.3.3 中国房地产开发行业集约度与粗放度 ···································· 130
　　6.4 中国房地产业发展代价的制度补偿 ·· 135
　　　　6.4.1 中国房地产业发展代价制度补偿的内涵 ································· 135
　　　　6.4.2 中国房地产业发展代价制度补偿的思路 ································· 136
　　6.5 本章小结 ·· 138

7 总结与展望 ·· 140
　　7.1 主要结果 ·· 140
　　7.2 创新之处 ·· 141
　　7.3 不足与展望 ·· 142
　　7.4 本章小结 ·· 143

参考文献 ·· 144

1 绪论

1.1 研究背景和实践意义

1980年4月,邓小平同志发表《关于建筑业和住宅问题的谈话》,明确了改革城镇住房投资、建设和分配制度的总体设想。同年12月,《国务院批转全国城市规划工作会议纪要》(国发〔1980〕299号)明确提出鼓励采用"企业化经营"的房地产开发公司进行城市建设。随后,逐步深入的住房制度改革和土地制度改革不断推动着我国房地产业的发展,使其到目前为止大致经历了起步与发展(1978年—1992年)、房地产泡沫(1992年—1993年)、调整与恢复(1993年—1998年)[1]、快速发展(1998年—2008年)和调整发展(2008年至今)等五个阶段。在这些阶段的转折年份中,1998年是最为关键的一年,因为十几年的住房制度改革在这一年最终得以落实,住房分配从这一年开始由福利型实物分配彻底转变为社会型货币分配,我国房地产业也由此从这一年开始真正发展起来[2]。因此,本书对近年来我国房地产业发展情况的分析将主要从1998年开始,包括其发展取得的成就及带来的问题两个方面,而前者又包括房地产业自身取得的成就及其对国民经济的正面作用两个方面。

1.1.1 近年来我国房地产业发展取得的成就

随着近年来我国宏观经济的持续高位增长和城镇居民经济水平的不断提高,加之国家积极财政政策的刺激,我国房地产业发展非常迅速,房地产开发投资屡创新高,占固定资产投资和GDP的比例总体上均呈不断上升之势。由表1-1可知,从2000年—2008年,我国房地产开发投资的环比增速都在20%以上。尽管2009年—2013年出现较大波动,但平均每年递增约5 500亿元。同时,自2000年以来,我国房地产开发投资占社会固定资产投资的比例都在15%以上,有的年份甚至超过了19.5%;其占GDP的比例都在5%以上,且呈加速增长之势,2013年已经超过15%。

表1-1 1998年—2013年我国房地产开发投资

年份	房地产开发投资(亿元)	增速(%)	固定资产投资(亿元)	房地产开发投资占固定资产投资比例(%)	GDP(亿元)	房地产开发投资占GDP比例(%)
1998	3 614.2	—	28 406.2	12.72	84 402.3	4.28

续表 1-1

年份	房地产开发投资(亿元)	增速(%)	固定资产投资(亿元)	房地产开发投资占固定资产投资比例(%)	GDP(亿元)	房地产开发投资占GDP比例(%)
1999	4 103.2	13.53	29 854.7	13.74	89 677.1	4.58
2000	4 984.1	21.47	32 917.7	15.14	99 214.6	5.02
2001	6 344.1	27.29	37 213.5	17.05	109 655.2	5.79
2002	7 790.9	22.81	43 499.9	17.91	120 332.7	6.47
2003	10 153.8	30.33	55 566.6	18.27	135 822.8	7.48
2004	13 158.3	29.59	70 477.4	18.67	159 878.3	8.23
2005	15 909.2	20.91	88 773.6	17.92	183 867.9	8.65
2006	19 422.9	22.09	109 998.2	17.66	210 871.0	9.21
2007	25 288.8	30.20	137 323.9	18.42	265 810.3	9.51
2008	31 203.2	23.39	172 828.4	18.05	314 045.4	9.94
2009	36 241.8	16.15	224 598.8	16.14	340 902.8	10.63
2010	48 259.4	33.16	278 121.9	17.35	401 512.8	12.02
2011	61 796.9	28.05	311 485.1	19.84	473 104.0	13.06
2012	71 803.8	16.19	374 694.7	19.16	519 470.1	13.82
2013	86 013.4	16.52	446 294.1	19.27	568 845.2	15.12

数据来源:《中国统计年鉴 2003》和《中国统计年鉴 2014》,经作者整理和计算所得。

随着房地产开发投资的逐年增加,我国房地产开发规模也总体上呈快速上升的趋势。在新开工房屋面积方面,平均增速为 16.49%,平均每年增加 1.21 亿平方米;在施工房屋面积方面,平均增速为 18.72%,平均每年增加 4.10 亿平方米;在竣工房屋面积方面,平均增速为 12.40%,平均每年增加 0.56 亿平方米。

表 1-2 1998 年—2013 年我国房地产开发规模

年份	新开工房屋面积(万平方米)	增速(%)	施工房屋面积(万平方米)	增速(%)	竣工房屋面积(万平方米)	增速(%)
1998	20 387.90	—	50 770.1	—	17 566.6	—
1999	22 579.41	10.75	56 857.6	11.99	21 410.8	21.88
2000	29 582.64	31.02	65 896.9	15.90	25 104.9	17.25
2001	37 394.18	26.41	79 411.7	20.51	29 867.4	18.97
2002	42 800.52	14.46	94 104.0	18.50	34 975.8	17.10
2003	54 707.53	27.82	117 526.0	24.89	41 464.1	18.55
2004	60 413.86	10.43	140 451.4	19.51	42 464.9	2.41

续表 1-2

年份	新开工房屋面积（万平方米）	增速（%）	施工房屋面积（万平方米）	增速（%）	竣工房屋面积（万平方米）	增速（%）
2005	68 064.44	12.66	166 053.3	18.23	53 417.0	25.79
2006	79 252.83	16.44	194 786.4	17.30	55 830.9	4.52
2007	95 401.53	20.38	236 318.24	21.32	60 606.68	8.55
2008	102 553.37	7.50	283 266.20	19.87	66 544.80	9.80
2009	116 422.05	13.52	320 368.20	13.10	72 677.40	9.22
2010	163 646.87	40.56	405 356.40	26.53	78 743.90	8.35
2011	191 236.87	16.86	506 775.48	25.02	92 619.94	17.62
2012	177 333.62	−7.27	573 417.52	13.15	99 424.96	7.35
2013	201 207.84	13.46	665 571.89	16.07	101 434.99	2.02

数据来源：《中国统计年鉴 2014》，经作者整理和计算所得。

在我国房地产业自身快速发展并取得如前文所述成就的同时，其对社会和国民经济的正面作用也日益呈现。诸多定性分析指出，房地产业是经济活动的基本物质前提，是国民经济发展的基本保障，是人口素质提高和社会全面进步的基本条件，是城市经济发展和现代化的重要物质基础，是创造社会财富的重要源泉，而且它的发展有助于优化城市经济结构，能够促进房地产资源的合理配置，增加政府财政收入，有利于市场体系的培育和完善，可以优化消费结构，提高消费水平，也可以吸引外资，促进对外开放[3][4]。从定量角度而言，房地产业对国民经济的部分作用可见表 1-3 和图 1-1 所示。在表 1-3 中，房地产业对相关产业的带动效应是指房地产业通过需求拉动和供给推动产生的总效应。由该表可知，国民经济中绝大部分产业与房地产业有关联关系，且我国房地产业每增加 1 单位产值对各产业的总带动效应为 1.416，具有显著的放大效应。由图 1-1 可知，近年来我国房地产开发企业的从业人员数和城市人均住宅建筑面积总体上呈稳健上升的趋势，即房地产业在日益吸纳大量人口就业的同时，也确实在为城市居民的居住水平提高做出不可磨灭的贡献。

表 1-3　我国房地产业对主要关联产业的带动效应

产业名称	带动效应	产业名称	带动效应
金融保险业	0.145	农业	0.048
商业	0.145	电器机械及器材制造业	0.045
建筑业	0.094	行政机关及其他行业	0.041
非金属矿物制造业	0.093	纺织业	0.040
化学工业	0.090	金属制品业	0.039
社会服务业	0.087	食品制造及烟草加工业	0.038

续表 1-3

产业名称	带动效应	产业名称	带动效应
金属冶炼及压延加工业	0.054	电子及通信设备制造业	0.038
机械工业	0.049	造纸印刷机文教用品制造业	0.037
对40个产业的总效应	1.416		

数据来源：参考文献[5]。

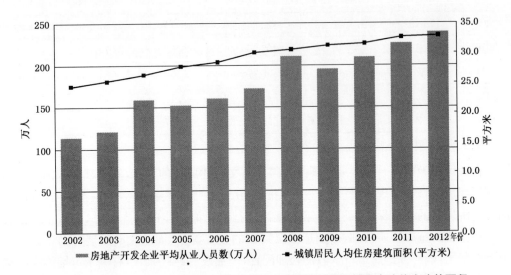

图 1-1 2002 年—2012 年我国房地产开发企业从业人员数和城市人均住宅建筑面积
数据来源：《中国统计年鉴 2003》和《中国统计年鉴 2014》，经作者整理和计算所得。

由于近年来我国房地产业在其自身发展及对国民经济贡献两个方面取得的巨大成就，它被公认为我国国民经济的基础性产业和先导性产业，甚至被《国务院办公厅转发建设部等部门关于调整住房供应结构稳定住房价格意见的通知》（国办发〔2006〕37 号）界定为"我国新的发展阶段的一个重要支柱产业"。虽然近年来由于种种原因，各级政府的房地产业相关政策文件中绝口不提"支柱产业"的概念，但是每当国民经济放缓时，政府屡屡通过解除商品房的"限贷"和"限购"等禁令、降低消费者购置商品房的首付款比例、降低商业银行（乃至公积金）的贷款利率和门槛、大力建设保障性住房等措施，刺激房地产业发展，以期带动国民经济发展，充分显示出房地产业在国民经济中无可替代的重要地位。

1.1.2 近年来我国房地产业发展存在问题

正如一枚硬币拥有正反两面一样，我国房地产业发展在取得前文所述这些成就的同时，也存在诸多问题，包括房价上涨过快、社区阶层化、房地产项目的负外部性、征地拆迁中的利益冲突、房地产业的高比例财务杠杆、住房供应结构不合理、住房保障制度不健全、地区间发展不均衡、房地产市场秩序比较混乱、地方政府行为失当、"房奴"和"租奴"

的出现、房地产投机活动活跃、房地产业过度膨胀导致的国民经济结构不合理等。本书拟在此处重点探讨其中的4个问题。

1) 房价上涨过快

房价包括单价和总价,其中单价的快速上涨已经为社会普遍认可,其近年来全国范围内的平均变化情况如表1-4所示。由该表可知,2000年以来,我国各业态商品房的均价环比增速平均为7.65%,有的年份甚至超过23%;住宅的均价环比增速平均为7.96%,总体上超过各业态的平均增速;商业营业用房的均价总体上呈上升趋势,2005年较2004年的增速甚至高达约30%;办公楼和其他商品房的均价波动较大,但是环比增速平均分别为5.83%和6.77%。值得一提的是,表1-4中的价格都是全国范围内的年度平均价格,个别地区和个别月份的涨幅甚至远超过该数值。

表1-4 1998年—2013年我国商品房销售单价　　　　　　　　　　　元/平方米

年份	平均	增速(%)	住宅	增速(%)	办公楼	商业营业用房	其他
1998	2 063	—	1 854	—	5 552	3 170	1 837
1999	2 053	−0.48	1 857	0.16	5 265	3 333	1 804
2000	2 112	2.87	1 948	4.90	4 751	3 260	1 864
2001	2 170	2.75	2 017	3.54	4 588	3 274	2 033
2002	2 250	3.69	2 092	3.72	4 336	3 489	1 919
2003	2 359	4.84	2 197	5.02	4 196	3 675	2 241
2004	2 778	17.76	2 608	18.71	5 744	3 884	2 235
2005	3 168	14.03	2 937	12.61	6 923	5 022	2 829
2006	3 367	6.29	3 119	6.21	8 053	5 247	3 131
2007	3 864	14.77	3 645	16.86	8 667	5 774	3 351
2008	3 800	−1.65	3 576	−1.90	8 378	5 886	3 219
2009	4 681	23.18	4 459	24.69	10 608	6 871	3 671
2010	5 032	7.50	4 725	5.97	11 406	7 747	4 099
2011	5 357	6.46	4 993	5.68	12 327	8 488	4 182
2012	5 791	8.10	5 430	8.75	12 306	9 021	4 306
2013	6 237	7.70	5 850	7.73	12 997	9 777	4 907

数据来源:《中国统计年鉴2014》,经作者整理和计算所得。

至于总价的变化,因为相关统计资料的缺乏,本书拟以销售额(即总价之和)的变化情况加以代表,其与GDP、城镇居民消费水平、职工工资总额的对比如表1-5所示。由该表可知,1998年—2007年,商品房销售额尤其是住宅销售额的增速均远超过我国GDP、城镇居民消费水平、职工工资总额的增速,即商品房总价增长过快。2008年以来,商品房销售额和住宅销售额的增速虽有所控制,但波动较大。由此可以看出,商品房和住宅销售额的增速与社会经济部分指标不协调,未实现均衡发展。

表 1-5 1998 年—2013 年我国商品房销售及相关指标

年份	商品房销售额增速(%)	住宅销售额增速(%)	GDP 增速(%)	城镇居民消费水平增速(%)	职工工资总额增速(%)
1998	39.67	42.58	6.87	4.91	−1.16
1999	18.88	20.27	6.25	4.85	6.45
2000	31.71	33.76	10.64	6.95	7.87
2001	23.56	24.55	10.52	4.54	11.42
2002	24.05	23.29	9.74	4.54	11.74
2003	31.88	31.98	12.87	7.67	12.40
2004	30.42	31.73	17.71	10.57	14.91
2005	69.40	68.97	15.00	7.64	17.10
2006	18.49	18.70	14.69	10.68	17.62
2007	43.52	47.88	26.05	14.24	21.47
2008	−16.13	−17.09	18.15	12.56	19.74
2009	76.94	81.32	8.55	9.16	14.16
2010	18.86	14.80	17.78	11.02	17.33
2011	11.13	9.24	17.83	15.48	26.83
2012	10.01	10.93	9.69	10.53	18.28
2013	26.33	26.61	9.50	8.77	31.24

数据来源:《中国统计年鉴 2014》,经作者整理和计算所得。

2) 征地拆迁中的利益冲突

1994 年我国实行分税制后,作为主体税种的增值税、所得税为中央、地方所共享,而土地出让金作为地方预算外收入则全部划归地方所有。国务院发展研究中心的一份调研报告显示,在一些地方,土地直接税收及城市扩张带来的间接税收占地方政府预算内收入的 40%,而土地出让金净收入占政府预算外收入的 60% 以上。另据 2013 年 6 月国家审计署公布的《36 个地方政府本级政府性债务审计结果》,18 个省会和直辖市中有 17 个承诺以土地出让收入来偿债。2014 年 4 月,《中国经济周刊》、中国经济研究院联合研究并发布的"我国 23 个省份'土地财政依赖度'排名报告"显示,23 个省份之中靠土地财政偿债占负债比例最少的也有五分之一,浙江和天津都有三分之二的债务要靠土地出让收入偿还。因此,"吃饭靠财政,建设靠国土"成为一些地方政府的思维定式,这使得地方政府有很强的土地出让冲动。而出让的土地来源无外乎集体土地的征用或旧城区的拆迁,尽管目前土地征用和拆迁的利益分配机制不甚合理。例如,按照上海市社科院 2006 年提供的数据,在长三角地区,农地征用价格为每公顷 37.5 万~45 万元,农地一级市场出让价格为每公顷 210 万～525 万元,二级市场价格为每公顷 1 125 万～2 250 万元。由此,必然导致我国征地拆迁期间的巨大矛盾和利益冲突,产生后文 2.2.3.2 中"部分失地农民生活困难"的集体代价。

3) 房地产项目的负外部性

外部性,也称外在性或外部效应,是指一个人或者企业主体的行为,对旁观者福利的影响。不利的影响为负外部性,有利的影响则为正外部性。房地产项目在其开发建设和使用期间产生的负外部性按其影响对象,主要包括与资源保护有关的"生态负外部性"和与当地社会经济发展有关的"社会负外部性"两类。其中,生态负外部性包括土地资源的大量占用、对自然景观的破坏、玻璃幕墙的光污染、灰尘、建筑垃圾和建筑能耗大等,而社会负外部性则包括项目选址时对公共自然空间的占用以及施工时产生的噪声、交通堵塞等。

4) 房地产业的高比例财务杠杆

如表 1-3 所述,我国房地产业与国民经济中绝大多数产业关系密切,几乎形成"一荣俱荣、一损俱损"的局面,尤其是其中的金融保险业,房地产业对它的带动效应最大。而实际上,房地产企业通常是靠高比例的财务杠杆和大量的银行贷款来运作的,图 1-1 中城市人均住宅建筑面积的不断增加也是依靠住房抵押贷款实现的。这是因为:首先,近年来我国房地产开发企业资产负债率普遍较高,如 2014 年万科、恒大、保利、碧桂园、世茂、融创中国、龙湖、富力、招商、金地共十家品牌房地产开发企业的平均资产负债率超过 70%;其次,虽然如表 1-6 所示,房地产开发企业实际到位资金中直接银行贷款的比例仅为 20% 左右,但是按照中国人民银行《2004 中国房地产金融报告》的统计分析,我国房地产开发企业自筹资金的 70% 和其他资金来源的 26%(因为定金和预收款约为其他资金来源的 86.37%,而这两者的 30% 左右又来自消费者的银行贷款)又间接来自于银行贷款,因此计算可知近年来我国房地产开发企业的银行贷款综合比例(直接银行贷款和间接银行贷款的所占比例之和)均在 50% 以上;再次,个人住房抵押贷款作为低风险的优质贷款,长期以来备受各大商业银行青睐,譬如央行《2014 年一季度金融机构贷款投向统计报告》显示,截至 2014 年 3 月末个人购房贷款余额达到 10.29 万亿元,占同期金融机构人民币各项贷款余额的比重达到 13.7%,与 2009 年年末相比,余额增加了 1 倍以上,比重增加了近 2 个百分点,与 2006 年年末相比,余额增加了 4 倍以上,而比重增加了约 5 个百分点;最后,综合房地产业的生产者(即房地产开发企业)和消费者(即购房者)的贷款情况可知,我国房地产业的运行是建立在高比例的财务杠杆之上的,即房地产业将其风险在很大程度上转嫁给了银行。

表 1-6　1998 年—2013 年我国房地产开发企业实际到位资金情况

年份	实际到位资金合计(亿元)	银行贷款(亿元)	自筹资金(亿元)	其他资金来源(亿元)	银行贷款占比(%)
1998	4 414.94	1 053.17	1 166.98	1 811.85	23.85%
1999	4 795.90	1 111.57	1 344.62	2 063.20	23.18%

续表 1-6

年份	实际到位资金合计(亿元)	银行贷款(亿元)	自筹资金(亿元)	其他资金来源(亿元)	银行贷款占比(%)
2000	5 997.63	1 385.08	1 614.21	2 819.29	23.09%
2001	7 696.39	1 692.20	2 183.96	3 670.56	21.99%
2002	9 749.95	2 220.34	2 738.45	4 619.90	22.77%
2003	13 196.92	3 138.27	3 770.69	6 106.05	23.78%
2004	17 168.77	3 158.41	5 207.56	8 562.59	18.40%
2005	21 397.84	3 918.08	7 000.39	10 221.56	18.31%
2006	27 135.55	5 356.98	8 597.09	12 781.33	19.74%
2007	37 477.96	7 015.64	11 772.53	18 048.75	18.72%
2008	39 619.36	7 605.69	15 312.10	15 973.35	19.20%
2009	57 799.04	11 364.51	17 949.12	28 006.01	19.66%
2010	72 944.04	12 563.70	26 637.21	32 952.45	17.22%
2011	85 688.73	13 056.80	35 004.57	36 842.22	15.24%
2012	96 536.81	14 778.39	39 081.96	42 274.38	15.31%
2013	122 122.47	19 672.66	47 424.95	54 490.70	16.11%

数据来源：《中国统计年鉴 2014》，经作者整理和计算所得。

1.1.3 本研究实践意义

由前文可知，近年来我国房地产业在投资规模和开发规模等方面发展非常迅速，房地产开发投资占 GDP 比例逐年上升，且其每增加 1 单位产值对国民经济其他产业的总带动效应为 1.416，也在日益吸纳大量人口就业的同时为城市居民的居住水平提高做出不可磨灭的贡献。由于它在自身发展及对国民经济贡献两个方面取得的巨大成就，房地产业已成为我国新的发展阶段的一个重要支柱产业。但是，不可否认，它的发展也同时存在房价上涨过快、征地拆迁中的利益冲突、房地产项目的负外部性、房地产业的高比例财务杠杆等诸多问题，对我国社会、经济、环境和民生等多方面产生了一系列较为严重的负面影响和不良后果。譬如，清华大学刘洪玉教授在 2007 年 4 月"中国高等院校房地产学者联谊会"成立大会上曾经指出，房地产业发展的负面作用包括"房地产投机活动活跃，形成经济泡沫，影响社会经济稳定；高房价、高地价、高租金，导致社会生产成本上升，降低地区竞争力；房地产过度膨胀，导致经济结构不合理；无计划的土地出让，造成土地资源浪费，政府调控能力减弱"等。即我国房地产业在快速发展的同时也付出了一定的代价，而过高的代价将损失甚至抵消发展的成果。因此，对我国房地产业发展代价的问题展开研究,探讨其概念、分类和组成,对其定量评价,剖析其产生根源并提出制度补偿建议,具有重要的现实意义。

1.2 国内外研究现状及理论意义

1.2.1 国外研究现状

近年来,国外有关房地产业发展代价方面的研究主要集中在以下方面:

1) 对"发展"的总体认识——"发展观"

自 20 世纪 40 年代末发展经济学的出现开始,人们一直在摸索什么是发展和怎样发展,即"发展观"经过了半个多世纪以来的演变和深化。在 20 世纪 50 年代,人们认为发展就是指经济增长,将增长与发展不加任何区别;到了 60 年代,人们把发展与增长这两个概念区分开来,认为发展是指增长加变化,但仍然把增长作为发展的主要内容之一;到了 70 年代,人们则把经济增长贬低到非常次要的地位,转而强调增加就业、消除贫困和公平分配等发展目标;到了 80 年代,发展观则转到环境与可持续发展问题,把环境改善作为发展的主要内容之一,但认为经济增长对实现可持续发展仍然是必不可少的;从 90 年代开始,则把发展的概念进一步拓宽,认为它不仅包括经济增长、就业创造、收入分配公平、环境的改善与可持续发展,而且还包括文化的多样性和政治参与等社会、文化和政治内容[6]。

2) 对发展与代价关系的思考分析

它大致可以分为以下五个阶段:

(1) 从古希腊罗马时代到中世纪。古希腊罗马时代的赫拉克利特(约公元前 540—前 470 年)、伊壁鸠鲁(公元前 341—前 270 年)、卢可莱修(公元前 98—前 53 年)凭借对立统一的辩证法来探讨代价与发展的关系问题,而中世纪封建时代的欧洲哲学家则将该问题引入宗教神学的领地,如托马斯·阿奎那(1225—1274 年)。

(2) 从文艺复兴时代到 19 世纪中叶。乔尔丹诺·布鲁诺(1548—1600 年)弘扬了古代辩证法的权威,之后的卢梭(1712—1778 年)则从人类历史的纵向发展方面全景式地阐释了人类为自身的发展所付出的沉重代价,而德国古典哲学的集大成者黑格尔(1770—1831 年)综合性地运用对立统一方法、肯定与否定方法、同一与异化方向深刻地论述了人的发展与发展的代价关系,将代价与发展的理论推至一个新的高度。

(3) 19 世纪中叶到第二次世界大战之前。马克思主义理论以其旺盛的生命力处于主流地位,它概要地叙述了代价在人的发展过程中的普遍性和必然性、代价在阶级社会中的对抗性和非人道性、代价在历史发展中的杠杆作用等。其他哲学派也对该问题进行了一定的探讨与分析,如悲观的叔本华(1788—1860 年)分析了人的欲望与欲望的代价,悲壮的尼采(1844—1900 年)分析了人的生命与生命的代价,怪异的弗洛伊德(1865—1939 年)分析了人的本能与本能的代价,人道的萨特(1905—1980 年)分析了自由与自由的代价,激进的马尔库塞(1898—1979年)分析了文明与文明的代价。

(4) 第二次世界大战之后至20世纪80年代。全球性发展问题日益突出,国外尤其是西方的许多学者和组织集中研究了"社会发展与代价"问题,力图找到解决问题的办法,寻求发展的再生之路,如罗马俱乐部从环境、农业生产、资源和人口角度描述了发达工业化社会发展所付出的巨大社会代价,以人为中心的综合发展观着重说明发达工业化社会发展中人所付出的惨重代价,并提出以人为中心的综合发展观以克服该代价,法兰克福学派着重从技术异化的角度描述西方发达技术社会中的人所付出的代价,后现代主义着重描述"现代性"乃至整个现存文化所导致的社会代价和人的代价,并由此说明这一社会中出现的各种危机。

(5) 20世纪80年代至今。主要从社会学、生态学、环境保护、可持续发展等角度进行探讨分析,有代表性的研究成果包括原美国副总统A. Gore(1992)的《濒临失衡的地球——生态与人类精神》、Barry Commoner(2001)的《封闭的循环——自然、人和技术》,以及国际科联(ICSU)和国际社科联(ISSC)组织的SCOPE计划和IHDP计划年度报告、世界环境与发展委员会(1987)的研究报告《我们共同的未来》、联合国环境与发展会议(1992)签署发布的《地球宪章》等。2015年8月,联合国193个会员国达成《变革我们的世界——2030年可持续发展议程》的共识文件,涵盖了"以人为本"的17个可持续发展目标,要求:既要促进发展,又要保护环境,二者必须协调推进,不可偏废,不能因为一味追求发展而破坏地球这一人类共同的家园。

3) 对发展代价类似概念的界定及量化研究

国外学者对社会经济发展付出的成本或承担的负面影响的研究比较多,但主要是从"成本"的角度出发的,以便于测算和计量。其中,最具代表性的概念和研究成果主要包括:

(1) "社会成本"及相关概念。法国籍经济学家西蒙·德·西斯蒙第在其1929年出版的《政治经济学新原理》一书中首次明确提出"社会成本"的概念,即由于工人失业、废物的流失等所造成的对别人和社会的一种损害。之后,福利经济学的代表人物A. C. 庇古在其1920年出版的《福利经济学》一书中提出"外部效应"、英国著名经济学家阿弗里德·马歇尔在其代表作《经济学原理》中提出"外部经济性"、制度经济学的主要代表人物W. 卡普在其1950年出版的《私人企业社会成本》一书中提出"社会损失"等概念,它们也为美国经济学家罗那德·哈理·科斯在1960年出版其代表作《社会成本问题》并正式提出社会成本理论提供了重要的理论基础。科斯认为社会成本包括私人成本和交易成本,其中私人成本是个人生产某种商品或服务所花费的成本,也就是传统意义上生产厂家所核算的产品成本,而交易成本则是个人为实现该种商品或服务的社会交易而耗费的成本,如搜集有关价格信息的成本、讨价还价的成本、签订契约的成本、检验与执行成本等。

(2) 环境成本。联合国统计署(UNSO)在1993年发布的"环境与经济综合核算体系"(SEEA)中指出,环境成本包括自然资源数量消耗和质量减退而造成的自然资源价值的减少以及为了防止环境污染而发生的各种费用和为了改善环境、恢复自然资源的数量或质量而发生的各种费用支出。联合国国际会计和报告标准政府间专家工作组(ISAR)于1998年2月通过的《环境成本和负债的会计与财务报告》是目前国际上第一份关于环境会计和报告的系统完整的国际指南,它对环境成本、环境资产、环境负债等概念进行了定义,并对环境成本的确认、环境负债的确认与计量、补偿的确认等进行了规范。美国、加拿大、日本和欧洲许多国家也积极开展了环境成本的相关研究,如:美国财务会计准则委员会(FASB)从1989年起指定工作小组(EITF)专门研究环境事项的会计处理,并制定了《EITF89-13 石棉清理成本的会计处理》和《EITF90-8 处理环境污染成本的资本化》两份公告,规定了环境成本资本化的条件;美国国家环境保护局(EPA)在环境成本方面组织编写了《环境会计导论:作为一种企业管理工具》一书,在环境成本计算、成本分配、环境会计信息应用等方面为企业管理实务提供了技术指南;加拿大特许会计师协会(CICA)于1995年发布《环境成本与负债:会计与财务报告问题》,研究了环境成本与损失的认定以及资本化或费用化、由于环境原因引发的资产修复、环境成本和未来环境支出及损失的披露问题等;日本环境省1999年颁布了《关于环境保全成本的把握与披露的指导要点(环境会计指导要点)》,将环境保全成本分为"环境保全投资额和当期费用",并在此基础上做了六种明细分类,而且还提供"环境会计帮助系统"以协助企业编制并公布自己的环境会计报告书;英格兰和威尔士特许会计师协会(CREW)于1996年10月提出一份讨论文件——"财务报告中的环境问题",详细述及环境成本核算、环境负债、资产损害复原、信息披露等问题。在这些政府文件的要求和鼓励下,美国石油、钢铁、金属、汽车和造纸五个行业公司自1998年开始在互联网上附加揭示环境信息,许多日本公司如EPSON、索尼、西友、松下、NEC、东京电力、理光等都相继公布了自己的环境会计报告书。

4) 房地产业发展存在问题及其负面影响

长期以来,这方面的研究一直主要集中在施工建设阶段,但随着近年来全球范围房地产业的繁荣,尤其是美国次贷危机的蔓延,有关房地产业对社会经济的负面影响的研究也日益增多。这方面代表性的研究成果包括:Berrens & McKee(2004)分析了房地产产品销售价格不透明可能带来的负面效果,包括财产税征收基准的不公平、国家税收的泄漏、政府管理低效及其他间接的负作用等[7];Shimizu等(2004)分析了日本东京房地产市场中因为信息缺失或不对称而造成的消费者寻找成本、售房者房屋空置的机会成本等社会成本问题[8];Merchant(2007)调查分析了住宅项目施工现场木材垃圾的产生原因,并提出了如何减少这些垃圾的措施建议[9];Bertrand & Kim(2007)总结了1996年—2006年间房价在全球范围内的普遍上涨情况,指出其原因在于收入差距的加大和人口结构的变化,提出其可能导致金融危机和信用危机等不良后果,并对美国次贷危机进行了专题分析[10];Toller等(2013)利用生命周期评估法对瑞典的建筑和房地产管理领域的环境影响进行了测评,比如能源消耗、温室气体排放、氮氧化物排放、微尘的排放、危险化工产品的使用以及垃圾的产生等[11];Zhou等(2013)分析了住房市场信息的不对称性给非本地区的购房者带来的更高的搜索成本及房价[12];Dettling & Kearney(2014)分析了房价的波动对于婴儿出生率的影响,表明短期的房价上涨会降低无房家庭的生育率[13];

Ennis等(2014)调查分析了澳大利亚新兴城市达尔文市增长的住房压力,以及专注经济增长所带来的居民的公民权被剥夺和服务行业被破坏的负面影响,提出应有合理的规划以及政府、社区组织以及公司之间的伙伴关系来确保这些经济增长收益的均衡分配[14];Saez等(2014)分析了一个住宅项目建设过程中建筑垃圾如何产生,明确了建设活动加剧建筑垃圾的产生,并为找到一些解决方案和改善方案,对几处建筑工地进行分析来量化建筑垃圾的生成[15]。

1.2.2 国内研究现状

近年来,国内有关房地产业发展代价方面的研究主要集中在以下方面:

1) 对"发展"的认识——"发展观"

新中国成立以来,我国的"发展观"演进主要经历了赶超论发展观、先富后富论发展观和科学发展观。其中,赶超论发展观又称第一代发展观,存在于1949年—1978年,它的主要目标是加快发展,尽快赶上并超过资本主义国家;先富后富论发展观又称第二代发展观,存在于1978年—2003年,它的主要特征是以拉开差距为特征的非均衡发展;科学发展观又称第三代发展观,是在2003年10月召开的中共十六届三中全会上提出的,是注重全面、协调和可持续的新型发展观,是对可持续发展观的进一步创新和发展。

2) 对发展与代价关系的思考分析

我国哲学史上具有丰富的代价与发展关系的理论,从孔夫子到孙中山,这一方面的理论经久不衰、千姿百态。其中最富有特色和代表性的在古代当推老子,在近代唯数章太炎。老子的《道德经》中包含着代价与发展关系的完整理论,如"反者,道之动""祸兮福之所倚,福兮祸之所伏""将欲取之,必固与之"等。他以事物的辩证否定为基础,承认代价与发展之间的对立统一,以代价的必然性为根据,提出了主动付出代价、以退为进的原则,这是一种哲学,亦是一种权术。近代的章太炎(1869—1936年)糅佛学与西学为一体,创立了颇具特色的关于人的进化与进化的代价的"俱分进化论",具体包括善恶并存的人性论、善恶并长的进化论等。而当代我国学者对发展与代价问题的研究始于20世纪80年代中期,到90年代初期达到高潮,近几年仍在进行之中,主要是对两者关系的分析与论证,如袁吉富(2001)[16]、陆叶娉(2014)[17]、姜威(2015)[18]等。虽然邓小平同志没有直接使用过"发展代价"一词,但仍多次从多个角度阐述了他对发展代价的独特认识和分析,如:①他客观地指出了在有中国特色社会主义建设中发展代价产生的客观必然性;②他将辩证唯物主义的实践观引入对发展代价问题的认识,提出了正确看待改革风险和发展代价的方法论原则;③他强调了要通过坚持党在新时期的基本路线,对改革开放中出现的各种负面效应加以调整、引导和纠正,使其被限制在最小的范围之内。

3) 对发展代价相关的概念界定与内涵剖析

"发展"是一个多义词,在不同的语境或学科中具有不同的意义,如在日常用语、哲学、唯物辩证法和生物学等中。但是,分歧最大和研究成果最多的则是在后文2.1.1部分所述的"发展观"中的发展。与"发展"相类似,"代价"在不同语境及不同学科中含义不同,即使是同一学科中目前也尚未取得一致。但是,袁吉富(2001)总结发现我国学者对代价的认识大体上是从社会学、本体论、历史观或社会历史哲学、价值论或者价值哲学等四个角度出发的[16]。

另外,近年来国内学者的研究视野已由社会领域向其他领域逐步延伸或更加具体,如陈仕平(2003)探讨了可持续发展代价的分类及根源[19],张道全(2005)在其博士学位论文中探讨了当代中国改革的代价问题[20],洪浩等(2006)探讨了竞技武术发展的代价[21],李家耀等(2006)指出科学发展观的内在意蕴是低代价发展[22],陈先哲(2010)对高等教育领域的发展代价进行了研究[23],孙丹(2013)从风险社会的视角研究了技术快速发展的代价[24],赵红等(2014)从哲学角度阐释职业教育发展代价问题[25]。

4) 对发展代价类似概念的界定及量化研究

它大致可以分为以下五个方面:

(1) 环境成本的量化分析,如马琼等(2015)[26]、赵庆国等(2015)[27]分别对新疆棉花生产的外部环境成本问题和我国造纸工业环境成本进行科学评估核算。

(2) 社会成本的量化分析,如宋国君等(2015)界定了生活垃圾处置的社会成本,并提出了基于市场价格的成本核算方法,估算了北京市生活垃圾卫生填埋的全社会成本[28]。

(3) 其他成本的量化分析,如段汝航等(2013)以长沙市为例,运用数量化方法对旅客出行的货币成本和时间成本两方面进行了研究[29],夏麟(2014)提出了绿色公共建筑增量成本的定义和估算分析方法[30]。

(4) 讨论房地产项目施工建设对周边环境影响,如刘洁平(2014)介绍了城市建筑施工对周边环境影响的相关因素、解决建筑施工中环境问题的几点措施[31],魏永军(2015)阐述了房地产项目环评内容、标准以及影响因素及其防治[32]。

(5) 生态承载力和生态足迹(二者之差即为生态赤字)的核算,如曹智等(2014)[33]在分析当前生态承载力的定义及研究方法的基础上提出了基于生态系统服务的生态承载力和评估模型,葛强等(2014)[34]运用生态足迹理论和计算方法评估各用水方式下的水资源生态足迹和生态承载力特征,罗晓梅等(2015)[35]分析了产业生态效应的形成机理,并构建了产业生态足迹评价体系。

5) 探讨我国房地产业发展存在问题及相应解决措施

该类研究非常多,如王浩(2013)分析房地产开发行为所产生的环境负效应并提出应对措施[36],刘立民等(2014)研究了房地产市场与金融安全关联机制,并提出了防范房地产泡沫与金融风险的政策建议[37]。

1.2.3 本研究理论意义

综合前文1.2.1和1.2.2部分的阐述可以发现,国内外在房地产业发展代价相关问题方面已有一定的研究,但仍然存在下列问题:

(1) 对发展代价问题的研究由来已久,认识比较深刻,但大部分是站在哲学角度、社会层面进行的定性分析,具体到产业层面(尤其是房地产业)的系统定量化研究几乎

没有;

(2) 对社会发展的环境成本、社会成本等定量研究非常多,但对房地产业发展带来问题或负面影响的评价基本上都停留在定性或简单的定量分析上;

(3) 虽然已经意识到了房地产业发展所带来的诸多问题并提出了相应的解决措施,但大多数研究重解决办法的提出而轻存在问题的系统、深刻探究,因此提出的对策往往是"头痛医头、脚痛医脚"。

因此,本书尝试对我国房地产业发展代价问题展开系统研究,在借鉴社会发展代价及相关理论的基础上,结合我国房地产业发展实际情况,界定房地产业发展代价的概念并剖析其内涵,利用线性相关关系分析、异方差性检验、时间序列平稳性检验、格兰杰因果检验、广义脉冲响应函数、方差分解分析等计量经济手段,以及房地产开发的生态效率模型、生态足迹模型、生态承载力模型等数学模型,对我国房地产业发展代价进行理论模拟和实证分析,剖析我国房地产业发展代价的制度和增长方式根源,提出具体的制度补偿思路。这可以填补国内外房地产经济学、发展代价理论、生态学、制度经济学等相关理论研究的不足,具有重要的理论意义。

1.3 研究目的、内容及方法

1.3.1 研究目的

本书旨在对我国房地产业发展代价问题进行系统的、定量化的研究,其目的主要包括:

(1) 界定我国房地产业发展代价的概念并剖析其内涵(包括分类和组成等);

(2) 定量评价我国房地产业发展所付出的代价,譬如房价上涨是否付出了"加剧新就业大学生住房困难"的集体代价、是否付出了"加大城镇居民贫富差距"的社会代价、是否付出了"推动物价上涨"的社会代价、是否产生了生态赤字、是否付出了"房地产开发生态效率低"和"房地产开发碳效率低"的自然界代价,等等;

(3) 明确我国房地产业发展代价的根源,进而提出相应的制度补偿和生态补偿思路。

1.3.2 研究内容

为达到上述研究目的,本书尝试将哲学和社会学领域的"发展代价"思想引入房地产业,系统地研究我国房地产业的发展代价问题,除本书最后的第7章"总结与展望"之外,主要内容分为以下六章,结构安排如图1-2所示。

第1章,综述本研究的背景和国内外相关研究现状,从而分别明确本研究的实践意义和理论意义,接下来进一步明确本书的研究目的、研究内容和采用的研究方法。

第2章,参照社会发展代价的概念及类似概念,并结合对房地产和房地产业的概念界定,明确房地产业发展代价的概念。然后,从"房地产开发项目全寿命周期""代价指向

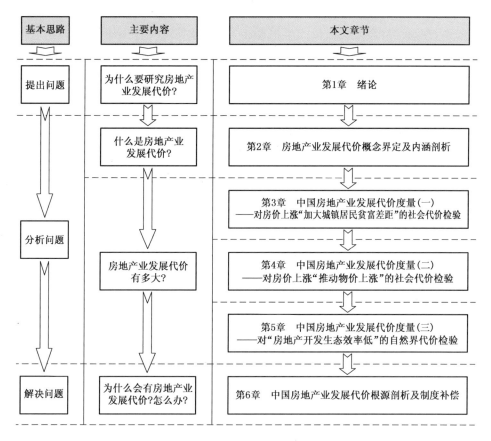

图 1-2 本文研究内容的结构安排和技术路线

主体""代价来源主体"等三个维度对我国房地产业发展代价进行分类。最后,按照代价指向主体这一维度,将房地产业发展代价分成自然界代价、社会代价、集体代价和个人代价等四个方面,并通过举例详细阐述房地产业发展代价的组成。

第3章,选取商品房销售额与房屋销售面积之比和城镇基尼系数分别表征房价和城镇居民贫富差距,然后利用线性相关关系分析、时间序列平稳性检验、格兰杰因果检验和广义脉冲响应函数及预测均方误差分解等计量经济模型,定量分析1987年—2005年我国房价和城镇基尼系数之间的关系,以判定近年来我国房价上涨是否付出了城镇居民贫富差距加大的社会代价。

第4章,选取CPI和REPI分别代表物价和房价,并以2005年11月—2007年10月间南京市为例,开展异方差性检验、线性相关关系分析、自相关性分析、时间序列平稳性检验、协整检验、误差修正模型、格兰杰检验、广义脉冲响应函数分析、方差分解分析等计量经济分析,以判定近年来我国房价上涨是否付出了"推动物价上涨"的社会代价。

第5章,将生态效率引入房地产开发行业,构建房地产开发生态效率模型及相应的房地产开发生态足迹、生态承载力和生态赤字等计算模型,并对2005年—2007年的南京市住宅开发进行了实证分析,以判定近年来我国房地产业发展是否付出了"房地产开发生态效率低"的自然界代价。

第6章,在总结社会发展代价产生根源相关理论的基础上,深刻剖析我国房地产业发展代价的产生根源,包括定性的制度(包括正式制度和非正式制度)根源探究和定量的增长方式评价(以集约度和粗放度的组合表征),并最终提出对我国房地产业发展进行制度补偿的思路。

1.3.3 研究方法

在完成本书的上述研究内容期间,主要依据的学科理论包括发展代价理论、生态学、制度经济学、计量经济学等,主要采用的研究方法是:

1) 理论分析和实证分析相结合

理论与实践相结合是一般研究所遵循的方法,也是本书的着力点。如本书第3章中所述,虽然已有研究指出房价快速上涨产生了一系列的财富转移效应,加剧了地区之间和居民之间的贫富差距,但这些研究基本上都停留在理论分析的层面,本书则选取商品房销售额与房屋销售面积之比和城镇基尼系数分别表征房价和城镇居民贫富差距,并对1987年—2005年的中国进行了实证分析。本书的第4章选取CPI和REPI分别代表物价和房价,对2005年11月—2007年10月的南京市进行实证分析,定量检验了房价上涨"推动物价上涨"的社会代价。而第5章则是在构建房地产开发生态效率和生态足迹等相关理论模型的基础上,对2005年—2007年的南京市住宅开发进行了实证分析,定量检验了"房地产开发生态效率低"的自然界代价。

2) 定性分析与定量评价相结合

定性分析具有较好的逻辑性和归纳性,而定量分析则具有较强的科学性和严谨性,将两者相结合对我国房地产业发展代价进行研究是本书的一大亮点。如前文所述,目前国内外已有部分对房地产业发展负面作用或影响的研究成果,但它们大多是定性或简单定量的,缺乏严格意义上的定量分析。本书则在第2章定性分析房地产业发展代价概念及内涵的基础上,在第3章至第5章中通过数学模型定量地评价了我国房地产业发展代价。本书第6章更是将定性分析和定量分析结合在了一起,即首先定性地分析了我国房地产业发展代价的制度性根源,其次定量地分析了我国房地产业发展代价的增长方式根源,最后又定性地指出了我国房地产业发展代价制度补偿的思路和建议。

1.4 本章小结

本章是全书的绪论部分,意在提出问题。首先,举例说明近年来我国房地产业在快速发展并取得巨大成就的同时所存在的问题,进而说明本研究的实践意义。其次,综述与本研究内容相关的国内外研究现状,发现这些研究存在的问题,进而说明本研究的理论意义。最后,明确本书的研究目的、研究内容、研究结构和采用的研究方法。

2 房地产业发展代价概念界定及内涵剖析[①]

由第 1 章可知,近年来我国房地产业在快速发展并取得巨大成就的同时付出了不可忽视的代价,而目前鲜见房地产业发展代价问题的专门系统研究,虽然国内外关于社会发展代价方面的研究都比较丰富。本章在借鉴社会发展代价相关研究成果的基础上,界定房地产业发展代价的概念并剖析其内涵,为后续章节的顺利开展打下坚实的基础。

2.1 社会发展代价的概念及内涵

2.1.1 "发展"的概念及内涵

"发展"是一个多义词,在不同的语境或学科中具有不同的意义。譬如,在日常用语中,发展是个中性词,一般指事物在时间空间中的持续和蔓延,并且在该持续和蔓延中事物有量的增长扩张甚至发生质的变化;在哲学中,发展指事物由小到大,由简到繁,由低级到高级,由旧物质到新物质的运动变化过程;在唯物辩证法中,发展是事物内部矛盾对立的双方通过斗争使事物发生量的渐变和质的突变导致旧事物转化为新事物,从而呈现出由低级到高级、由简单到复杂的上升趋势;在生物学中,发展指自出生到死亡的一生期间,在个体遗传的限度内,其身心状况因年龄与学得经验的增加所产生的顺序性改变的历程;在社会学中,人们对"什么是发展""为什么要发展""怎样发展"和"如何评价发展"等问题的思考和认识形成发展观,而发展观则是以专门研究现代化问题为核心内容的跨学科的社会科学群——发展理论的核心,它在世界范围内的兴起源于第二次世界大战以后广大发展中国家进行现代化的实践[38]。自诞生至今,发展观也经历了一个不断演变的过程,依据其对发展的不同界定和认识,大致可以划分为以下五个阶段[38-39]:

1) "发展=经济增长"的发展观

它是二战前形成的以发达资本主义国家发展经验为依据的传统发展理论,盛行于 20 世纪 40 年代末至 60 年代初,以 GDP 的总量和人均 GDP 增长为中心,把经济总量的增长作为发展的标准与目标,认为增长等于发展。无论是战前亚当·斯密的国民财富增长理

[①] 该部分研究成果的核心内容已经发表于《现代城市研究》2007 年第 9 期和"2007 年建设与房地产管理国际学术研讨会(ICCREM2007)"上。

论、李嘉图的经济增长理论,还是战后美国经济学家刘易斯的《经济增长理论》(发展经济学的开山之作)、英国经济学家哈罗德和美国经济学家多马建立的"哈罗德-多马经济增长模型"等,都在从不同的角度论证这种发展观。不可否认,以经济增长为核心的发展观曾经起过积极的作用,但随之而来的五种"有增长而无发展"的现象彻底否定了它,即"无工作的增长(jobless growth,出现严重失业的经济增长)、无声的增长(voiceless growth,失去民主和自由的经济增长)、无情的增长(ruthless growth,贫困和收入分配严重不公的经济增长)、无根的增长(rootless growth,毁灭文化、降低人们生活质量的经济增长)、无未来的增长(futureless growth,造成资源耗竭、环境污染和生态破坏的经济增长)"。

2)"发展＝经济增长＋社会变革"的发展观

针对上述发展观带来的问题,世界各国广大学者进行了反思,并在此基础上由联合国有关组织研究者提出了"发展＝经济增长＋社会变革"的一种新观点,得到了广泛的认同和流传。1968年,瑞典发展经济学家缪尔达尔在其被西方学术界誉为不朽之作的《亚洲的戏剧:对一些国家贫困问题的研究》中指出,"发展不只是 GNP（Gross National Product,国民生产总值)的增长,而且包括整个经济、文化和社会发展过程的上升运动;影响经济发展的有产量和收入、生产条件、生活水平、工作和生活的态度、制度、政策等因素,因而应从质和量上去把握发展问题",为此他提出了发展中国家实行社会改革的政策主张。20世纪80年代后期,美国发展经济学家托达罗在其《经济发展与第三世界》一书中也指出,"发展不纯粹是一个经济现象;从最终意义上说,发展不仅仅包括人民生活的物质和经济方面,还包括其他更广泛的方面。因此,应该把发展看为包括整个经济和社会体制的重组和重整在内的多维过程"[40]。

3)"发展＝以人为中心"的综合发展观

从20世纪80年代开始,发展中国家乃至发达国家的发展实践进一步把发展观的视角从"物"转向了"人",转向了人的需求的满足和人的发展。它认为增长不等于发展,发展应该以人为中心,是经济社会各个方面全面进步的过程,其目的是消除贫困、扩大就业,普遍提高人们的物质生活水平,使全体成员分享发展成果的社会全面进步。1983年,联合国推出法国经济学家佩鲁的著作《新发展观》一书,此书提出了"整体的""内生的""综合的"新发展理论,并称之为"新发展观"。这种新发展观综合了"人的发展第一"和"基本需求战略"等观点,强调经济与政治、人与自然的协调,将人与人、人与环境、人与组织作为主题,提出发展应以人的价值、人的需要和人的潜力的发挥为中心,旨在满足人的基本需求,促进生活质量的提高和共同体成员的全面发展。按照这种发展观,对经济发展的最终检验,不是普通的物的指标,而是人的发展程度。此后,各国学者提出了人与人、人与环境、人与组织、组织与经济合作的新发展主题,以及经济与政治协调、人与自然协调等新的发展观。在上述发展理论的影响下,联合国开发计划署从1990年开始,每年发表一份不同主题的《人类发展报告》,并强调人类发展指数（Human Development Index, HDI)的演变,而后者主要包括寿命、知识和生活水平等三个基本因素,是经济增长、社会进步、环境和谐的综合反映。

4) "发展＝可持续发展"的发展观

1962年,美国女生物学家莱切尔·卡逊(Rachel Carson)发表了一部引起很大轰动的环境科普著作《寂静的春天》(*Silent Spring*),向人们描绘了一幅由于农药污染所带来的可怕景象,惊呼人们将会失去"春光明媚的春天"[41],在世界范围内引发了关于发展观念的争论。10年后的1972年,两位著名美国学者巴巴拉·沃德(B. Ward)和雷内·杜博斯(R. Dubos)享誉颇高的《只有一个地球》(*Only One Earth*)[42]则把人类对生存与环境的认识推向一个新境界——可持续发展的境界。同年,罗马俱乐部发表了著名的研究报告《增长的极限》(*The Limits of Growth*)[43],明确提出"持续增长"和"合理的持久的均衡发展"的概念。1987年,以挪威首相布伦特兰为主席的联合国世界与环境发展委员会发表了研究报告《我们共同的未来》,正式提出可持续发展的概念,并得到1992年联合国环境与发展大会的正式承认、丰富和推广。经过几十年的实践和发展,可持续发展的定义日臻科学和完善。目前普遍接受的概念是:"可持续发展是既能满足当代人的需要,又不对子孙后代满足需求的能力构成威胁的发展。"主要包括以下内容:①它突出强调公平性原则,即同代人之间的横向公平性,世代人之间的纵向公平性,对资源分配利用上的公平性;②它强调人类的经济和社会发展不能超越资源与环境承载能力这一可持续性原则;③它倡导共同性原则,是指可持续发展作为全球发展的总目标,要求每一国家和社会成员在考虑和安排自己的行动时,都能考虑到这一行动对其他人(包括后代人)及生态环境的影响。

5) "发展＝科学发展"的科学发展观

不可否认,上述四大发展观的历史演进是人类对现代化实践在认识上不断深化的结果,其中不乏人类在发展问题上科学探索的宝贵结晶。但是,实践证明,现代化除在少数发展中国家和地区取得重要进展外,在多数发展中国家则陷入了停滞和衰退。与此形成鲜明对应的是,中国在20多年现代化的进程中取得了举世瞩目的成就,其间"发展是硬道理""发展是党执政兴国的第一要务"乃至中国共产党的十六届三中全会提出的"科学发展观"等独具中国特色的发展理论居功至伟。科学发展观要求"坚持以人为本,树立全面、协调、可持续的发展观,促进经济社会和人的全面发展","按照统筹城乡发展,统筹地区发展,统筹经济社会发展,统筹人与自然和谐发展,统筹国内发展和对外开放的要求",建立经济社会可持续发展机制。科学发展观的本质和核心是坚持以人为本,其根本要求是坚持统筹兼顾,其根本目的和内涵是经济、社会和人的全面发展,其关键是强调发展。

总之,在不同的学科门类和时代背景下,对发展这一概念的认识和界定各不相同。但是,对于社会而言,人们对发展的认知变化主要体现在发展观的演变过程中,这个过程是一个不断深化的过程,这个过程也正是现代社会文明进步的一个具体体现。首先,发展本质上是人的全面发展,即经济、文化和政治上的全面改善。把发展片面地理解为经济增长,而把经济增长片面地理解为产值的增长,是对发展含义的曲解;把发展只理解为人民物质生活水平的提高,也是对发展本质的歪曲。其次,不管发展如何定义,发展的意义如何解释,经济增长都是必要的。没有经济增长,没有国民财富的增加,试图通过财富的再分配来提高人民的生活水平都是有限的,从长远来看,都是不可能的。最后,发展首先应该是经济发展,只有在人们的基本需要得到满足之后,只有在人民物质生活水平有了明显的提高之后,才谈得上其他发展目标的实现。因为发展的本质是选择范围的扩大,如果人们连最基本的生活条件都得不到保障,其选择范围是极其有限的。在物质匮乏的情况下,强调生存权优先是正确的[6]。

2.1.2 "代价"的概念及内涵

"代价"也是人们经常使用的概念,在不同语境及不同学科中,它的含义不同,甚至在同一语境或学科中不同的学者理解亦不甚相同。但是,大体上可以归结为以下四类[16]:

1) 从社会学的角度

一些学者认为,社会学意义上的代价存在于人类活动的一切领域中,它是以人的选择自由为前提,用来统称人类为它的一切收获所支出、浪费或牺牲掉的一切。还有一些学者则指出,社会代价作为一个社会学范畴,是指主体活动为实现社会进步所消耗的物质和精力、所做出的牺牲以及所受到的惩罚方面的综合,它具有客观性、普遍性以及与社会进步的相关性等特征。上述两个定义的区别在于前者把代价与收获相连;后者则把它与社会进步相连。

2) 从本体论的角度

个别学者认为,世界上的一切事物都是在付出代价的前提下实现超越、发展和进步的,而所谓代价指的就是事物在产生和发展过程中所消耗了的、对象化了的、补偿了的人力、物力、财力、精力等既有事物和条件。可以看出,这种定义已大大超出了"代价"一词日常通用涵义所包含的内容。持这种观点的学者在学术界只占少数。

3) 从历史观或社会历史哲学的角度

这又可分成三种情况:第一种情况是把代价看作实现社会发展所耗费的社会成本。这里的社会成本是一种广义的社会成本,它不仅仅指经济学上的成本,而且还包括社会、文化、生态等方面的成本。第二种情况是把代价看作社会发展的对立面,认为代价是事物发展的矛盾或背反性质的体现,是要被发展所要转化或否定掉的价值。这种定义的一个特点就是把代价看作一种发展的负效应,其中不包括发展自身所需付出的成本,这种观点与第三类定义中对代价的狭义的看法有时很难区别开来。第三种情况是认为,代价是个贯串社会发展始终的哲学范畴,是指人类在实现社会进步(或社会发展)过程中所付出的努力和牺牲以及所造成的消极后果。这种定义的特点在于,认为代价范畴包括的范围要广得多,既包括成本,又包括消极后果。它与本类定义中的第一种定义的区别在于,它对成本一词的看法较为狭窄,仅仅指实现社会进步所耗费的必要劳动。

4) 从价值论或者价值哲学的角度

目前,大部分学者都是从这个角度出发的,但具体而言又分两种情况:第一种是狭义的定义,即代价是与社会发展的价值取向直接相关的概念,是指人类为社会进步所做出的牺牲、付出，以及为实现这种进步所承担的消极后果。衡量代价有以下三个基本参数：一是活动的结局是否与人的价值需求相悖；二是活动结果是否给主体活动带来灾难；三是活动过程中某种价值目标的实现是否抑制和阻碍其他价值目标的实现。显而易见，这个定义仅仅把发展的负面效应称之为代价。第二种是广义的定义，是指人类在创造价值的活动中在各方面所付出的现象的统称，主要包括成本付出、人为失误的付出和价值创造活动所产生的副作用或者说消极后果这三方面的内容。这个定义与前面所讲的狭义定义的主要区别在于，它把成本也看作代价含义中的一个组成部分。

上述四类定义主要针对的是社会发展代价，但如前文所述，近年来代价研究的领域逐步拓宽，出现了一些具体研究对象的"代价"的概念。如洪浩等（2006）提出竞技武术的发展代价是"人们为竞技武术的进步所做出的牺牲、付出，以及为实现这种进步所承担的消极后果"[21]，李承先（2007）认为"所谓高等教育发展代价，就是代表高等教育发展趋势的实践主体为实现高等教育整体、快速、持续发展的主要目标，而对某些非主要发展目标有所放弃或牺牲的价值抉择"[44]，姚远峰（2007）则将高职院校的发展代价界定为"高职院校在改革与发展的过程中所做出的投入和牺牲，是对某些非主要发展目标有所放弃或牺牲的价值抉择"[45]。

另外，也有学者对代价与成本、风险和否定等概念进行了区分[46]。首先，成本是经济学意义上的概念，是一个事实问题，其大小只反映生产率的高低、效益的好坏，主要讲的是合算不合算，而代价则是价值哲学意义上的概念，是一个价值问题，反映的是发展的结果进步与否和消极与否，主要讲的是合理不合理问题，因此二者的界限应该严格区别。其次，自然风险是由纯粹的不可抗拒的自然力造成的，而不是由人的活动引起的，故不能称之为代价，而人为原因导致的自然风险及社会风险属于代价范畴，它不是要不要付的问题，而是付多付少的问题。最后，并不是发展中的任何否定因素、否定环节都是代价，而只有那些同价值取向直接相关的否定因素才是代价。

2.1.3 发展代价的分类

目前对于社会发展代价的分类，可以根据分类角度的多少分成两大类，其中一大类是从某一特定角度出发，而另一大类是从多重角度出发。对于前一大类，其分类角度出发点包括代价形成的原因、代价与发展的联系程度、人们活动范围的不同、实践活动和人类追求特定价值实现的实践活动等五种。而对于后一大类，其分类角度和结果包括[16]：

首先，一些学者认为可以从以下四个角度对代价进行分类，即：①从人的活动赖以进行的前提出发，分为投入性代价和选择性代价；②从劳动对人类进步的意义着眼，可分为必要代价和非必要代价；③从劳动发生作用的时效性来说，可分为短期代价和长期代价；④从主体活动的社会历史文化背景来看，可分为评价性代价和非评价性代价，其中前者是指人们怎样进行合理的投入和选择活动，而后者指的是人类为实现发展所进行的客观的投入和选择活动本身。

其次，一些学者则认为可以从以下三个角度对代价进行分类，即：①从主体的角度，代价可分为个人代价、集团代价和社会代价；②从性质的角度，可分为物质代价和精神代价；③从功能的角度，可分为必要代价和非必要代价；④从结构的角度，又可分为消耗性代价和交易性代价，其中前者指人类为实现某一目的而支出的人力、物力和财力，它在性质上无对错、好坏之分，而后者指由人与人之间的利益冲突而造成的损失或为之付出的费用，它本身存在好坏问题。

再次，在上述两种观点的基础上，一些学者认为可以从以下六个角度对代价进行分类，它们也是本章主要借鉴的分类方法。具体而言，这六个角度及其分类结果为[47]：

1) 按主体活动得以进行的前提，代价可分为投入性代价和选择性代价

人的活动一定意义上就是以一种较小的物质和精神的资源的投入来获得另一种较大的物质和精神产品的产出，这就是投入性代价；当人类在特定历史时期所拥有的有限的资源同人的多样性需求发生矛盾时，有限的资源只能被用于满足社会某些方面的需求，在这种情况下，人类不得不以抑制某些需求为代价来满足另一些需求，此即为选择性代价。

2) 按代价付出的方式，可分为损益性代价和交往性代价

在社会实践活动中，人类为实现某种发展而在人力、物力、财力方面的投入、付出、损耗，就是损益性代价；而交往性代价则是指社会主体为促进自身或整个社会的发展，在社会成员和群体之间展开的各种交往活动所需要的费用及其冲突，以及为此而付出的各种牺牲。

3) 按代价指向主体的社会存在形态，可划分为个人代价、集体代价和社会代价

个人代价是指个人为"人类"的发展自觉或不自觉地承受的损失或做出的牺牲。在社会发展的一定阶段，"人类"的发展往往"只有通过最大地损害个人的发展，才能在作为人类社会主义结构的序幕的历史时期，取得一般人的发展"。集体代价是指在社会发展过程中，作为个人集合体的行业、团体、单位乃至阶级、阶层、民族等，在社会发展中自觉或不自觉地承受的损失或做出的牺牲。而社会代价则是指在共同时代背景下，不同社会利益集团为社会发展进程的某一总目标而共同承担的具有普遍性、共同性的损失与牺牲。

4) 按代价损耗的内容，可分为物质性代价和精神性代价

各种社会主体为获得自身及社会的发展而不得不放弃的某些物质利益、承受的某些物质损失，以及用于进一步发展的物质投入，就是物质性代价；而精神性代价则是指实践主体为实现某一发展目标，在精神方面承受的各种损失，如道德失范、情感痛苦、心理失衡等。

5) 按代价的性质和功能，可划分为必要代价和非必要代价

一种投入和选择足以满足人们的某种必要的合理要求，且能够适时补偿人类为此付出的代价，即那种能换取更大发展的、得大于失的代价，称之为必要代价；不必要代价则是指由人们失当的投入和选择造成的且无法由需求的满足来合理补偿的代价，即劳民伤

财、得不偿失的代价。

6）按代价产生的社会根源则可划分为必然性代价和人为性代价

必然性代价植根于发展过程之中，其产生有内在的客观根据和历史必然性；而人为性代价则是由认识主体的认识相对性和局限性造成的代价及由某些个人的主观失误和不良思想品德所造成的代价。

最后，个别学者还对代价从内容结构、主体、主体心理结构、性质结构、功能结构、时间结构、价值结构、量、样式结构、关系等十个角度做了更多的分类。

总之，国内外对社会发展代价的研究历史悠久，从不同的角度和社会学科对发展概念及内涵、代价的概念及内涵、发展与代价的关系和发展代价的分类等方面进行了深入研究，成果丰富，为本章乃至本书对房地产业发展代价的系统研究提供了重要的理论基础。

2.2 房地产业发展代价的概念及内涵

2.2.1 房地产业发展代价的概念

如前文所述，对房地产业发展代价的系统研究要求首先准确界定其概念并剖析其内涵，但在此之前又必须界定房地产、房地产业等基本概念。

2.2.1.1 房地产

关于房地产的含义，学术界大致有四类观点：第一类，广义房地产论，认为"房地产是指土地、土地上的永久建筑物、基础设施以及诸如水和矿藏等自然资源，还包括与土地所有权有关的所有权利或利益"[48]；第二类，狭义房地产论，认为"房地产是指建筑地块和建筑地块上以房屋为主的永久性建筑物及其衍生的权利"[49]；第三类，房地产即不动产论，认为"房地产是不动产的原称，不动产是房地产的别称，房地产是通俗的概念，而不动产则是理论化的概念"[50]；第四类，房地产即地产和房产的合成论，认为房地产"是承载用地和以房屋为主的建筑物或构筑物及其衍生的各种权利"[51]，其中的各种权利包括所有权、使用权、收益权、处置权和分配权等。

第一类和第二类观点的区别主要表现为对土地的界定范围不同，广义房地产论将所有土地甚至是诸如水和矿藏等自然资源均划进了房地产，其范围显然过于广泛，而狭义房地产论仅认为建筑用地属于房地产，似乎又有过窄之嫌[52]。由于土地具有三个基本功能，即承载功能、生产功能和资源（非生物）功能，而房地产中的"土地"需要发挥的功能主要为承载功能，因此房地产中的"土地"应该为承载用地（农村建筑用地、城市土地等），生产用地（种植、养殖用地）和资源用地（矿产资源地）只有在转化为承载用地后，才能成为房地产中的"土地"。第三类观点将房地产和不动产完全等同起来，显然是没有认真区分"房地产"与"不动产"两个概念之间的区别，如图2-1所示[53]。

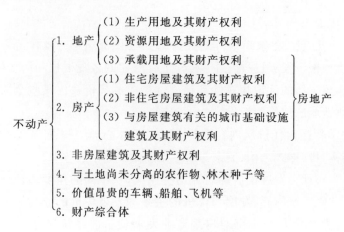

图 2-1 不动产与房地产的关系

因此,相对而言,只有第四类观点比较准确,也是本书拟采用的研究基础,它的涵盖内容也如图 2-1 所示。另外,房地产也可分为农村房地产和城镇房地产,而本书的研究仅针对城镇房地产,即城镇土地和以房屋为主的建筑物或构筑物及其衍生的各种权利[51]。

2.2.1.2 房地产业

按照产业经济学的定义,产业是社会分工现象,它作为经济单位,介于宏观经济与微观经济之间,属于中观经济,"是指具有某类共同特性的企业集合"[54]。因此,相应地,可初步地将房地产业界定为"以提供房地产产品和服务为目的的相关企业的集合"。至于房地产业的产业定位及其涵盖活动内容,国际上对其的界定有所差异。例如,英国经济学家科林·克拉克创立的"三次产业分类法"和德国经济学家霍夫曼提出的"霍夫曼分类法"是国际上较早的产业分类方法,这两种分类方法中都没有明确房地产业的产业地位。1986 年,联合国为统一世界各国产业分类而修订的《全部经济活动产业分类的国际法》中,房地产业被列为全部经济活动十大类的第八类,由四个层次构成:①出租和经营房地产(非住宅建筑、公寓房间建筑、住宅);②进行土地功能分区和房地产开发;③不动产出租人;④通过"合同或收费方式"经营的租赁、买卖、管理、评估房地产的代理人、经纪人和管理者。在美国的产业分类中,全部产业亦划分为十大类,房地产列第七类,含两个细分类和五个子行业:①房地产经营(除去开发商)和租赁房屋经纪人;②拍卖商品和管理者;③房地产产权服务公司;④土地规划分类和开发;⑤自建自卖的建筑商(以出售为目的)。我国香港地区对国民经济产业活动分类与联合国的产业分类基本相同,将其房地产业分为"地产业"和"楼宇业权"两个方面:"地产业"包括房地产开发公司、房地产经纪行、楼宇出租、房屋管理公司及楼宇清洁服务公司等;"楼宇业权"是业主以个人身份为租房者提供出租服务,以及住户、政府和私人非牟利集团以业主身份为自己提供的服务等。虽然对比分析发现这些界定不甚相同,但却基本一致,表现在[1]:

(1) 房地产业属于第三产业,与建筑也有明确的界限,它们均将房地产开发涉及的建筑活动划归建筑业的核算范围;

(2) 虽然联合国、美国和我国香港地区对房地产业内部活动的分类各不相同,但均包含：①房地产开发(不包括所涉及的建筑活动)；②房地产买卖、租赁和经营(包括自有住房服务)；③房地产经纪与代理(包括各种中介服务,例如经纪、代理、估价、托管服务等)；④房地产管理(行业管理、物业管理等)。

目前,我国内地学术界对房地产业的内涵及其产业归类存在很多种不同的观点,代表性的主要有三大类：第一类,认为"房地产业是从事房地产开发、经营、管理和服务活动的行业和部门的总称"[4]。这种观点比较流行,但是它对是否包含房地产开发中的建筑活动不明确,即房地产业是流通领域的产业,还是生产与流通二者兼而有之的产业不明确。第二类观点认为,"房地产业是指从事房地产开发建设、租售经营以及与此紧密相关的中介服务如融资、置换、装饰、维修、物业管理等经济活动的行业,是国民经济中兼有生产和服务两种职能的独立产业部门"[55],其特点是强调房地产业是兼有生产和服务(经营管理)职能的职业。第三类观点认为,房地产业应当包括买卖或租赁物业的房地产活动和以收费或合同为基础的房地产活动[1],其特点是强调房地产业的活动主要在流通领域。综合上述三类观点可知,它们的基本差异或分歧主要表现在房地产业除经营环节外是否还包括开发建设(生产)环节,即房地产业要不要包括建筑业。而为了使房地产业的概念界定与国际接轨,同时也为了保持理论上的严谨性和具体核算上的可操作性,应该坚持房地产业不包括建筑业的观点[51]。因为,在我国现行的国民经济核算体系及产业分类中,已经明确规定建筑业属于第二产业,而房地产业属于第三产业[56]。也就是说,本章乃至本书的分析将采取第三类观点,此时房地产业的产业界定和分类如表 2-1[1]所示。

表 2-1 我国房地产业的产业界定和分类

一级分类	二级分类	三级分类	说　　明
买卖或租赁物业的房地产活动	房地产开发经营活动		指房地产开发企业及其他各种类型单位在进行房地产开发过程中所从事的商业性服务活动,但不包括它可能从事的土地平整、改良和房屋的建筑等活动,这种类型的活动属于建筑业
	存量房地产买卖及租赁活动	盈利性租赁	包括房地产企业、各种类型单位及城乡居民住户以盈利为目的所从事的房地产出租活动
		非盈利性租赁	包括城市房地产管理部门提供的居民住房服务和企业、事业、行政单位向本单位职工及其家庭提供的住房服务
		自有住房服务	包括城乡居民自有住房形成的住房服务,利用虚拟租金计算
以收费或合同为基础的房地产活动	房地产管理活动		指行使政府职能的房地产管理部门所从事的土地使用管理、房地产登记、拆迁管理、交易管理等活动
	房地产中介活动		指以收费或合同为基础的房地产买卖和租赁过程中所发生的中介活动,包括经纪、代理、估价、咨询、拍卖等
	物业管理		指物业管理企业提供的以收费或合同为基础所从事的各种类型物业的管理、维护和保养活动

2.2.1.3 房地产业发展代价

参考本章前文"2.1 社会发展代价的概念及内涵"中代价的各种概念并结合本章前文对房地产和房地产业的概念界定,可以将"房地产业发展代价"界定为:"在买卖或租赁物业的房地产活动和以收费或合同为基础的房地产活动中,以城市土地和以房屋为主的建筑物或构筑物及其衍生的各种权利为活动对象,在各方面所付出的现象的统称,主要包括成本付出、人为失误的付出和价值创造活动所产生的副作用或者说消极后果。"这个界定是从价值哲学的角度出发的,是一个广义的定义,成本付出也是代价的组成部分。

另外,值得一提的是,虽然房地产开发中的建设过程(包括土地平整、改良和房屋的建筑等活动)不应划归房地产业,如本章前文所述,但本书仍将该过程中产生的代价计入房地产业发展代价的范畴。其原因主要有两条:第一条,该过程是房地产产品的物质形态形成环节,而房地产产品又是房地产开发乃至房地产业各项活动的中心和基础;第二条,该过程对环境和生态的影响最大,且该过程也是为房地产业服务并由房地产业诱发的。

2.2.2 房地产业发展代价的分类

房地产业发展是社会发展的重要组成部分和推动力量,因此对其发展代价分类时亦可参照本章前文"2.1.3 发展代价的分类"部分的分类角度和方法。为便于分析及本章后文的定量评价,本书主要参照"按代价指向主体的社会存在形态"的分类角度和方法。由于房地产业的发展必须占用土地、利用自然景观、消耗能源与资源等,所以衡量房地产业发展的代价还必须考虑自然界代价,即在房地产业发展的过程中自然界承受的损失或做出的牺牲。因此,首先,可按照代价指向主体的存在形态将房地产业发展代价划分为"自然界代价""社会代价""集体代价"和"个人代价"等四类。

其次,考虑到房地产业的特点,还可以按照代价来源主体的不同,将房地产业发展代价划分为"政府行为代价""开发商行为代价""施工方行为代价""银行等金融机构行为代价"和"其他方行为代价"。这是因为房地产业发展代价中的大部分是由房地产开发项目参与者的行为制造或带来的,其中的"政府"指我国房地产业的各级政府管理部门,包括中央政府、地方及基层政府;"开发商"主要指从事房地产开发与经营活动的房地产企业;"施工方"主要指从事房地产开发环节房屋建筑施工的建筑企业;"银行等金融机构"指向房地产业提供资金或相应管理活动的金融机构,包括中国人民银行、商业银行及非银行金融机构等;"其他方"是除上述机构或部门以外的房地产业参与者,包括房地产市场投资者(尤其是投机者)、消费者、社会公众等。

最后,亦可按照房地产开发项目的全寿命周期,将房地产业发展代价划分为"投资决策阶段代价""前期工作阶段代价""施工建设阶段代价""销售租赁阶段代价""运营使用阶段代价"和"拆除报废阶段代价"[57]。其中,投资决策阶段的工作主要包括投资机会研究、投资机会选择和可行性研究等;前期工作阶段的工作主要包括土地获取、项目立项、规划设计、监理单位和施工单位招投标等;施工建设阶段的工作主要包括施工建设和竣工验收等;销售租赁阶段的工作主要包括房屋销售、房屋出租及相关市场营销工作等;运营使用阶段的工作主要包括业主使用和物业管理等;拆除报废阶段的工作主要包括报批、拆除实施和残值回收等。

综合起来,房地产业发展代价可从上述三个角度出发进行分类,其结果如图 2-2 所示。为便于从"房地产开发项目全寿命周期"的角度分析总结房地产业发展代价,可将其和"代价指向主体"角度结合起来,并适当举例,得到图 2-3(a)。类似地,可将"房地产开发项目全寿命周期"和"代价来源主体"两个角度结合起来,并适当举例,得图 2-3(b)。

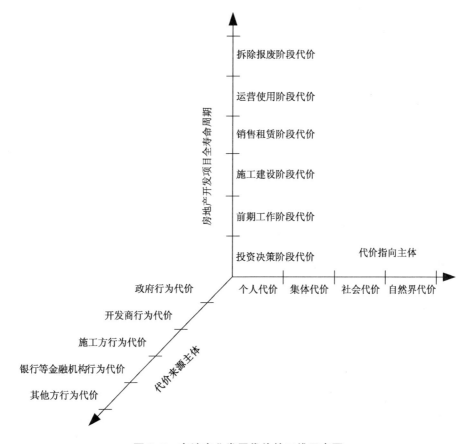

图 2-2 房地产业发展代价的三维示意图

同样道理,可以将"代价指向主体"和"代价来源主体"结合起来,如政府行为可能导致个人代价(包括住房保障制度缺位导致的个别购房者生活质量降低等)、集体代价(包括政府自身执政能力和形象受到拷量等)、社会代价(包括"重效率轻公平"的政策导向加剧社会财富转移等)和自然界代价(包括制度缺乏和不作为导致的土地资源浪费、自然景观破坏等),开发商行为也可能导致个人代价(包括其"唯利是图"导致的消费者不良心理与生理反应等)、集体代价(包括部分被拆迁市民生活艰辛等)、社会代价(包括决策失误导致的"烂尾楼"乃至"炸楼"社会成本等)和自然界代价(包括房地产开发项目选址对自然景观的破坏等)。但是,有的房地产业发展代价很难明确其究竟是某一个还是几个代价来源主体造成的，很可能是各方共同行为的结果。"房价上涨推动物价上涨，加剧通货膨胀"这一社会代价就是一个很好的例子，因为政府、开发商、施工方等都可能同时也是房地产产品的消费者，自觉或不自觉地推动了房价乃至物价的上涨。因此，虽然理论上可以绘制"代价指向主体"和"代价来源主体"的二维示意图，而实际上则非常困难，本书不予绘制。

由图 2-2、图 2-3(a)和图 2-3(b)可知，我国房地产业发展代价内容繁多，且不同的维度组合下代价的名称和内容也不尽相同，因此若想全部罗列并逐项阐述将十分困难且不太现实，本章接下来的内容将主要从代价指向主体的存在形态，即自然界代价、社会代价、集体代价和个人代价等四个方面，举例详细阐述房地产业发展代价的组成。

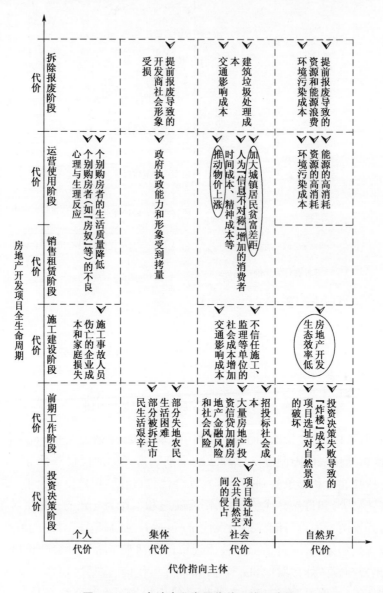

图 2-3(a)　房地产业发展代价二维示意图

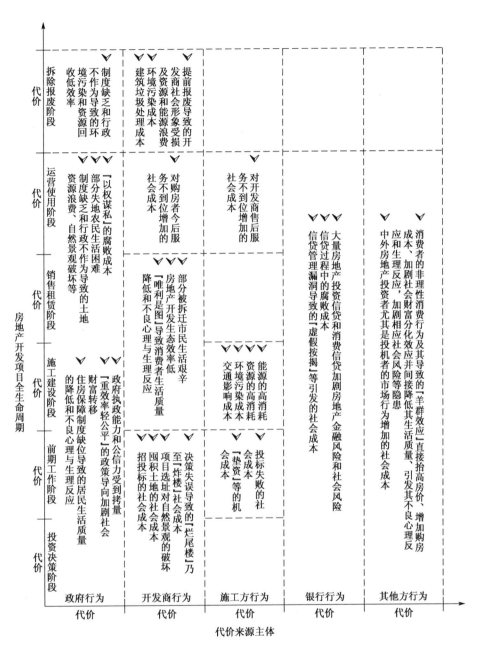

图 2-3(b) 房地产业发展代价二维示意图

2.2.3 房地产业发展代价的组成

2.2.3.1 个人代价

所谓个人代价是指在以收费或合同为基础的房地产活动中,以城市土地和以房屋为主的建筑物或构筑物及其衍生的各种权利为活动对象,个人为"人类"的发展所付出现象

的统称,它包括物质、心理、生理等方面。它包括但不仅仅包括以下几个方面:

1) 影响居民生活质量

住房是居民生活不可或缺的部分,这一点对于看重家庭生活的中国居民而言尤其如此。然而,目前大部分城市的购房支出相对于普通居民收入来说数额较大,如南京的房价收入比约为10。无论是全额支付还是利用按揭贷款都将占用较大的家庭资产,从而形成对居民日常消费支出的挤占效应,不利于提高甚至会降低其生活质量。

2) 产生不良的心理和生理反应

中国目前的购房人群主要是企业改制、住房制度改革等的受益者,他们将原有的隐性收益转化为显性资产。但是,对其他人群,如原有的中低收入者以及收入较高但储蓄较少的年轻购房人群而言,高涨的房价给他们带来了巨大的工作压力和生活压力,当前流行的"房奴"就从一个侧面比较形象地说明了这一点。虽然目前对于"房奴"的概念缺乏公认的界定,但通常而言它具有三个特征:①以贷款形式购买商品房或二手房;②由首付款和月还贷共同组成的购房支出占收入之比很大,导致家庭经济压力明显增加,其他支出明显缩减;③由于这种经济压力,导致家庭成员的社会心理处于焦虑、紧张和失调的状态。不敢轻易换工作,不敢也没有时间娱乐,害怕涨息,担心生病、失业,成为这些人真实的生活写照。有些"房奴"用"压力、矛盾、迷惘"三个词来形容自己买房后的状态[58]。而巨大的心理压力会带来健康隐患和社会不安定因素,甚至由此会使得部分"房奴"铤而走险[59-60],这与国家大力倡导的和谐社会、可持续发展是相违背的。

2.2.3.2 集体代价

所谓集体代价是指在买卖或租赁物业的房地产活动和以收费或合同为基础的房地产活动中,以城市土地和以房屋为主的建筑物或构筑物及其衍生的各种权利为活动对象,某些行业、团体、单位乃至阶层等所付出现象的统称。它包括但不仅仅包括以下几个方面:

1) 政府执政能力和形象受到拷量

2003年以来中央政府为了促进房地产业健康发展,稳定房地产价格,出台了一系列的宏观调控措施,但大部分效果不甚理想,部分地区房价涨幅不降反升。这其中有政策的可执行性的问题,但更多地反映了中央政府与地方在利益、关注点上的不一致。而且,诸多学者指出,近年来我国政府高官的落马多与房地产业有关[61],腐败是导致房价高涨的隐性力量[61],也是房价成本公开的最大阻力[63]。无论如何,政府在房地产领域的立场、实施的政策以及各级政府官员在管理房地产业期间的行为,都可能影响到其执政的公信力和影响力。

2) 房地产企业(尤其是开发商)整体形象不佳

虽然大多数房地产企业在投资者回报、对待员工及相关利益群体、对城市建设的贡献以及节能降耗和环保等方面都在切实履行社会责任,但"房子质量不过关、广告欺诈、价格不明、规划乱更改、承诺难兑现"以及"为了追求利润最大化,采取各种不合理的手段促使房价加速上涨,来牟取暴利"等现象[64],使得我国房地产企业的整体社会认同度较低,总体形象不佳。

3) 部分失地农民生活困难

随着国家基础设施、房地产开发等方面投资力度的不断加大,越来越多的农村集体土地被国家征用,许多农民失去了祖祖辈辈耕种的土地。虽然城市面貌得以日新月异地变化,但对于一些失地农民而言则是利益的损害。这一方面是由于他们失去了最基本的生活保障和最后的就业机会,另一方面是他们所得补偿额度较小,且无法参与土地增值效益的分配。因此,征地后生活成本及就业门槛的提高,使得他们成为现实或潜在的城市弱势群体之一,部分失地农民已经成为"种田无地,上班无岗,社保无份"的"三无"贫困群体[65]。

4) 部分被拆迁市民的人身与财产权利受到侵害,生活艰辛

近年来我国一直处于城市发展和建设的高潮期,各地拆迁量都比较大。"一些地方为了加快拆迁进程,往往置被拆迁人的权益于不顾,动辄使用警力,用推土机一推了事,甚至不惜借助、鼓励黑社会势力进行野蛮的暴力拆迁。这极大地侵害了公民的人身与财产权利,激化了社会矛盾,引发许多恶性事件"[66]。而且,被拆迁市民一般原居住于老城区,居住面积不大且年代久远,因此所获拆迁补偿款往往有限,面对周围高涨的房价,不得不远离熟悉的生活环境,到城市的外边缘购房居住。部分被拆迁市民收入较低,仅凭拆迁补偿款无力购房,生活更加艰辛。

5) 新就业大学生住房需求得不到满足

新就业大学生是我国未来社会进步和经济发展的中坚力量,有着巨大的发展潜力和光明的未来。但是,近年来我国商品房租售价格快速上涨,目前已远远超出新就业大学生的承受能力,使他们陷入了住房现状无法满足其住房需求的困境。李德智等(2013)以南京市为例,对城市新就业大学生开展大样本的抽样调查,发现城市新就业大学生的住房现状不容乐观,住房压力普遍较大,影响因素多元,而现有住房保障体系的宣传不够,且面对新就业大学生的多样化住房需求作用有限[67]。

2.2.3.3 社会代价

所谓社会代价是指在买卖或租赁物业的房地产活动和以收费或合同为基础的房地产活动中,以城市土地和以房屋为主的建筑物或构筑物及其衍生的各种权利为活动对象,不同社会利益集团所付出现象的统称。它包括但不仅仅包括以下几个方面:

1) 侵占公共自然空间

如南京的莫愁湖,周边被房地产开发项目所包围,湖景成为最大的卖点,但是严重影响了附近其他居民的生活品质以及良好自然资源的社会共享共用。这些近年来大量兴建的"依山傍水"房地产开发项目,通过"合法"的经济手段,将极具旅游价值、社会价值与生态价值的公众资源,变成了极少数人的私人财产。

2) 产生社会财富的转移效应,加大城镇居民贫富差距

近年来,房价的快速上涨使得社会财富向房地产开发企业、先期购房者(尤其是投机性购房者)及相关人员快速集中,而其他居民和经营者的财富则变相缩水,由此加大了城

镇居民之间的贫富差距。这将对社会产生严重的不良影响,轻则导致需求不足,影响经济稳定增长,而重则将产生信任危机,威胁社会稳定。该部分的定量分析与评价,见本书第3章。

3) 房地产金融蕴含的高风险

由前文1.1.2部分的分析可知,近年来我国房地产业的运行是建立在高比例的财务杠杆之上的,即房地产业将其风险在很大程度上转嫁给了银行。因此,在一定程度上可以说,我国银行业的命运同房地产业的发展息息相关,后者的发展状况将直接影响我国的金融安全,并进一步影响中国的经济安全乃至国家存亡。由2007年美国次贷危机对美国社会和经济的影响即可见一斑。

4) 城市贫富分区与社区阶层化蕴含的社会风险

近年来,伴随社会经济转型而来的城市人口贫富分化加剧,以及住房商品化政策的实施和房地产市场的发展使得城市居民的主体意识和住房需求得以表达,房地产开发企业根据客户群的不同支付能力和需求,在不同地段开发了不同标准、不同规格的住宅,使得城市贫富分区现象作为一个无须争论的事实悄然出现,即逐渐形成了新的富人区和贫民区(或称贫民窟)。其中,富人区多位于城市中具有较高生态质量和景观品质的地段,较多地占有市政配套设施、公共设施、公共空间等公共资源,而城市中低收入人群较为集中居住的区域或贫民区,如部分城中村和经济适用房小区等则较难获得应有的、充足的城市公共资源,并由此产生服务、教育、医疗、交通、休闲等事关居民生活的一系列问题[68-69]。贫富分区又是社区阶层化的条件和前提,其中后者指的是由内部异质性高的原生态社区向内部同质性高的阶层型社区转化,最终逐渐分化出一个个空间上相互隔离的地段或单元的过程。有学者研究指出,上海市区不久将出现比较明显的阶层化现象,南京已经出现了六种不同的社会空间群体,即阶层型社区在我国已初现雏形,且它将作为未来城市社区的主导形态,是我国城市社区变迁的必然趋势[70]。虽然适度的居住空间贫富分区和社区阶层化有其必要性和必然性,但过分极化与隔离的居住空间分异格局却蕴含了较大的社会风险,如封闭的阶层意识、社区间的冲突与对比、贫民区居民的被排斥和被遗弃感及可能的对社会仇视等。

5) 推动物价上涨

近年来,随着我国房地产业的快速发展,房价也一路走高,而房价暴涨之后,会兵分两路推高物价:房价暴涨→宏观调控、土地紧缩→工业地产价格上升→工业厂房租金上涨→工业品出厂价上涨→零售物价上涨;房价暴涨→宏观调控、土地紧缩→商业地产价格上涨→商业地产租金普遍上涨→零售物价上涨[71]。而物价上涨,一方面会导致房地产产品的开发成本(各种原材料价格)上涨,另一方面会使房地产业相关参与者对房价的上涨产生心理预期,从而推动或带动房价的上涨。至于房价与物价之间的协整和因果关系检验及分析,见本书第4章。

6) 与相关行业的高度关联性对国民经济健康发展的制衡

由前文1.1.1部分的分析可知,房地产业的产业链长、波及面广,国民经济中绝大部分产业都与其有关联。而且,国民经济中一半左右的产业与房地产业关联程度高于平均关联度水平,且大多数产业与房地产业是环向关联,房地产业与各产业之间的相互作用较为复杂[72]。所以,一旦房地产业出现泡沫甚至危机,其他相关行业就会产生较大的波动,甚至可能会受到毁灭性的打击。

2.2.3.4 自然界代价

所谓自然界代价是指在买卖或租赁物业的房地产活动和以收费或合同为基础的房地产活动中,以城市土地和以房屋为主的建筑物或构筑物及其衍生的各种权利为活动对象,自然界所承受现象的统称。它包括但不仅仅包括以下几个方面:

1) 资源能源消耗高,建筑垃圾等废弃物排放量大

首先,土地资源的高消耗和浪费,影响国家粮食安全。按照国家城市规划用地标准,一般城市人均用地建设最高标准为100平方米,首都和特区最高为120平方米,但实际上我国664个城市城镇居民人均用地已达到113平方米,而世界上发达国家的人均城镇用地是88.2平方米,这说明我国城市人均用地面积超过了国家规定标准,也大大超过世界人均用地面积。而在上述建设用地之中,据我国国土资源部统计,近年来我国房地产业用地占到了总量的30%左右。与此同时,我国城市土地大量闲置,浪费严重,城市闲置土地占新城区建设用地的15%[73],其中房地产库存土地达10万公顷[74]。与城市建设用地的增加及其闲置和浪费相对应的是我国耕地面积的锐减,这种情况在2008年之后稍有缓解(如表2-2所示)。因此,我国耕地保护形势严峻,而房地产业的发展对此负有不可推卸的责任。

表2-2 我国耕地面积变化情况　　　　　　　　　　单位:亿亩

年份	耕地面积	变化情况	年份	耕地面积	变化情况
1998	19.45	—	2006	18.27	−0.04
1999	19.38	−0.07	2007	18.26	−0.01
2000	19.24	−0.14	2008	18.26	0
2001	19.14	−0.10	2009	20.31	2.05
2002	18.89	−0.25	2010	20.29	−0.02
2003	18.51	−0.38	2011	20.29	0
2004	18.37	−0.14	2012	20.27	−0.02
2005	18.31	−0.06			

数据来源:2005年中国国土资源公报,2007年中国国土资源公报,2013年中国国土资源公报,作者整理。

其次,房地产产品带来建筑的高能耗。目前,建筑耗能(包括建造耗能、生活耗能、采暖空调等)已与工业耗能、交通耗能并列,成为我国能源消耗的三大"耗能大户"。建筑耗能伴随着建筑总量的不断攀升和居住舒适度的提升,呈急剧上扬趋势,已约占全社会总能耗的30%,如果再加上建材生产过程中耗掉的能源,这一数字将上升到46.7%。另

外,现在我国每年新建房屋20亿平方米中,99%以上是高能耗建筑。根据测算,如果不采取有力措施,到2020年中国建筑能耗将是现在的3倍以上[75]。

最后,房地产开发会产生大量的有害气体、粉尘、噪音、振动、污水、渣土、建筑垃圾(主要为固体垃圾)等副产品,而回收利用效率很低。以建筑垃圾为例,根据上海市容环境管理局和北京市垃圾渣土管理处提供的相关数据推算,2004年这两个城市排放的建筑垃圾总量约为2 500万吨。依此类推,全国每年的建筑垃圾排放总量估计要达到几十亿吨。目前,这些建筑垃圾除部分被作为土石方用于填方等建设用途和部分易回收材料被回收外,其余的大多作为废弃物直接填埋或堆放,在回收利用效率低下的同时又加大了环境污染。

值得一提的是,如前文所述,我国房地产业在产生巨大经济价值的同时也消耗了大量的资源能源,产生了很多建筑垃圾等废弃物。为全面客观地评价房地产业发展,应将两者结合起来,本书第5章采用的生态效率即为这样的一个概念和方法。生态效率的基本原理是将消耗的资源能源和排放的废弃物糅合成生态足迹,然后将它与相应的经济价值指标相比。第5章的实证分析发现,近年来南京市的房地产开发生态效率一直较低。

2) 自然景观的破坏

房地产开发,无论是住宅项目还是商业项目,在选址上会尽量选择自然景观较好的地段,因此经常出现违章建筑或者与周边自然环境不协调的建筑,破坏了自然景观的协调和美感。即使是我国最成熟的开发企业之一的万科,在深圳著名的东部"黄金海岸"开发其"万科的骄傲"——万科·十七英里项目时,几乎荡平了项目所在地牛角岭生长了千百年的原始植被,如图2-4所示。颇具讽刺意味的是,深圳市旅游发展"十五"计划和2020年远景规划中提出"要在保护生态环境与旅游资源的前提下开发东部海岸",而牛角岭正是这东部"黄金海岸"的景色绝佳之处!

万科项目施工前的海岸美景　　　　　　　　被挖掘后的海岸

图2-4　项目施工前后的黄金海岸

来源:吴传震,顾策."万科·十七英里"地价疑云[N].南方周末,2004-01-08(C1).

值得一提的是,上述几种发展代价不是孤立的,而是互相影响、互相制约的。这是因为部分境遇相同的社会个人构成一个社会集体,所有的社会集体组成人类社会,而人类社会的生存与发展必然要依附于自然界。所以,房地产业发展付出的自然界代价必然会波及人类社会,并进而波及社会集体乃至社会个人;个人所承受的代价会影响相应的社会集体的行为,并因而影响人类社会的发展和自然界的演变。

另外，需要说明的是：首先，如前文所述，后文第 3 章和第 4 章研究的房地产业发展代价属于社会代价范畴，而第 5 章研究的房地产业发展代价则属于自然界代价范畴；其次，后文之所以选择目前这三个研究主题，一方面是由于这些房地产业发展代价的社会影响和代表性，另一方面是由于相关数据的可获取性及定量分析的可能性；最后，对其他房地产业发展代价的定量分析将是后续研究的努力方向，本书暂不展开。

2.3　本章小结

东西方国家关于社会发展代价的思想和研究都比较丰富，在不同时代、角度、语境和学科下对发展和代价的概念及内涵有着不同的理解，对发展代价也从多个角度进行了归纳和总结，这些研究成果为房地产业发展代价的系统研究提供了重要的理论基础。本章参照社会发展代价及相关概念，并结合对房地产和房地产业的概念界定，界定了"房地产业发展代价"的概念。接下来，从"房地产开发项目全寿命周期""代价指向主体""代价来源主体"等三个维度对我国房地产业发展代价进行分类并通过二维图示举例说明。最后，按照代价指向主体这一维度，将房地产业发展代价分成自然界代价、社会代价、集体代价和个人代价等四个方面，举例详细阐述房地产业发展代价的组成，并将在第 3 章、第 4 章和第 5 章分别对房价上涨"加大城镇居民贫富差距"的社会代价、房价上涨"推动物价上涨"的社会代价和"房地产开发生态效率低"的自然界代价等重点问题进行更深入的研究。

3 中国房地产业发展代价度量(一)

——对房价上涨"加大城镇居民贫富差距"的社会代价检验[①]

如前文1.1.2和2.2.3.3部分的分析可知,近年来我国房价上涨过快,而这使得社会财富向房地产开发企业、先期购房者(尤其是投机性购房者)及相关人员快速集中,由此产生了社会财富的转移效应,加大了城镇居民之间的贫富差距,即付出了一定的社会代价。这一点得到了许多学者的认可,如徐滇庆(2006)、迟恒智(2007)认为房价快速上涨"产生了一系列的财富转移效应","使得社会财富从农村流向城市、从城市中的穷人流向富人"[76],"加剧了地区之间和居民之间的贫富差距"[77]。但是,也有学者认为社会财富或收入分配不公是"房价畸高的症结所在","也将成为制约中国房地产业发展的深层问题"[78]。值得一提的是,不仅中国如此,许多国外学者也指出,空前的房地产市场繁荣和房价高涨近年来在全球范围内蔓延,社会财富的转移和重新分配也在日益加剧[79-81]。上述研究基本上都停留在定性或简单定量分析的层面,而本章则选取商品房销售额与房屋销售面积之比和城镇基尼系数(Town Gini Coefficient,TGC)分别表征房价和城镇居民贫富差距,先后进行线性相关关系分析、异方差性检验、时间序列平稳性ADF检验、格兰杰因果检验和广义脉冲响应函数及方差分解分析,定量分析1987年—2005年我国房价上涨和城镇居民贫富差距加大之间的互动关系,检验房价上涨究竟是否付出了加大城镇居民贫富差距的社会代价。

3.1 变量选择与数据确定

3.1.1 房价

本章所指的房价并非单指房屋的价格,而是指狭义房地产(即房屋、土地及固着在房屋、土地上不可分离的部分及其附带的各种权益[82])的价格,是指房地产开发、建设及其经营过程中,凝结在房地产商品中活劳动与物化劳动的货币表现[83]。另外,按照前文2.2.1.1部分的界定,本书中的房价均指城镇商品房销售价格。

---

① 该部分研究成果的核心内容已经发表于《建筑经济》2008年第6期和CSSCI期刊《经济问题探索》2010年第11期上。

3.1.1.1 常用的房价计算方法

目前国内外对于房价的计算方法一般有三种,即平均销售价格法、特征价格法和重复销售价格指数法,它们的计算结果相应地分别被称作平均销售价格、特征价格和重复销售价格指数。下面以住宅市场为例(同样适用于其他物业)探讨此三种方法的原理和优缺点[84]。

1) 平均销售价格法

目前人们普遍采用"平均销售价格"来衡量房地产市场中价格的变动情况,其计算方法是用商品房销售额除以商品房销售面积。"平均销售价格"这个指标的变化中会混杂两种因素的作用,其一是市场因素,即市场供求对比,供大于求时价格下跌,而供不应求时价格上升;其二是非市场因素,例如供给结构和住宅特征等。当市场中的供给结构发生变化时,即使供求关系不变,平均价格也会变化,例如政策性低价位住宅的比例上升会使平均销售价格下降;如果市场上住宅的平均质量(包括建造质量、区位、环境等)上升了,在供求关系不变的情况下,平均销售价格也会上升。因此,仅用平均销售价格来度量房地产市场中价格的变化情况,就无法区分它的上涨或者下跌究竟是由于市场因素引起的,还是由于非市场因素引起的,不利于对市场走势的客观判断。

造成这个问题的原因是对"价格"的界定并不清楚。"平均销售价格"实际上是一种平均支出额的概念,即某一阶段购房者的支出总额与总面积的比值。而价格应当是指某种具有固定特征的商品(或称之为"标准商品")每单位的市场价格,只有这种含义的价格才能真正反映市场供求关系随时间的变化情况。但事实上,房地产是一种产品互异性很强的商品,几乎没有任何两宗房地产的特征是完全相同的。国外普遍的做法是测算"同质住宅"的价格和变动情况。所谓"同质住宅"是指特征不随时间发生变化的标准住宅。在观察市场走势时,一直以它为基准,就可以排除非市场因素的影响,而集中反映由于市场供求关系变化导致的价格变动。特征价格法和重复销售价格指数法都是测算同质住宅价格的常用方法。

2) 特征价格法

特征价格法的思路是在住宅价格与住宅特征和销售时间之间建立起联系,即建立一个 Hedonic 方程。这里所说的特征同样也包括住宅自身的特征和周边环境的特征,其中住宅的特征包括住宅的面积、卧室或浴室个数、设计水平、装修程度、小区环境、绿化率、购物便利程度、公共设施质量、学校质量等。利用 Hedonic 模型计算出来的价格变动序列并不仅仅是一种指数(相对值),而是同质住宅的价格(绝对值),因此其应用比后文中的"重复销售价格指数法"的应用更广泛,可以计算任何一种住宅在任何时期的估计价格。但是,Hedonic 模型需要大量的数据,特别是关于住宅特征的数据,收集这些数据往往是非常困难而且成本高昂的,因此其应用又受到了很大的限制。另外,如果在方程里忽略了重要的住宅特征数据,那么结果就会产生偏差。能够回避这些问题的办法就是采用后文中的"重复销售价格指数法"。

3) 重复销售价格指数法

重复销售价格指数法只需要在某段时间内发生过重复交易(两次或两次以上)的住宅的销售时间和销售价格,因此避免了需要收集住宅特征数据的困难。该方法的基本原理是同一套住宅在较短的时间内其特征不会发生变化,因此重复交易的价格自然满足了同质性的要求,两次交易价格的差异仅体现了时间因素,即这两个交易时间之间住宅市场中价格水平的相对变化。采用多个交易案例(每个案例都存在两次或两次以上的交易价格),就可以列出每一个时期住宅市场中价格相对值(其实就是一种价格指数)的联立方程组,解此方程组就可以得到价格指数在各期的值,也就是同质住宅价格随时间的相对变化。该方法的优势是所需数据较少,但一方面它仅能提供价格指数而不能给出具体的价格绝对值,另一方面由于它只考虑重复交易的案例,所以可能会遗失在此期间仅交易一次的住宅数据。

3.1.1.2 本章采用的房价计算方法

从我国目前房地产市场的实际情况来看,应用 Hedonic 模型和重复销售价格指数法的难度较大[84]。因此,虽然使用平均销售价格法反映某一地区商品房价格随时间的变化具有一定的缺陷,但考虑到数据的可获取性和连续性等因素,本章仍采用该方法来计算房价。书中若无特别说明,房价均指平均销售价格。

至于平均销售价格,一方面有全国、省、市等多个层面,另一方面有住宅、办公楼、商业营业用房等多种业态的平均销售价格,最后它还有新房(增量房)和二手房(存量房)两个组成部分,因此计算的口径不同,其结果和含义也大相径庭。考虑到我国二手房市场的正式启动是在 1999 年以后,其发展相对滞后,相关统计数据也非常缺乏,因此有关房价的学术研究大多仅计算新房的销售额和销售面积[85-86],本章亦如此。另外,考虑到数据的权威性、代表性和后续研究的方便,本章选取《中国统计年鉴》中公布的全国层面相关数据来计算全国城镇商品房平均销售价格(Real Estate Price,REP),其具体计算公式为:

$$房价 = 商品房销售额/房屋销售面积 \tag{3-1}$$

至于公式(3-1)中"商品房销售额"和"房屋销售面积"的概念,《中国统计年鉴2007》中"六、固定资产投资"部分的"主要统计指标解释"给出的界定是:

(1) 商品房销售面积指报告期内出售商品房屋的合同总面积(即双方签署的正式买卖合同中所确定的建筑面积)。由现房销售建筑面积和期房销售建筑面积两部分组成。

(2) 商品房销售额指报告期内出售商品房屋的合同总价款(即双方签署的正式买卖合同中所确定的合同总价)。该指标与商品房销售面积同口径,由现房销售额和期房销售额两部分组成。

3.1.1.3 本章采用的房价计算结果

由于我国房地产业的真正发展是在 20 世纪 80 年代初改革开放之后,同时考虑数据的可获取性和后续研究的方便,本章主要采用国家统计局发布的历年《中国统计年鉴》中

1987 年—2005 年的相关数据①,其计算结果如表 3-1 所示。

表 3-1 1987 年—2005 年中国城镇商品房销售额、销售面积与房价

年份	商品房销售额（万元）	商品房销售面积（万平方米）	房价（元/平方米）	年份	商品房销售额（万元）	商品房销售面积（万平方米）	房价（元/平方米）
1987	1 100 967	2 697.24	408.183	1997	17 994 763	9 010.17	1 997.161
1988	1 472 164	2 927.33	502.903	1998	25 133 027	12 185.30	2 062.569
1989	1 637 524	2 855.36	573.498	1999	29 878 734	14 556.53	2 052.6
1990	2 018 263	2 871.54	702.85	2000	39 354 423	18 637.13	2 111.614
1991	2 378 597	3 025.46	786.194	2001	48 627 517	22 411.90	2 169.719
1992	4 265 938	4 288.86	994.656	2002	60 323 413	26 808.29	2 250.178
1993	8 637 141	6 687.91	1 291.456	2003	79 556 627	33 717.63	2 359.496
1994	10 184 950	7 230.35	1 408.639	2004	103 757 069	38 231.64	2 713.906
1995	12 577 269	7 905.94	1 590.863	2005	175 761 325	55 486.22	3 167.657
1996	14 271 292	7 900.41	1 806.399	合计	847 190 634	341 292.28	2 482.302

数据来源:《中国统计年鉴 1996》和《中国统计年鉴 2007》,作者整理计算。

3.1.2 贫富差距

贫富差距是一个世界性的普遍现象,世界各国都或多或少地受到贫富差距问题的影响和困扰[87-92],特别是对于经济高速发展的中国而言[93]。

3.1.2.1 贫富差距的概念及内涵

1) 贫富差距的概念

对于贫富差距的概念(或内涵),有学者认为它是指在特定的历史时期和地域范围内(通常指一国),由社会成员之间对社会财富的占有数量和支配能力上的差别所造成的生活质量和消费水平差异的一种不平等的社会现象[93]。它也可以被理解为一个社会内部社会成员之间(通常是以家庭为单位)在收入和财富方面所存在的差距。"收入"是指一个人或一个家庭在一定时间(如一年)内所获得的货币总量;"财富"则是指一个人或一个家庭在一定时间点上所拥有的有形资产和金融资产的总量[94]。按照这种理解,贫富差距几乎存在于任何人和家庭之间,而收入差距是其中的核心问题[95]。经济学意义上的贫富差距,是指收入差距扩大到一定程度后和一定范围后出现的收入悬殊现象。社会的这种贫富状态即贫富不均,表现为一个富有者群体或阶层产生的同时,出现一个贫困的群体

---

① 虽然作者在撰写本书稿时,可以获得 2006 年—2013 年的商品房销售相关数据,但是考虑到本章核心内容已经在学术期刊发表,而且利用更新后的数据分析出来的结果基本一致,故本书稿并未更新。

或阶层,相当一部分社会成员处于相对贫困状态[96]。

2)贫富差距的表现形式

对于我国贫富差距的表现形式,有的学者认为是城乡差距、地区差距、行业差距和阶层差距[95],有的学者认为是城乡差距、地区差距、行业差距、所有制单位差距和阶层差距[96],有的学者认为是个人收入贫富分化、城乡差距和地区差距[97],有的学者认为是城乡差距、地区差距、行业差距和个人(收入)差距[98][100],有的学者认为是城乡差距、地区差距和行业差距[99],有的学者则总结为两大差距,即总体差距和群体差距(包括城乡差距、地区差距和行业差距)[101]。虽然由于角度不同,不同的学者提出的贫富差距表现形式不尽相同,但所有学者都认为我国的贫富差距非常明显,且呈逐年加大的趋势。

3)贫富差距的原因

对于造成我国贫富差距逐年加大的原因,有的学者认为主要是经济体制转变的负面影响、政策导向的客观作用以及政府调控作用的缺失[93],有的学者认为有自然和历史方面的原因以及市场体制转型的效应、国家政策导向的效应[95],有的学者认为可以归纳为市场化改革效应、生产力水平不高、新旧两种体制磨擦、二元经济结构并存、区域经济发展不平衡、宏观调控不到位等六个方面[96],有的学者认为包括 FDI(即外商对华直接投资)区域、产业分布的不均衡以及中国固化的二元经济结构[99],有的学者则将其总结为历史原因、分配原则的改革、国家的政策效应、市场经济的原因、政府收入再分配的手段和功能严重不足等[100]。

4)贫富差距的效应

对于我国贫富差距的加大,几乎所有学者都认为其在合理范围内具有积极效应,但超过合理范围将具有消极效应。对于目前是否已经超过合理的范围,尚有争议[101]。其中,积极效应包括调动劳动者的积极性和创造性、激发人们追求财富和创造财富的热情[93]、发挥人力资源优势[95]、促进共同富裕目标的实现[96],而消极效应包括扰乱市场环境、社会心态失衡、激化社会富裕与贫困阶层的矛盾[93]、引致经济萎缩、挫伤劳动者的积极性、增强民众的相对剥夺感[95]、制约改革向纵深发展、影响国民经济的良性循环、引发社会的反感和不满情绪[96]、滋生违法犯罪活动[97]。过分严重的贫富差距甚至会影响社会的稳定,动摇人们对社会主义的信念、削弱党的执政基础,甚至会引起政权的更迭[97]。

5)贫富差距的衡量标准

贫富差距的表现形式不同,其衡量标准亦不同,其中常见的表现形式和衡量标准经整理如表 3-2 所示。

表 3-2　贫富差距的表现形式和衡量标准

表现形式	衡量标准
城乡差距	城乡居民人均可支配收入(和实际收入)的比值和差值[96-100]
地区差距	地区间人均 GDP 增幅[95],相对差距极化系数、泰尔系数[98],城镇居民人均可支配收入[96-100]

续表 3-2

表现形式	衡量标准
行业差距	行业职工平均年收入[96][98][100]
个人（收入）差距（或称贫富分化）	全国、城镇和农村居民收入基尼系数[98]，个人资产[100]
阶层差距	财产数额和年收入[95]
所有制单位差距	职工平均年收入[96]

在上述贫富差距的诸多衡量标准中，基尼系数是最常见的和最基本的指标[96]，究其原因是基尼系数具有以下优点[102]：①基尼系数能以一个数值反映总体收入差距状况；②基尼系数是国际经济学界所采用的最流行的指标，因而具有比较上的方便；③基尼系数的计算方法较多，便于利用各种资料；④利用基尼系数也便于进行分解分析，可以将总收入的基尼系数与各分项收入的关系写成：$GC = \sum(U_i \times C_i)$。其中，$U_i$ 和 C_i 分别是第 i 项收入在总收入中所占的份额和集中率。

但是，需要重点指出的是，基尼系数只能对收入水平进行描述，并不能完全代表真实的贫富差距水平[96]。其原因主要有三点：①基尼系数只计算和衡量正常合法的收入差距情况，基本上没有考虑非法、非正常因素对收入差距的影响，而事实上这些因素的影响是比较大的[97]；②在基尼系数大体相同的情况下，国家的经济发展水平、人均国民收入水平以及社会福利状况等因素都会对本国的贫富差距程度造成非常直接的影响[99]；③在市场经济国家中，"财富分布的不公平远远大于收入分布的不公平"[102]，而不同侧面的数据也已证实这个观点在我国仍然成立[97]。

除基尼系数外，国际上衡量一个国家贫富差距状况的常用方法，还有从收入分配理论推导出来的洛伦茨曲线、库兹涅茨比率、库兹涅茨指数、阿鲁瓦利亚指数、收入不良指数（或者叫欧希玛指数）、沃尔夫森"极化指数"；有从统计学中发展出来的，比如人口（或家庭）众数组的分布频率、测度大多数人（或家庭）所覆盖的绝对收入范围，以及测度最低或最高收入对平均收入偏离度的离散系数；有来自物理学的泰尔熵标准或者泰尔指数，以及其他指标如贫困指数、偏离值法、倒 U 拐点等[102-106]。鉴于统计数据的权威、严谨、连续和可获取性，以及本章仅考虑城镇居民之间的对比和差距，本章将采用城镇居民收入基尼系数来代表其贫富差距。

3.1.2.2 贫富差距的计算——基尼系数

1) 基尼系数和洛伦茨曲线

基尼系数是意大利统计学家基尼（C. W. Gini）在 1912 年发表的一篇文章中提出来并以其名字命名的综合统计指标，其初衷是为了提供一种无因次的（即不受量度单位大小的影响的）量，以刻画随机变量取值的分布程度，而并非仅为刻画贫富差异[107]。基尼系数可以用来度量收入的不平等、消费的不平等、财富的不平等和任何其他事物分布的不均匀状况，如中国工业企业 R&D 资源地区差异[108]、中国制造业的集中状况[109]等。

但是,目前基尼系数度量收入的不平等最为普遍[104],此时它用来定量测定收入分配的差异程度,其经济含义是在全部居民收入中用于不平均分配的百分比[110]。

基尼系数是以洛伦茨曲线(Lorenz Curve)为基础来计算的,而后者是20世纪初美国经济学家、统计学家洛伦茨根据意大利经济学家巴雷特(V. Pareto)提出的收入分配公式绘制而成,用以描述财富分配性质的曲线,如图3-1所示[110]。

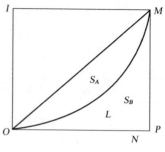

图 3-1 洛伦茨曲线

洛伦茨曲线以 P 为横轴,表示家庭或人口的累积百分比;以 I 为纵轴,表示相应收入的累积百分比。它的横轴和纵轴的取值范围均在[0,1]区间,因此两者围成一个面积为1的正方形图形,其45°对角线 OM 称为"绝对平均线"。在 OM 上的任一点,其纵坐标等于横坐标,即人口的比重等于收入比重,说明社会所有成员的收入都相等。折线 ONM 称为"绝对不平均线",它表示全部收入都集中在一个人手中,其他人的收入均为0。一般情况下,实际收入分配线 OLM 总是介于 OM 和 ONM 之间,曲线 L 上的任何一点(除两个端点 O、M 以外)到两轴的距离都不相等,其经济意义是人口总数一定百分比的社会成员所拥有的收入总额在全部居民收入总额中所占的比重。洛伦茨曲线的下凸程度越大,说明实际收入曲线距绝对平均线越远而距绝对不平均线越近,收入分配越不平均;反之,下凸程度越小,说明收入分配越平均。虽然洛伦茨曲线本身就可以在一定程度上表明收入分配的不均匀程度,但它无法给出一个确切的数值,特别是当几条曲线相交的时候。

2) 基尼系数的计算方法

在洛伦茨曲线的基础上计算基尼系数的方法有很多,有的学者总结为万分法、人口等分法、回归方程法、差值法、三角形面积法、弓形面积法、积分法、基尼平均法、斜方差法、矩阵法、城乡加权法等等[110],也有的学者将其归纳为几何方法、基尼的平均差方法(或相对平均差方法)、斜方差方法、矩阵方法[104]。两类方法的分类标准不一,但可以相互统一,相互之间存在着共性[104]。下面重点介绍几何方法及其中的三角形面积法,也是本章拟采用的城镇居民基尼系数计算方法。

对经济学家来说,基尼系数的引人注目之处在于它有一个明确的几何解释,即它可以表示为两个几何区域面积之比。以图3-1为例,基尼系数可以表示为对角线 OM 和洛伦茨曲线 OLM 之间的区域面积 S_A 与对角线 OM 和折线 ONM 之间区域面积(S_A+S_B)之比,其中后者为单位正方形面积的一半。所以,基尼系数可表示为:

$$GC = \frac{S_A}{S_A+S_B} = 2S_A = 1-2S_B \qquad (3-2)$$

如果收入分布是离散的,即可以把全部人口(或家庭)按收入从小到大按顺序排列并分为 n 组,此时不需要按人口比重等分。设第 i 组的人口占总人口的比重为 $P_i(i=1,2,3,\cdots,n)$,收入占总收入的比重为 I_i,又记 $M_i = P_1+\cdots+P_i (1 \leqslant i \leqslant n)$,$M_i$ 是第1组

至第 i 组人口累计的比重；$Q_i = I_1 + \cdots + I_i (1 \leqslant i \leqslant n)$，$Q_i$ 是第 1 组至第 i 组收入累计的比重，则运用三角形面积法求取基尼系数的公式可写作[110][114]：

$$GC = 1 - \sum_{i=1}^{n-1}(M_{i+1} - M_i)(Q_{i+1} + Q_i) = \sum_{i=1}^{n-1}(M_i Q_{i+1} - M_{i+1} Q_i) \quad (3-3)$$

如果收入分布是连续的，且洛伦兹曲线是人口分布比重 P 的函数 $L(P)$，则此时 S_B 的面积是 $\int_0^1 L(P)dP$，基尼系数可写作[104]：

$$GC = 1 - 2\int_0^1 L(P)dP \quad (3-4)$$

通常情况下，一般研究者很少有条件获得第一手关于居民收入情况的资料，都是利用公开出版的统计年鉴等数据资料来计算基尼系数，而统计年鉴中公布的居民收入情况都是离散的，因此公式(3-3)是最常用的基尼系数计算公式。

以国家统计局发布的《中国统计年鉴 2006》为例，农村居民家庭收入是按五等份分的，其基尼系数所需数据整理后如表 3-3 所示；城镇居民家庭则按收入等级分成不等的七份，其基尼系数所需数据整理后如表 3-4 所示。利用公式(3-3)和表 3-3、表 3-4 中数据，可分别得到 2005 年我国农村居民收入基尼系数(简称农村基尼系数)和城镇居民收入基尼系数(简称城镇基尼系数)为 0.300 32 和 0.374 66。由于 2005 年我国农村基尼系数小于城镇基尼系数，可以判定该年度我国农村居民家庭的收入分配较城镇居民家庭的收入分配均匀。同样道理，可以计算其他年份的农村基尼系数和城镇基尼系数，以衡量该年度农村和城镇居民家庭的收入分配均匀程度。

表 3-3　按收入五等份分农村居民家庭基本情况整理表(2005 年)

分组	户组比重(%)	平均每户常住人口(人)	平均每人总收入(元)	累计人数比重 M_i	累计收入比重 Q_i
低收入户	20	4.58	2 090.02	0.224 9	0.099 9
中低收入户	20	4.35	3 024.44	0.438 3	0.237 2
中等收入户	20	4.10	4 022.67	0.639 8	0.409 5
中高收入户	20	3.86	5 453.55	0.829 2	0.629 1
高收入户	20	3.48	10 210.56	1.000 0	1.000 0

表 3-4　城镇居民家庭基本情况整理表(2005 年)

分组	户组比重(%)	平均每户常住人口(人)	平均每人总收入(元)	累计人数比重 M_i	累计收入比重 Q_i
最低收入户	9.865 2	3.34	3 377.68	0.111 5	0.066 1
低收入户	10.008 2	3.22	2 733.3	0.220 5	0.117 6

续表 3-4

分组	户组比重(%)	平均每户常住人口(人)	平均每人总收入(元)	累计人数比重 M_i	累计收入比重 Q_i
中等偏下户	20.079 4	3.10	5 202.12	0.431 1	0.212 1
中等收入户	20.122 5	2.95	7 177.05	0.631 9	0.336 1
中等偏上户	20.037 8	2.79	9 886.96	0.821 0	0.497 6
高收入户	9.981 5	2.68	13 596.66	0.911 5	0.711 0
最高收入户	9.905 3	2.64	18 687.74	1.000 0	1.000 0

3.1.2.3 本章采用的城镇基尼系数计算结果

由于本章中的房价系城镇商品房销售平均价格,因此应根据 1988 年—2006 年的《中国统计年鉴》公布的城镇居民家庭基本情况,类似于表 3-4,利用三角形面积法和公式(3-3)计算 1987 年—2005 年的城镇基尼系数,其值如表 3-5 所示。

表 3-5　1987 年—2005 年中国城镇基尼系数

年份	城镇基尼系数	年份	城镇基尼系数	年份	城镇基尼系数
1987	0.199 70	1994	0.299 20	2001	0.257 45
1988	0.230 15	1995	0.281 00	2002	0.318 25
1989	0.230 15	1996	0.280 15	2003	0.314 00
1990	0.230 15	1997	0.288 60	2004	0.322 50
1991	0.238 90	1998	0.298 70	2005	0.374 66
1992	0.249 45	1999	0.298 70	—	—
1993	0.269 10	2000	0.319 35	—	—

联合国有关组织认为:基尼系数低于 0.2 表示收入绝对平均;基尼系数 0.2~0.3 表示比较平均;基尼系数 0.3~0.4 表示相对合理;基尼系数 0.4~0.5 表示收入差距较大;基尼系数 0.6 以上表示收入差距悬殊,将产生严重的贫富不均矛盾;0.4 为监控贫富差距的警戒线。由表 3-5 中城镇基尼系数数值可知,1987 年—2005 年我国城镇居民收入分配不均匀程度在总体上是逐年增大的,但仍处于相对合理的范畴。然而,我国经济直到目前仍然具有二元经济结构特征,其主要表现之一就是在城乡之间存在着显著的收入水平和收入分布的差异[111]。它一方面导致了前文中 2005 年农村基尼系数和城镇基尼系数的较大差异,另一方面也会导致"全国基尼系数"(或称"城乡混合基尼系数"等)较农村基尼系数和城镇基尼系数都更大[111-112],由此判定的全国居民收入分配不均匀程度或贫富差距也将更大。

在本章接下来的分析中,为了消除数据中可能存在的异方差性并平滑数据,若无特殊说明,均采用房价和城镇基尼系数的自然对数形式,其结果整理后如图 3-2 所示。

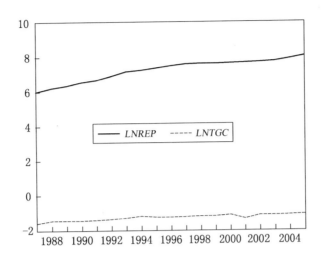

图 3-2　1987 年—2005 年中国房价和城镇基尼系数(自然对数形式)

3.2　模型构建与分析

如前文所述,本章选取城镇基尼系数代表城镇居民间的贫富差距。因此,本章对房价上涨与城镇居民贫富差距加大之间的互动关系研究可以转换成房价与城镇基尼系数之间关系的研究,具体包括相关关系分析、时间序列平稳性 ADF 检验、格兰杰因果检验和广义脉冲响应函数及方差分解分析等,而这些分析都是借助于计量经济软件 EViews 6.0 完成的。

3.2.1　线性相关关系分析

3.2.1.1　定性分析

为了研究我国房价与城镇基尼系数之间的关系,本章先从线性分析入手,对 1987 年—2005 年中国房价和城镇基尼系数作散点图,如图 3-3 所示。

散点图是描述变量之间关系的一种直观方法,它描述了两个变量之间的大致关系,从中可以直观地看出变量之间的关系形态及关系强度观测[113]。由图 3-3 的散点图可知,我国房价和城镇基尼系数的线性关系比较密切,二者有相关关系。但是,散点图不能准确反映变量之间的关系密切程度和数量伴随关系,为此还需要对二者做定量的回归分析。

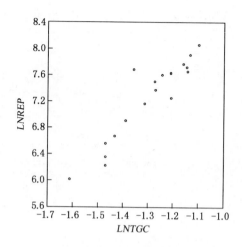

图 3-3　1987 年—2005 年中国房价和城镇基尼系数散点图

3.2.1.2　定量分析

本章应用普通最小二乘法（Ordinary Least Squares，OLS）对我国房价和城镇基尼系数做回归分析，其结果如表 3-6 所示。

表 3-6　1987 年—2005 年中国房价和城镇基尼系数回归统计结果

变　　量	回归系数	标准误差	t 值	概率
LNREP	0.221 497	0.020 359	10.879 31	0.000 0
常数项	−2.898 770	0.147 989	−19.587 79	0.000 0
决定系数 R^2	0.874 408	被解释变量均值		−1.294 187
调整后的决定系数 R^2	0.867 021	被解释变量标准差		0.145 186
随机误差项的标准差估计值	0.052 944	AIC 准则值		−2.939 865
残差平方和 RSS	0.047 652	SIC 准则值		−2.840 450
对数似然函数值	29.928 71	F 值		118.359 5
D-W 统计值 d	2.620 010	概率		0.000 000

由表 3-6 可知，房价和城镇基尼系数的回归方程可写为：

$$LNTGC = 0.221\,497 \times LNREP - 2.898\,770 \tag{3-5}$$

表 3-6 亦包含对该回归方程的假设检验，其结果包括：

（1）F 统计值为 118.359 5，对应的概率为 0，小于显著性水平 0.01，说明房价和城镇基尼系数之间的线性关系显著。

（2）调整后的决定系数 $R^2 = 0.867\,021$，一方面说明城镇基尼系数的变化约有 86.70% 可由房价来解释，回归方程（3-5）的拟合较好；另一方面说明房价和城镇基尼系数的相关系数为 $R = 0.931\,14$。而一般情况下，可以将两个变量的相关程度分为以下几种

情况：当 $|R|\geqslant 0.8$ 时，可视为高度相关；当 $0.5\leqslant|R|<0.8$ 时，可视为中度相关；当 $0.3\leqslant|R|<0.5$ 时，视为低度相关；当 $|R|<0.3$ 时，说明两个变量之间的相关程度极弱，可视为不相关[113]。因此，可以判定我国房价和城镇基尼系数两者高度相关。

（3）房价 LNREP 和常数项 C 的 t 统计值分别为 10.879 31 和 -19.587 79，对应的概率皆为 0，说明在 0.01 显著性水平下两者与 0 有显著差异，对城镇基尼系数的影响很显著。

总之，对我国房价和城镇基尼系数的定性和定量分析发现，两者之间线性关系显著且高度相关，房价对城镇基尼系数的影响也很显著。

3.2.2 异方差性检验

据前文 3.2.1 的回归分析，OLS 法被用来估计回归方程(3-5)的参数，但该方法的适用是建立在回归模型不存在异方差性的基础上的。这是因为，如果存在异方差，OLS 估计式不再是"最小方差估计式"，并且它还会导致解释变量的显著性检验失效、参数置信区间的建立发生困难、预测的精确度降低等严重后果[115]。所以，虽然如前文所述，已经对房价和城镇基尼系数取自然对数以试图消除异方差性，但究竟是否已经消除，仍需加以检验。

3.2.2.1 异方差性的概念和常用检验方法

对于模型 $Y_i = \beta_0 + \beta_1 X_{1i} + \beta_2 X_{2i} + \cdots + \beta_k X_{ki} + \mu_i$，如果出现 $Var(\mu_i) = \sigma_i^2 (i=1, 2, \cdots n)$，即对于不同的样本点，随机误差项的方差不再是常数，而互不相同，则认为出现了异方差性（Heteroskedasticity）。

对于异方差性的检验，常用的方法有七种，即图示检验法、Spearman 等级相关检验、Goldfeld-Quandt 检验、Park 检验、Glejser 检验、Breusch-Pagan 检验和 White 检验等[115]。其中，图示检验法只能粗略地观察模型是否存在异方差性，一般应用于异方差性比较明显的情况下；Spearman 等级相关检验的基本思想是通过检验剩余 $e_i = Y_i - \hat{Y}_i$ 与自变量 X_i 的相关性来确定模型是否存在异方差性，只是它不能直接利用 EViews 软件进行；Goldfeld-Quandt 检验只适用于大样本；Park 检验和 Glejser 检验的最大优点是，不仅回答了是否存在异方差性，同时也提供了异方差形式的信息，这个信息对于消除扰动项的异方差是很重要的；Breusch-Pagan 检验一定要已知随机误差的方差产生原因且随机误差服从正态分布的限制；White 检验与 Breusch-Pagan 检验很相似，但它不需要关于异方差的任何先验知识，只是要求在大样本的情况下[115]。

一般情况下，当样本容量大于 30 时，称为大样本，否则称为小样本。由于本章只有 1987 年—2005 年的 19 个总体单位，即样本容量为 19，所以是小样本，对其模型异方差性的检验可采用 Park 检验或 Glejser 检验，它们的原理相同。本章拟采用 Park 检验，它的基本思想是建立回归模型 $\ln e_i^2 = \ln \sigma^2 + \beta \ln X_i + V_i$，并判断 β 在统计上是否是显著的。如果显著，则表明数据中存在着异方差性，如果不显著，就可以接受同方差假定[115]。

3.2.2.2 本章异方差性的 Park 检验结果

在应用 OLS 法求出 $LNTGC$ 关于常数项和 $LNTGC$ 回归模型的基础上,分别生成新的时间序列 $LNE2 = \log(RESID^2)$ 和 $LNLNREP = \log(LNREP)$,然后再利用 OLS 法求出 $LNE2$ 关于常数项和 $LNTGC$ 的回归模型。由此,可以得到我国房价和城镇基尼系数异方性的 Park 检验结果如表 3-7 所示。

表 3-7 房价和城镇基尼系数的异方差性 **Park** 检验结果

变量	回归系数	标准误差	t 值	概率
常数项	5.814 853	20.816 30	0.279 341	0.783 4
$LNLNREP$	−7.271 292	10.521 26	−0.691 105	0.498 8

取显著性水平 $\alpha = 0.05$,可知 $LNLNREP$ 的系数的相应概率 Prob. $= 0.498\,8 > \alpha = 0.05$,即该系数在统计上不显著,可以接受同方差假定。所以可以判定,本章的一元回归模型不存在异方差性,最小二乘法的应用是合适的,前文 3.2.1 部分的分析也是可信的。

3.2.3 时间序列平稳性检验

3.2.3.1 时间序列平稳性检验原理

"两个高度相关的变量,并不意味着它们之间就一定存在着因果关系"[115],格兰杰因果检验法(Granger Causality Test,或称格兰杰因果关系检验法)常被用来判断两个变量之间是否存在因果关系。但是,在应用该方法之前必须判定时间序列是平稳的或者虽是非平稳序列但变量之间存在协整关系。其中,协整(Cointegration)是指两个或两个以上同阶单整的非平稳时间序列的线性组合是平稳时间序列,则这些变量之间的关系就是协整的[115]。如果两个或两个以上的变量都是平稳时间序列,这些变量之间的关系也一定是协整的。

时间序列可以分成两大类,即平稳时间序列和非平稳时间序列。所谓平稳时间序列是指时间序列的统计规律不会随时间的推移而发生变化。或者说,生成变量的时间序列数据的随机过程的统计特征不随时间变化而变化,其统计特征包括均值和方差等。即平稳时间序列的均值和方差是固定不变的,自协方差只与考察的两期间隔长度有关,而与时间 t 的变化无关。对于平稳时间序列而言,任何震荡的影响都是暂时的,随着时间的推移,这些影响将逐渐消失,也即时间序列将回复到长期平均水平[115]。从散点图来看,一个平稳的时间序列的散点将围绕其均值上下波动。而非平稳时间序列刚好相反,生成变量的时间序列数据的随机过程的统计特征随时间变化而变化。

在对经济现象进行时间序列分析时,一般要求所需的时序资料必须是平稳的,否则将会产生"伪回归"问题[115]。但是,现实经济时间序列资料多数是非平稳的,因此有必要在建立计量经济模型之前进行平稳性检验。平稳性的检验方法主要有平稳性的非参数检验、自相关函数检验和单位根检验,其中目前普遍采用的是单位根检验中的 Augmented Dickey-Fuller 单位根检验(简称 ADF 检验),它是 Dickey 和 Fuller 于 1979 年、1980 年对 Dickey-Fuller 单位根检验(简称 DF 检验)进行扩展形成的。值得一提的是,若非平稳时间序列(或称非平稳过程)Y_t 的一阶差分为平稳的,则称其为一阶单整的,记为 $I(1)$。若非平稳时间序列经过 d 次差分后为平稳的,则称其为 d 阶单整的,记为 $I(d)$[115]。

3.2.3.2 本章的时间序列平稳性检验结果

由图 3-2 可知,房价时间序列有明显的上升趋势,因此 ADF 检验方程中应包含常数项和趋势项。对房价的原序列(即不进行差分)作单根检验,在最大滞后长度为 5 和 AIC 准则(Akaike Information Criterion,即根据 AIC 取值最小的准则确定模型的滞后长度)下,其检验结果如表 3-8 所示。值得一提的是,最大滞后长度越大,结果越准确,但是长度太大将使得 EViews 中的观测值(Observations)无法满足要求,因此应根据变量数和回归方程中是否包含常数项、趋势项等适当选择。

表 3-8　LNREP 的 ADF 检验结果

零假设:LNREP has a unit root
外生变量:Constant, Linear Trend
滞后长度:5 (Automatic based on AIC, MAXLAG=5)

		t 值	概率
ADF 检验统计值		−6.404 259	0.001 2
临界值:	1%显著性水平	−4.886 426	
	5%显著性水平	−3.828 975	
	10%显著性水平	−3.362 984	

由表 3-8 可知,房价 ADF 检验统计值的概率小于 0.01;其检验 t 统计量值 −6.404 259 也小于显著性水平为 0.01 的临界值−4.886 426,说明房价的原序列在 0.01 的显著性水平下是平稳序列。对房价进行一阶差分或二阶差分后再进行 ADF 检验发现,时间序列都不是平稳的,因此可以判定房价的单整阶数为 0,即原序列单整。

类似地,由图 3-2 可知,城镇基尼系数时间序列没有明显的上升或下降趋势,因此 ADF 检验方程中不应含常数项和趋势项。对城镇基尼系数的原序列(即不进行差分)作单根检验,在最大滞后长度为 5 和 AIC 准则下,其检验结果如表 3-9 所示。

表 3-9　LNTGC 的 ADF 检验结果

零假设:LNTGC has a unit root
外生变量:None
滞后长度:1 (Automatic based on AIC, MAXLAG=5)

续表 3-9

		t 值	概率
ADF 检验统计值		−2.043 062	0.042 4
临界值：	1%显著性水平	−2.708 094	
	5%显著性水平	−1.962 813	
	10%显著性水平	−1.606 129	

由表 3-9 可知，城镇基尼系数 ADF 检验统计值的概率小于 0.05，其检验 t 统计量值 −2.043 062 也小于显著性水平为 0.05 的临界值 −1.962 813，说明城镇基尼系数的原序列在 0.05 的显著性水平下是平稳序列。类似于房价，对城镇基尼系数进行一阶差分或二阶差分后再进行 ADF 检验发现，时间序列都不是平稳的，因此可判定城镇基尼系数为原序列单整。

总之，房价和城镇基尼系数在显著性水平 0.05 下的原序列都是平稳序列，可对它们进行格兰杰因果检验、广义脉冲响应函数及方差分解等计量经济分析。

3.2.4 格兰杰因果检验

3.2.4.1 格兰杰因果检验原理

格兰杰因果检验法是在 20 世纪后期，由诺贝尔经济学奖获得者、著名计量经济学家格兰杰(Clive W. J. Granger)提出的[116]。它是基于平稳时间序列的因果检验方法，通过解释变量之间的相关性分析，来确定变量之间的因果关系。这项研究方法相对于传统的研究方法，不但对其进行了修正，而且分析更为细致、严谨，目前已经成为确定变量之间是否存在因果关系普遍采用的方法[117]。

格兰杰因果检验法的基本思想是"如果变量 X 能用于估计另一个变量 Y，就可以认为 X 可以 Granger 引起 Y"[116]。或者说，如果在 Y 关于 Y 滞后变量的回归中，添加 X 的滞后量作为独立的解释变量，可以显著增加回归的解释能力，则称 X 为 Y 的格兰杰原因，否则不是[115]。具体而言，运用格兰杰因果检验法检验 X 是否是 Y 的格兰杰原因（同理可以展开 Y 是否是 X 的格兰杰原因）的步骤如下[115]：

(1) 利用最小二乘法，估计两个回归模型：

① $Y_t = \sum_{i=1}^{s} a_i Y_{t-i} + e_{1t}$;   ② $Y_t = \sum_{i=1}^{s} a_i Y_{t-i} + \sum_{i=1}^{k} \beta_i X_{t-i} + e_{2t}$

然后，计算各自的残差平方和 RSS_1 和 RSS_2。

(2) 假设 $H_0: \beta_1 = \beta_2 = \cdots = \beta_s = 0$，即假设在模型①中添加 X 的滞后变量并不能显著地增加模型的解释能力。因此，构造统计量：

$$F = \frac{(RSS_2 - RSS_1)/k}{RSS_1/(n-s-k)} \sim F(k, n-s-k)$$

其中，n 为样本容量；s,k 均为参数个数。

(3) 利用 F 统计量检验原假设 H_0。对于给定的显著性水平 α，若 $F>F_\alpha$，则拒绝原假设，认为 β_i 中至少有一个显著的不为零，即 X 为 Y 的格兰杰原因。反之，则认为 X 不是 Y 的格兰杰原因。

但是，运用格兰杰因果检验法时必须注意其检验结果对滞后长度较为敏感，不同滞后期会有不同判断结果，所以应对不同的滞后长度分别进行检验。只有当检验结果对滞后长度具有较低的敏感性时，格兰杰因果检验结论才具有较高的可信度[118]。

值得一提的是，在 EViews 软件中，通常只要看 F 值所对应的概率 p。它被定义为 $Prob.(F\text{-statistic})=p=P\{F(1,n-2)>F\}$。由概率统计知识可知，只要 F 值对应的概率 p 小于给定的显著性水平 α，就一定有 F 值大于临界值 $F_\alpha(1,n-2)$。也就是说，只要比较 $Prob(F\text{-statistic})$ 和 α 的大小就可以判定原假设 H_0 是否成立[119]。

3.2.4.2 本章的格兰杰因果检验结果

在滞后长度为 1 至 5 的情况下，分别对房价和城镇基尼系数进行格兰杰因果检验，其结果经整理如表 3-10 所示。如果滞后长度取值超过 5（即 6 或以上），其检验的 F 统计值和相应的概率均为 NA，因此不予考虑。

表 3-10 房价和城镇基尼系数格兰杰因果检验结果

滞后长度	零假设	F 值	概率
1	$LNREP$ 不是 $LNTGC$ 的格兰杰原因	21.067 6	0.000 35
	$LNTGC$ 不是 $LNREP$ 的格兰杰原因	0.027 12	0.871 40
2	$LNREP$ 不是 $LNTGC$ 的格兰杰原因	6.582 79	0.011 76
	$LNTGC$ 不是 $LNREP$ 的格兰杰原因	0.607 46	0.560 66
3	$LNREP$ 不是 $LNTGC$ 的格兰杰原因	5.450 12	0.020 61
	$LNTGC$ 不是 $LNREP$ 的格兰杰原因	0.382 73	0.768 04
4	$LNREP$ 不是 $LNTGC$ 的格兰杰原因	5.044 64	0.039 88
	$LNTGC$ 不是 $LNREP$ 的格兰杰原因	0.235 46	0.908 51
5	$LNREP$ 不是 $LNTGC$ 的格兰杰原因	1.602 11	0.370 46
	$LNTGC$ 不是 $LNREP$ 的格兰杰原因	0.351 84	0.855 02

显然，在滞后长度为 1~4 时，房价在 5% 的显著性水平上都是城镇基尼系数变化的原因，而在任何滞后长度的情况下，城镇基尼系数的变化都不是房价变化的原因。由此上述检验的结果对滞后长度具有较低的敏感性，因此格兰杰因果检验结论具有较高的可信度，可以判定近年来我国房价的不断上涨是城镇居民贫富差距加大的格兰杰原因。

3.2.5 广义脉冲响应函数

虽然通过格兰杰因果检验可以判定两变量之间的因果关系，包括是否存在以及方向如何,但却无法确定一个变量的变化对另一个变量以及该变量自身之后变化的影响,即难以通过格兰杰因果检验确定变量之间的动态关系。这时就需要在建立向量自回归模型的基础上,做进一步的脉冲响应函数和方差分解分析。

3.2.5.1 向量自回归模型

向量自回归(Vector Auto-regression,VAR)模型通常用于相关时间序列系统的预测和随机扰动对变量系统的动态影响,它实际上是向量自回归移动平均(Vector Auto-regressive Moving Average,VARMA)模型的简化,后者因参数过多带来很多问题而少有应用。最一般的 VAR 模型数学表达式为[120]:

$$Y_t = A_1 Y_{t-1} + \cdots + A_p Y_{t-p} + B_1 X_{t-1} + \cdots B_r X_{t-r} + \varepsilon_t \tag{3-6}$$

其中,Y_t 是 m 维内生变量向量,X_t 是 d 维外生变量向量,$A_1 \cdots A_p$ 和 $B_1 \cdots B_p$ 是待估计的参数矩阵,内生变量和外生变量分别有 p 和 r 阶滞后期。ε_t 是随机扰动项,其同时刻的元素可以彼此相关,但不能与自身滞后值和模型右边的变量相关。

式(3-6)中内生变量有 p 阶滞后期,所以可称其为一个 VAR(p)模型。在实际应用中,通常希望滞后期 p 和 r 足够大,从而完整地反映所构造模型的动态特征。但另一方面,滞后期越长,模型中待估计的参数就越多,自由度就越少。因此,应在滞后期与自由度之间寻求一种均衡状态。在 EViews 软件中,一般是尝试不同的滞后长度,根据 AIC 准则确定最佳滞后期,以其对应的非结构化多方程模型确定为最终的向量自回归模型。

3.2.5.2 本章的向量自回归模型

向量自回归 VAR 模型又可细分为非约束模型(Unrestricted VAR)和向量误差修正模型(Vector Error Correction,VEC),而对其选择则取决于两变量之间是否存在协整关系。如果存在协整关系,需建立 VEC 模型;否则,需建立非约束的 VAR 模型。由前文 3.2.3.2 部分可知,房价和城镇基尼系数都是平稳时间序列,因此这两者之间的关系也一定是协整的,本章的向量自回归模型应选用 VEC 模型。

在滞后期 1~3 的情况下,分别建立房价和城镇基尼系数的 VEC 模型,发现在滞后期为 2 时 AIC 值最小,应选择此时的 VEC 模型为最终的向量回归模型,其结果如表 3-11 所示。对于滞后期为 4 及以上的情况,EViews 软件因数据不足而无法计算。

表 3-11 房价和城镇基尼系数的 VEC 模型

误差修正:	D(LNTGC)	D(LNREP)
ECM	−2.156 956	0.705 187
	(0.574 65)	(0.806 81)
	[−3.753 54]	[0.874 04]
D(LNTGC(−1))	0.647 276	−0.356 538
	(0.428 95)	(0.602 25)
	[1.508 99]	[−0.592 01]

续表 3-11

误差修正：	$D(LNTGC)$	$D(LNREP)$
$D(LNTGC(-2))$	0.367 325	0.039 293
	(0.260 06)	(0.365 13)
	[1.412 46]	[0.107 61]
$D(LNREP(-1))$	0.152 741	0.570 626
	(0.207 19)	(0.290 90)
	[0.737 20]	[1.961 58]
$D(LNREP(-2))$	0.271 776	0.014 179
	(0.213 30)	(0.299 48)
	[1.274 15]	[0.047 34]
C	−0.046 713	0.051 543
	(0.026 62)	(0.037 37)
	[−1.755 14]	[1.379 33]
Adj. R-squared	0.666 460	0.184 171

注：① $ECM = LNTGC_{t-1} - 0.247\,130 LNREP_{t-1} + 3.088\,269$；② ( )内数字为估计参数的标准差，[ ]内数字为 t 检验统计值。

由表 3-11 中的 t 检验统计值可知，每个方程都仅约有 1/3 的滞后变量是显著的。但是，在建立 VEC 模型时一般不筛选，仍保留各个滞后变量[120]，其结果可写成：

$$DLNTGC = -2.157\,0ECM + 0.647\,3DLNTGC_{t-1} + 0.367\,3DLNTGC_{t-2}$$
$$+ 0.152\,7DLNREP_{t-1} + 0.271\,8DLNREP_{t-2} - 0.046\,7 \tag{3-7}$$

$$DLNREP = 0.705\,2ECM - 0.356\,5DLNTGC_{t-1} + 0.039\,3DLNTGC_{t-2}$$
$$+ 0.570\,6DLNREP_{t-1} + 0.014\,2DLNREP_{t-2} + 0.051\,5 \tag{3-8}$$

由调整后的决定系数 R^2 可知，误差修整项与两变量滞后项的组合对城镇基尼系数的解释能力较强，而对房价的解释能力则较弱。即城镇基尼系数很大程度取决于房价和前期城镇基尼系数，而房价的上涨则不能仅仅用城镇基尼系数和前期房价来解释和预测。

3.2.5.3 脉冲响应函数

脉冲响应函数（Impulse Response Function，IRF）用于衡量来自随机扰动项（亦称新息）的一个标准差冲击对内生变量当前和未来取值的影响[115]。对一个变量的冲击直接影响这个变量，并且通过向量自回归模型的动态结构传导给其他所有的内生变量[121]。一般的脉冲响应函数的缺点在于 VAR 模型中变量顺序的不同会导致分析结果出现较大的差异，而利用广义脉冲响应函数分析得到的结果跟 VAR 模型中变量的顺序无关[122]。另外，如前文所述，如果变量之间存在着协整关系，应当使用 VEC 模型来进行脉冲响应分析。

将式(3-7)、式(3-8)的 VAR 模型改写成向量移动平均模型，即：

$$Y_t = \mu + \theta + \psi_1\theta_{t-1} + \psi_2\theta_{t-2} + \cdots = \mu + \sum_{i=0}^{\infty}\psi_i\theta_{t-i} \tag{3-9}$$

其中,ψ_1 为系数矩阵,$i=1,2,\cdots,\infty$,含义为 $\partial Y_{t+s}/\partial\theta_t = \psi_s$。系数矩阵 ψ_s 的第 i 行、第 j 列元素 $\partial y_{i,t+s}/\partial\theta_{j,t}$ 作为 s 的一个函数,称为脉冲响应函数,它描述了 $y_{i,t+s}$ 在时期 t 的其他变量和早期变量不变的情况下对 $\theta_{j,t}$ 的一个暂时变化的反映。由于误差向量 θ 的协方差矩阵 Ω 是正定矩阵,存在唯一一个主对角线元素为 1 的下三角形矩阵 A 和唯一一个主对角线元素为正的全对角矩阵 D,使得 $\Omega = ADA' = AD^{1/2}D^{1/2}A' = PP'$。利用这个分解,可以将原误差向量 θ 变成标准的向量白噪声 ω,即

$$Y_t = \mu + \sum_{i=0}^{\infty}\psi_i\theta_{t-i} = \mu + \sum_{i=0}^{\infty}(\psi_iP)(P^{-1}\theta_{t-i}) = \mu + \sum_{i=0}^{\infty}(\psi_iP)\omega_{t-i} \tag{3-10}$$

其中,ωP 的第 i 行第 j 列元素标识系统中第 i 个变量对第 j 个变量的一个标准差的正交化冲击的第 i 期脉冲响应。由此,可以计算出系统中一个变量对另一个变量的脉冲响应函数,比较其不同滞后期的脉冲响应,可以判断不同变量受到冲击效果的大小。

3.2.5.4 本章的广义脉冲响应函数

在表 3-11 的基础上,利用式(3-10)和 EViews 5.1 可以分别绘制房价和城镇基尼系数对 1 个标准差新息的广义脉冲响应函数,如图 3-4 和图 3-5 所示。此两图的横轴均表示时期(一般为年),纵轴分别表示房价和城镇基尼系数对 1 个标准差新息的脉冲响应。

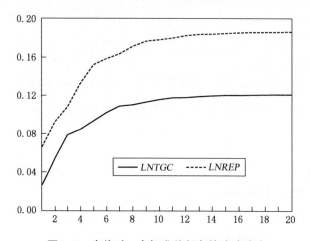

图 3-4 房价对 1 个标准差新息的脉冲响应

由图 3-4 和图 3-5 图可知:

(1) 房价对其自身的 1 个标准差新息的反应一直强于对城镇基尼系数 1 个标准差新息的反应,且其对两者的反应随时期而快速增加,但分别从第 5 年和第 3 年开始增速减缓,并分别从第 9 年和第 7 年开始逐渐趋于稳定至约 0.22 和 0.12。

(2) 城镇基尼系数对其自身的一个标准差新息的反应在第 1 年达到峰值,在第 2 年则跌至谷底,然后上升、下降再上升,呈波浪式变化,但从第 12 年左右以后开始趋于稳定至

约 0.055。另外,城镇基尼系数对房价的一个标准差新息的反应在第 1 年为 0,然后迅速增加,在第 3 年达到峰值,然后又快速下降再上升,从第 11 年左右开始趋于稳定至约 0.03。

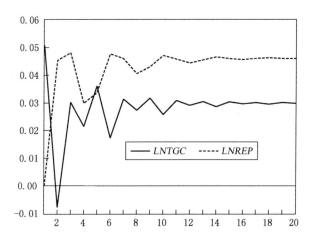

图 3-5 城镇基尼系数对 1 个标准差新息的脉冲响应

总之,城镇基尼系数的变化对房价的上涨更敏感,房价上涨对城镇基尼系数变化的影响大于后者对于它的影响。

3.2.6 方差分解分析

3.2.6.1 方差分解分析的原理

方差分解(Variance Decomposition,VD)是将系统的预测均方误差分解成系统中各变量冲击所做的贡献[123]。考察 VAR 系统中任意一个内生变量的预测均方误差的分解:

$$\text{VAR}[Y_{t+s} - \text{E}(Y_{t+s}|Y_t, Y_{t-1}, Y_{t-2},\cdots)] = \theta_{t+s} + \psi_1\theta_{t+s-1} + \psi_2\theta_{t+s-2} + \cdots \psi_{s-1}\theta_{t+1}$$

其均方误差 MSE(mean squared error)为:

$$\begin{aligned}\text{MSE} &= \Omega + \psi_1\Omega\psi_1' + \cdots + \psi_{s-1}\Omega\psi_{s-1}' \\ &= PP' + \psi_1 PP'\psi_1' + \cdots + \psi_{s-1}PP'\psi_{s-1}' \\ &= \sum_{j=1}^{n}(P_jP_j' + \psi_1 P_jP_j'\psi_1' + \cdots + \psi_{s-1}P_jP_j'\psi_{s-1}')\end{aligned}$$

其中,P_j 是矩阵 P 的第 j 列向量,括号内的表达式表示第 j 个正交化冲击对 s 步预测均方误差的贡献。因此,可以将任意一个内生变量的预测均方误差分解成系统中各变量的随机冲击所做的贡献,计算出每一个变量冲击的相对重要性。通过比较不同变量贡献百分比的大小,就可以估计出各变量效应的大小;根据贡献百分比随时间的变化,可以确定一个变量对另一个变量的作用时滞[123]。另外,类似于脉冲响应函数,如果变量间存在协整关系,则需要使用 VEC 模型来进行方差分解分析。

3.2.6.2 本章方差分解分析的结果

由于预测均方误差分解对变量的顺序比较敏感,因此在变换房价和城镇基尼系数先后顺序的情况下,选择蒙特卡洛法计算标准误差(Standard Errors, S. E),利用表 3-11 建立的 VEC 模型进行两者的预测均方误差分解,其结果如图 3-6 至图 3-9 所示。在此四图中,每一个图的横轴均表示时期(一般为年),纵轴均为百分数,分别表示房价和城镇基尼系数作为因变量的方程新息对各期预测误差的贡献度。另外,图 3-6 和图 3-7 的 Cholesky 顺序为先 $LNREP$ 后 $LNTGC$,而图 3-8 和图 3-9 的 Cholesky 顺序则相反。

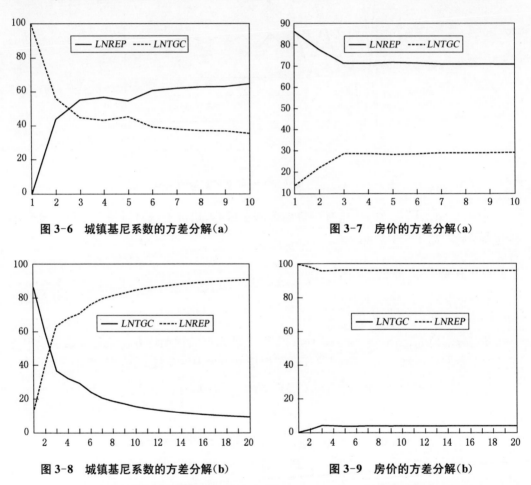

图 3-6 城镇基尼系数的方差分解(a)　　　图 3-7 房价的方差分解(a)

图 3-8 城镇基尼系数的方差分解(b)　　　图 3-9 房价的方差分解(b)

另外,方差分解的结果亦可用表格的形式来表示。对于本章的房价和城镇基尼系数而言,图 3-6、图 3-8 的结果可用表 3-12 表示,而图 3-7、图 3-9 的结果可用表 3-13 表示。

表 3-12 城镇基尼系数的方差分解结果

时期	Cholesky 顺序:先 $LNTGC$ 后 $LNREP$			Cholesky 顺序:先 $LNREP$ 后 $LNTGC$		
	标准误差	$LNGC$	$LNREP$	标准误差	$LNGC$	$LNREP$
1	0.050 687	100.000 0	0.000 000	0.050 687	86.320 84	13.679 16
2	0.068 453	56.121 60	43.878 40	0.068 453	59.623 27	40.376 73

续表 3-12

时期	Cholesky 顺序：先 LNTGC 后 LNREP			Cholesky 顺序：先 LNREP 后 LNTGC		
	标准误差	LNGC	LNREP	标准误差	LNGC	LNREP
3	0.088 945	44.795 69	55.204 31	0.088 945	36.658 43	63.341 57
4	0.096 239	43.229 40	56.770 60	0.096 239	32.165 34	67.834 66
5	0.108 186	45.361 32	54.638 68	0.108 186	29.255 83	70.744 17
6	0.119 473	39.283 88	60.716 12	0.119 473	24.006 82	75.993 18
7	0.131 800	37.944 40	62.055 60	0.131 800	20.575 10	79.424 90
8	0.140 591	37.134 59	62.865 41	0.140 591	18.631 17	81.368 83
9	0.150 426	36.893 26	63.106 74	0.150 426	17.089 11	82.910 89
10	0.159 715	35.333 36	64.666 64	0.159 715	15.327 13	84.672 87
11	0.168 993	34.894 24	65.105 76	0.168 993	14.172 20	85.827 80
12	0.177 125	34.464 62	65.535 38	0.177 125	13.261 65	86.738 35
13	0.185 396	34.161 32	65.838 68	0.185 396	12.489 27	87.510 73
14	0.193 284	33.622 72	66.377 28	0.193 284	11.725 76	88.274 24
15	0.200 984	33.382 71	66.617 29	0.200 984	11.157 31	88.842 69
16	0.208 222	33.132 39	66.867 61	0.208 222	10.658 68	89.341 32
17	0.215 375	32.924 19	67.075 81	0.215 375	10.220 78	89.779 22
18	0.222 273	32.679 10	67.320 90	0.222 273	9.811 602	90.188 40
19	0.228 995	32.522 39	67.477 61	0.228 995	9.473 396	90.526 60
20	0.235 477	32.364 67	67.635 33	0.235 477	9.166 213	90.833 79

表 3-13　房价的方差分解结果

时期	Cholesky 顺序：先 LNTGC 后 LNREP			Cholesky 顺序：先 LNREP 后 LNTGC		
	标准误差	LNGC	LNREP	标准误差	LNGC	LNREP
1	0.050 687	13.679 16	86.320 84	0.050 687	0.000 000	100.000 0
2	0.068 453	22.082 96	77.917 04	0.068 453	1.628 803	98.371 20
3	0.088 945	28.634 09	71.365 91	0.088 945	3.988 250	96.011 75
4	0.096 239	28.712 43	71.287 57	0.096 239	3.777 914	96.222 09
5	0.108 186	28.251 37	71.748 63	0.108 186	3.480 876	96.519 12
6	0.119 473	28.556 00	71.444 00	0.119 473	3.542 043	96.457 96
7	0.131 800	29.057 97	70.942 03	0.131 800	3.715 062	96.284 94
8	0.140 591	29.088 44	70.911 56	0.140 591	3.701 216	96.298 78

续表 3-13

时期	Cholesky 顺序：先 LNTGC 后 LNREP			Cholesky 顺序：先 LNREP 后 LNTGC		
	标准误差	LNGC	LNREP	标准误差	LNGC	LNREP
9	0.150 426	29.082 82	70.917 18	0.150 426	3.680 513	96.319 49
10	0.159 715	29.169 76	70.830 24	0.159 715	3.703 413	96.296 59
11	0.168 993	29.269 96	70.730 04	0.168 993	3.735 378	96.264 62
12	0.177 125	29.290 28	70.709 72	0.177 125	3.736 022	96.263 98
13	0.185 396	29.310 24	70.689 76	0.185 396	3.738 122	96.261 88
14	0.193 284	29.344 95	70.655 05	0.193 284	3.747 601	96.252 40
15	0.200 984	29.376 92	70.623 08	0.200 984	3.756 828	96.243 17
16	0.208 222	29.391 12	70.608 88	0.208 222	3.759 280	96.240 72
17	0.215 375	29.406 08	70.593 92	0.215 375	3.762 577	96.237 42
18	0.222 273	29.422 89	70.577 11	0.222 273	3.767 076	96.232 92
19	0.228 995	29.437 36	70.562 64	0.228 995	3.770 931	96.229 07
20	0.235 477	29.447 15	70.552 85	0.235 477	3.773 097	96.226 90

由表 3-12、表 3-13 可知（图 3-6 至图 3-9 亦证实）：

（1）对城镇基尼系数进行预测均方误差分解时，如果按照先 $LNTGC$、后 $LNREP$ 的顺序，到第 20 年时城镇基尼系数本身的贡献不足 1/3，而房价的贡献则超过 2/3；而如果按照先 $LNREP$、后 $LNTGC$ 的顺序，房价的贡献更是明显，到第 20 年时已高达 90.83%，而城镇基尼系数本身的作用则降至 10% 以下。

（2）对房价进行预测均方误差分解时，如果按照先 $LNTGC$、后 $LNREP$ 的顺序，到第 20 年时城镇基尼系数的贡献不足 30%，而房价本身的贡献则超过 70%；而如果按照先 $LNREP$、后 $LNTGC$ 的顺序，房价本身的贡献更是明显，到第 20 年时已高达 96.23%，而城镇基尼系数本身的作用则降至 4% 以下。

（3）经过一段时期（从第 3 年开始），房价对其自身和城镇基尼系数的预测均方误差的贡献均超过 50%，在先 $LNREP$、后 $LNTGC$ 的顺序下其贡献更是超过 90%。

总之，方差分解的结果验证了前文中广义脉冲响应分析的结论，即房价上涨对城镇基尼系数变化的影响大于后者对于前者的影响，房价的上涨的确付出了城镇居民贫富差距加大的社会代价。

3.3 分析结果解释

由前文 3.2 中相关计量经济模型的分析结果可知，我国的房价是城镇居民贫富差距加大的格兰杰原因，且它对后者的影响远大于后者对它的影响。产生这一结果的原因，可从城镇居民财产结构及房产在其中的比重着手。

为了解我国城市居民家庭财产的基本情况,国家统计局城市调查总队于2002年5月至7月在河北、天津、山东、江苏、广东、四川、甘肃、辽宁等8个省(直辖市)采取多项抽样的方式问卷调查3 997户居民家庭,并基于该调查发布了《首次中国城市居民家庭财产调查总报告》(简称调查报告)[124]。调查报告指出:

(1) 房产在城市家庭财产(主要包括家庭金融资产、房产、家庭主要耐用消费品现值和家庭经营资产)构成中所占比重最高,已接近一半,达到了47.9%,如图3-10所示。

(2) 房产在大、中、小城市家庭财产构成中所占比重分别为49.3%、45.1%和48.1%,表明房产已逐渐成为我国普通居民家庭价值量最大的财产。

(3) 在住房制度改革中,国家、集体和个人三者之间的分配格局发生了的变化,一部分个人通过较低的价格购买了价值较高的原属于国家或集体的住房,从而在国家让利的前提下使个人在自己的财产总量上增加了最重要的一部分。

(4) 户主从事高薪职业或身居单位要职的家庭所拥有的房产价值相对较高,户主收入越高其家庭所拥有的房产价值也越大,说明房产价值与居民收入之间存在一定的正相关关系,房产价值的大小归根结底还是由家庭收入高低所决定的。

(5) 如图3-11所示,我国最低收入10%的家庭其财产总额占全部居民财产的1.4%,而最高收入10%的富裕家庭其财产总额占全部居民财产的45.0%。城市居民家庭财产的基尼系数为0.51,远远高于城市居民收入的基尼系数0.32。这也验证了前文3.1.2.1中我国财富分布的不公平远远大于收入分布的不公平的判断。

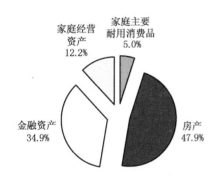

图3-10 城市居民家庭财产结构

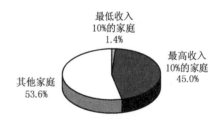

图3-11 不同比例家庭占财产份额

另外,2007年11月波士顿咨询公司(BCG)发布的《中国财富管理市场报告》显示,2006年我国富豪家庭(金融资产超过500万美元)的数量超过了4.8万户,而2001年只有区区1.4万户,该数量增速远远超过了房价增速,而这一群体则恰是房地产投资的主力[125],也是房价上涨的最大收益人群之一。近年来备受社会关注的"胡润中国富豪榜"等财富排名中,涉足房地产行业的富豪持有的财富数量亦间接证实了这一点。譬如,广东著名民营房地产企业碧桂园在香港成功上市后,其大股东——杨惠妍以约700亿的身价蹿升至中国首富,在《2007胡润房地产富豪榜》公布时更是达到了惊人的1 300亿,超过其企业总部所在地顺德前30年财政收入的总和!

上述两份报告可以大致勾勒出房价上涨导致贫富差距加大的路线:部分家庭(设为

A家庭)通过住房制度改革或其他途径获得房产,而其他家庭(设为B家庭)没有或者较少获得房产;房价上涨使得房产价值增加,房产在家庭财产结构中的比重增加;A家庭的房产价值超过B家庭的房产价值,加上收入差距等因素,产生放大效应,使得A家庭较B家庭有更多的家庭资产,贫富差距加大;房产价值的增加及由此带来的家庭财产放大效应,促使A家庭和B家庭都尽力投资房地产,推动房价上涨;由此开始新一轮的房价上涨和贫富差距加大的循环,使得房价的不断上涨伴随着或者带领着城镇居民的贫富差距日益加大。

3.4 本章小结

目前,国内外有关房价上涨和城镇居民贫富差距加大两者关系的研究,大多停留在定性或简单定量的层面,而本章则在选取商品房销售额与房屋销售面积之比和城镇基尼系数分别表征房价和城镇居民贫富差距的基础上,利用线性相关关系分析、时间序列平稳性检验、格兰杰因果检验和广义脉冲响应函数及预测均方误差分解等计量经济模型,定量分析了1987年—2005年我国房价和城镇基尼系数之间的关系。研究结果表明,我国房价和城镇基尼系数高度相关,且房价对城镇基尼系数的影响很显著;房价上涨是城镇居民贫富差距加大的格兰杰原因,但后者的加大却不是房价上涨的格兰杰原因;房价上涨对于城镇居民贫富差距加大的影响大于后者对于房价上涨的影响。因此,可以判定我国今年来的房价上涨的确付出了加大城镇居民贫富差距的社会代价。

4 中国房地产业发展代价度量(二)

——对房价上涨"推动物价上涨"的社会代价检验①

居民消费价格指数(Consumer Price Index,CPI)是反映地区物价水平的国际性通用指标,但目前我国商品房销售价格尚未直接纳入居民消费价格指数核算体系[126],而是通过计算其平均价格(如前文第 3 章中的 REP)或单独编制房价指数(Real Estate Price Index,REPI)来反映其变化情况。其中,平均价格是绝对指标,而 REPI 则属于相对指标范畴。由于近年来我国 REPI 的增幅持续超过 CPI 的增幅[127],住房消费成本也日益成为我国家庭支出的主要组成部分之一[128],加之"实际生活中居民感受到的物价涨幅与统计部门公布的 CPI 存在较大的偏差"[129],因此有关商品房销售价格是否应直接纳入 CPI 核算体系[126][130]以及两者之间存在何种关系[127][131]已经成为社会关注和研究的热点,房价上涨是否如前文 2.2.3.3 部分所述会付出"推动物价上涨"的社会代价也值得检验分析,而这正是本章研究的目的之所在。

4.1 变量选择与数据确定

4.1.1 CPI

4.1.1.1 CPI 概述

1) CPI 的概念及作用

CPI 是度量消费商品及服务项目价格水平随时间而变动的相对数,它反映了居民家庭购买的消费品及服务价格水平的变动情况[129],是社会产品和服务项目的最终价格,是反映一个国家或地区宏观经济运行状况好坏必不可少的统计指标之一,常被世界各国视作判断通货膨胀、反映市场景气状态的经济晴雨表[132]。具体而言,它的作用包括:

(1) 从宏观管理来讲,它为各级政府管理部门掌握居民消费价格状况,研究和制定居民消费价格政策、工资政策、货币政策以及为国民经济核算提供科学依据;

---

① 该部分研究成果的核心内容已经发表于《现代城市研究》2008 年第 7 期和"2008 年建设与房地产管理国际学术研讨会(ICCREM2008)"上。

(2) 就投资而言,它是企业增加或减少投资的重要决策依据;

(3) 从就业来看,它是政府和企业调整员工工资和津贴的重要参考依据。

总之,CPI 在现代商品经济社会中具有十分重要的地位和作用,因此其编制方法的科学性和严谨性就显得尤为重要。

2) CPI 的编制方法

我国 CPI 的编制工作开始于 1984 年,经过对 CPI 统计调查方案、计算方法的数次改革,目前我国 CPI 的编制方法、计算公式、权数的获取等均已比较成熟。另外,2002 年 4 月 19 日我国宣布加入国际货币基金组织(International Monetary Funds,IMF)于 1997 年 12 月正式成立的统计数据公布国际标准——数据公布通用系统(General Data Dissemination System,GDDS),并将 CPI 的编制方法按照 GDDS 的要求挂在 IMF 的网站上,这也标志着我国的"统计入世"。

具体而言,目前我国 CPI 的编制需要经过下列步骤:

(1) 采取"划类选点"的方法确定抽选价格调查市县和价格调查点;

(2) 依据生产、购进或消费量(金额)大、生产或市场供应相对稳定、价格的变动趋势和幅度有代表性等原则选择代表商品和代表规格品;

(3) 派调查人员直接到各选定的调查点搜集代表商品和代表规格品的价格资料;

(4) 根据计算年度上一年的全国城乡 10 万多户城乡居民家庭消费支出构成确定权重;

(5) 根据派氏公式(按基期权数加权)、拉氏公式(按报告期权数加权)以及它们的变形公式计算 CPI。

虽然我国 CPI 的权重每年都会根据居民消费结构的变化做一些小调整,并且一般每五年再做一次大调整,但仍不够准确,尤其是后文 4.1.1.2 部分论述的"居住类消费成本"的权重。除此以外,我国 CPI 的编制还存在一些问题,包括代表规格品的品种不能反映不同收入阶层的需要、代表性商品的轮换及时性差且不能体现质量效用的变化、"划类选点"的抽样调查方法使得样本代表性差、在价格的调查与计算上存在缺陷等[132]。

3) 我国的 CPI 分类方法

目前,由国家统计局官方网站公布的《价格统计报表制度》和《城市住户调查方案》可知,根据不同的分类目的和分类对象,我国(后文中如无特殊说明均指中国内地)的居民消费价格指数 CPI 主要有三种分类方法[132]:

(1) 按照涵盖范围和居民收入水平、消费构成不同,可分为"全国居民消费价格指数""城市居民消费价格指数"和"农村居民消费价格指数"[133],其中:

① "全国居民消费价格指数"常被简称为"居民消费价格指数",它是反映一定时期内城乡居民所购买的生活消费品价格和服务项目价格变动趋势和程度的相对数,是对城市居民消费价格指数和农村居民消费价格指数进行综合汇总计算的结果,可以据此观察和分析消费品的零售价格和服务项目价格变动对城乡居民实际生活费支出的影响程度;

② "城市居民消费价格指数"是反映一定时期内城市居民家庭所购买的生活消费品

价格和服务项目价格变动趋势和程度的相对数,可以据此观察和分析消费品的零售价格和服务项目价格变动对城镇职工货币工资的影响,作为研究职工生活和确定工资政策的依据;

③ "农村居民消费价格指数"是反映一定时期内农村居民家庭所购买的生活消费品价格和服务项目价格变动趋势和程度的相对数,可以据此观察农村消费品的零售价格和服务项目价格变动对农村居民生活消费支出的影响,直接反映农民生活水平的实际变化情况,为分析和研究农村居民生活问题提供依据。

(2) 按消费品和服务项目的用途分类,可以分为食品、烟酒及用品、衣着、家庭设备用品及维修服务费、医疗保健及个人、交通和通信、娱乐教育文化用品及服务、居住共8大类居民消费价格指数。这种分类的统计口径与国民经济核算体系中的类一致,只是将其中的"杂项商品与服务"调整为"烟酒及用品"。

(3) 按指数计算方法的不同,居民消费价格指数分为定基指数、环比指数和同比指数等。其中,定基指数是指在一定时期内对比基期固定不变的价格指数;环比指数是指对比基期随报告期的变动而相应变动的价格指数;同比指数是指对比基期为去年同期的价格指数,它多用于月度价格指数的计算。一般情况下,CPI 的计算都是取基期年份的价格指数为 100。如果报告期年份的 CPI 大于 100,表示该年份的物价指数较基期年份上涨;反之如果小于 100,则表示该年份的物价指数较基期年份下降。

在实际应用中,一般都是将第一种和第二种分类方法分别与第三种方法结合起来,形成两种组合:

① 将第一种和第三种方法结合起来,可得定基(或环比、或同比)居民消费价格指数、城市居民消费价格指数、农村居民消费价格指数,如图 4-1 所示的我国 1990 年—2006 年"居民消费价格指数"(以 1978 年为基期)、"城市居民消费价格指数"(以 1978 年为基期)和"农村居民消费价格指数"(以 1985 年为基期)。

② 将第二种和第三种方法结合起来,可得定基(或环比、或同比)的 8 大类居民消费价格指数,如表 4-1 所示的我国 2006 年的环比(即上年=100)居民消费价格分类指数。

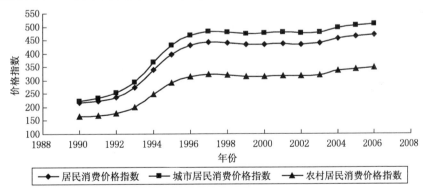

图 4-1 全国的居民消费价格指数以及城市和农村居民消费价格指数(1990—2006)
数据来源:《中国统计年鉴 2007》,经作者整理。

由图 4-1 可知,1990 年以来我国"城市居民消费价格指数"和"农村居民消费价格指数"的增长态势相似,但前者远高于后者,而"居民消费价格指数"则居于两者中间;1990 年—1996 年三者的增长较快,之后大大放缓,但从 2003 年开始又呈增长态势。

表 4-1　我国 2006 年的环比居民消费价格分类指数

项目	全国	城市	农村	项目	全国	城市	农村
1.食品	102.3	102.5	102.1	3.3 鞋袜帽	100.2	100.2	100.4
1.1 粮食	102.7	102.7	102.9	3.4 衣着加工服务费	101.5	101.6	101.3
1.2 淀粉	101.8	100.1	104.3	4.家庭设备用品及服务	101.2	101.3	101.0
1.3 干豆类及豆制品	100.8	100.6	101.1	4.1 耐用消费品	100.8	100.9	100.6
1.4 油脂	98.6	98.9	98.3	4.2 室内装饰品	100.0	100.0	100.0
1.5 肉禽及其制品	97.1	97.1	97.0	4.3 床上用品	99.6	99.4	99.9
1.6 蛋	96.0	96.0	96.0	4.4 家庭日用杂品	101.1	101.1	101.2
1.7 水产品	101.2	101.5	100.6	4.5 家庭服务及加工维修服务费	105.8	106.0	105.0
1.8 菜	108.2	108.2	108.4	5.医疗保健和个人用品	101.1	100.9	101.5
1.9 调味品	102.3	102.1	102.5	5.1 医疗保健	100.2	100.0	100.6
1.10 糖	111.2	109.7	113.4	5.2 个人用品及服务	103.2	103.0	103.4
1.11 茶及饮料	101.0	101.1	100.8	6.交通和通信	99.9	99.3	101.3
1.12 干鲜瓜果	117.9	117.2	119.9	6.1 交通	103.2	102.6	104.4
1.13 糕点饼干面包	101.3	101.5	101.0	6.2 通信	96.4	96.1	97.2
1.14 液体乳及乳制品	100.9	100.9	100.8	7.娱乐教育文化用品及服务	99.5	100.0	98.6
1.15 在外用膳食品	101.6	101.7	101.4	7.1 文娱用耐用消费品及服务	94.2	93.2	96.1
1.16 其他食品	101.2	101.2	101.2	7.2 教育	100.0	101.0	98.5
2.烟酒及用品	100.6	100.8	100.3	7.3 文化娱乐	101.0	101.1	100.9
2.1 烟草	100.2	100.2	100.1	7.4 旅游	103.1	103.3	102.1
2.2 酒	101.1	101.9	100.6	8.居住	104.6	104.7	104.6
2.3 吸烟、饮酒用品	100.7	100.8	100.3	8.1 建房及装修材料	103.9	103.9	103.9
3.衣着	99.4	99.4	99.6	8.2 租房	102.7	102.5	103.8
3.1 服装	99.0	99.0	99.1	8.3 自有住房	103.7	103.9	103.3
3.2 衣着材料	100.5	100.2	100.8	8.4 水电燃料	105.9	105.9	105.8

数据来源:《中国统计年鉴 2007》,经作者整理。

由表 4-1 可知,在 2006 年的全国居民消费价格指数中,居住类消费价格指数最大,为 104.6;衣着类最小,为 99.4。换句话说,2006 年较 2005 而言,居住类消费成本上升 4.6 个百分点,而衣着类消费成本则降低 0.6 个百分点。这同后文 4.1.1.2 部分的研究结果一致,即近年来居住类消费成本在我国居民消费结构中的比重逐年增大。

除上述国家统计局公布的国家层面的 CPI 以外,省市等地方政府也分别公布相应地区的 CPI,它们的类型和编制方法与国家层面相一致。江苏省 1990 年—2006 年的"居民消费价格指数"(以 1978 年为基期)、"城市居民消费价格指数"(以 1978 年为基期)和"农村居民消费价格指数"(以 1978 年为基期)分别如图 4-2 所示。类似地,亦可绘制南京市各年的居民消费价格指数以及城市和农村居民消费价格指数。

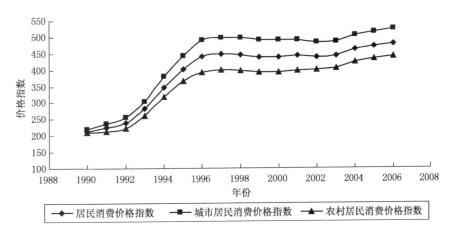

图 4-2　江苏省的居民消费价格指数以及城市和农村居民消费价格指数(1990—2006)
数据来源:《中国统计年鉴 2007》,经作者整理。

由图 4-2 可知,三者的分布和图 4-1 中全国层面的分布非常相似,只是城乡之间的价格指数差距较全国层面的略小。

4.1.1.2　CPI 中的居住类消费成本

居住成本是家庭支出的主要组成部分之一,因此 1987 年召开的劳动统计学家第 14 届国际会议认为应在 CPI 中反映居住消费成本的变动[128]。居住类消费成本主要包括租房成本和自有住房成本,但有的国家(如美国)除这二者外还包括"家庭设备",而有的国家(如我国)除这二者外还包括"建房及装修材料"和"水电燃料"。除自有住房成本比较难以确定外,租房等成本都可以通过居民消费调查表直接取得,相对容易确定。因此,在 CPI 中如何衡量居住类消费成本之所以成为一个国际性的难题,难度主要集中在如何确定自有住房的属性(消费品还是资本品)以及如何衡量自有住房的消费成本[128]。

1) 关于自有住房的属性

对于自有住房的属性,新国民经济核算体系 93SNA(也是联合国统计委员会推荐的世界各国统计机构遵循的一般性原则)把自有住房当作生产居住服务的资本品,即商品房的购买属于投资而不是消费。但是对于自有住房究竟是资本品还是消费品,或者两者都是,各国在计算 CPI 时的处理办法不尽相同。有些国家把自有住房完全看作是资本品,并且没有把自有住房消费成本包括在 CPI 中(主要是比利时、法国、德国、希腊、意大利、卢森堡、波兰、葡萄牙和西班牙等国);有些国家把自有住房纯粹看作是消费品,将其取得成本或支付额计入 CPI 中(主要是澳大利亚、新西兰和爱尔兰);其他国家则认为自有住房兼有资本品和消费品的属性,采用使用者成本法试图剔除自有住房的资本品属性(主要是美国、加拿大、欧盟一些国家和日本等一些亚洲国家)[128]。我国将自有住房界定为资本品,即购房属于投资,因此没有将商品房销售价格直接纳入 CPI 核算。

2) 在 CPI 中衡量自有住房消费成本的常用方法

前文提及的使用者成本法(User Cost Approach)是国际上衡量 CPI 中自有住房消费成本的常用方法之一,除此以外还有取得法(Acquisitions Approach)和支出法(Payments Approach)。这三种常用方法的原理和其中自有住房消费成本的衡量方法分别是[128]:

(1) 使用者成本法是一种基于等价租金(Rental Equivalence)的方法,它衡量的是某一时期消费的商品和服务的总价值。具体而言使用者成本法通过两种途径来估计自有住房消费成本:①通过市场上与自有住房同等的住房租金来估计自有住房消费的成本;②通过从消费成本中估计的虚拟房租来衡量自有住房消费的成本。

(2) 取得法衡量的是商品和服务在取得期间的总价值,不管支付是否发生,也就是说它包括了家庭应该支付的所有货币交易,不管所取得的商品和服务是否使用过或已经支付。该方法通常被认为是制定货币政策时衡量通货膨胀的最好方法。但是,由于已有住房的净取得被假设为零,自有住房消费成本的变化只是以新住房市场总价值的变化来衡量,而新房市场容易受短期投机因素的影响而波动,因此使用该方法可能会使得 CPI 随房价的波动而过度波动。

(3) 支出法衡量的是某期的支出(花费),不管商品和服务是否提供或被消费。与自有住房消费有关的支出具体计算方法有三个:①包括住房的维修和维护、税收和保险以及住房抵押贷款利息支付;②包括住房的维修和维护、税收和保险、住房抵押贷款利息支付、住房抵押贷款本金;③包括住房的维修和维护、税收和保险、住房抵押贷款利息支付、住房抵押贷款本金、预付定金和净现金购买。当 CPI 用于衡量收入、利润、养老金或工资的上涨时,该方法常被认为是最好的。该方法计算的 CPI 只包括市场实际交易的价格,没有包括名义的或虚拟的价格。

上述三种方法在世界上 14 个国家 CPI 核算中对自有住房处理的应用情况如表 4-2 所示。由该表可知,使用者成本法是目前多数国家采用的方法,主要是由于该方法剔除了自有住房的投资品属性,较好地衡量了自有住房消费的成本。

表 4-2 世界上 14 个国家 CPI 中居住类消费的处理办法

国家	CPI 中居住类价格的内容	权重(%)	对自有住房的处理办法
澳大利亚	私有和公有住房的房租、自有住房成本	14.1	取得法
加拿大	房租、自有住房成本、其他住所成本	21.85	使用者成本法

续表 4-2

国家	CPI 中居住类价格的内容	权重(%)	对自有住房的处理办法
美国	房租、在外寄宿、自有住房的等价房租、房客和房主的保险	30.29	使用者成本法
日本	公有和私有住房的房租、自有住房的虚拟租金	14.78	使用者成本法
英国	房租、自有住房成本、维护和维修费用	13.2	使用者成本法
德国	房租、燃料和照明,不含自有住房	5.51	CPI 中不含自有住房
法国	房租、水、维修和维护费用,不含自有住房	9.72	CPI 中不含自有住房
墨西哥	房租和自有住房虚拟租金	17.77	使用者成本法
马来西亚	房租和燃料照明,不含自有住房	18.7	CPI 中不含自有住房
菲律宾	房租与维修,不含自有住房	13.3	CPI 中不含自有住房
伊朗	燃料动力、房租和自有住房虚拟租金	26.2	使用者成本法
巴西	房租和照明,不含自有住房	14.97	CPI 中不含自有住房
土耳其	燃料照明、维修和维护、房租和自有住房虚拟租金	26.15	使用者成本法
印度	租用住房、免租房及自有住房的虚拟租金	14.02	使用者成本法

资料来源:莫万贵. 在 CPI 中体现住房消费成本变动的基本方法及国际比较[J]. 中国金融,2007(12):56-58.

3) 我国 CPI 中居住类消费成本的比重及存在问题

如本章前文所述,我国 CPI 中居住类消费成本除租房成本和自有住房成本以外,还包括"建房及装修材料"和"水电燃料"。近年来,随着居住类消费成本在居民消费结构中的比重越来越大,它在 CPI 中的权重也逐年增长,2006 年时为 13.2%,远大于 2000 年时的 9.7%[134]。

但是,同表 4-1 中世界上的其他国家相比而言,我国居住类消费成本的比重明显偏低。然而,我国房价收入比居于高位且自有住房率高于美、法、德等市场经济国家,因此我国居民消费实际支出比重应该也高于这些国家[131]。同时,联系目前我国 CPI 存在的众多问题,如它与居民实际感受物价涨幅存在较大偏差[129]以及它与工业品出厂价格指数(Product Price Index,PPI)的剪刀差问题、与 GDP 增速的关系问题[130]等,可以推定我国 CPI 的核算低估了居住类消费成本,也由此拉低了 CPI 本身的数值。有的学者推算后发现,考虑自有住房消费价格的实际变动后,2004 年 12 月—2006 年 5 月官方公布 CPI 数值低估 0.3~0.8 个百分点,平均低估 0.67 个百分点[131]。为避免由此带来的一系列问题,如伤害公众和政府之间的信任、不利用企业决策者对社会需求的正确判断、不利于国家对通货膨胀的监控和预警等[129],许多学者提出了提高居住类消费的权重[132]、增加居住类消费的细类[135]、将购买商品房直接纳入 CPI 核算[129]、设置专门的房地产价格指数[134]等建议。而事实上,我国已有相当多的房地产价格指数,对其介绍详见后文。

4.1.1.3 本书采用的南京市 CPI

虽然如本章前文所述,我国的 CPI 编制存在着居住类消费成本权重过低等问题,但是不可否认,它仍然是目前判断我国物价走势最权威的表征资料之一。另外,考虑到数据资料的连续性、可获取性乃至国际间的可对比性,它也是目前我国众多价格指数(包括 CPI、PPI、商品零售价格指数)中最常用的一个。

由于本章的实证分析对象是中国江苏省南京市,实证分析的目的是定量探讨房价与物价的协整及因果关系,因此应先获取南京市的 CPI。从南京市统计局的官方网站(http://www.njtj.gov.cn)可知,2005 年 11 月—2007 年 10 月南京市 24 个月的同比 CPI(即上年同期价格=100)如表 4-3 所示。

表 4-3 南京市 2005 年 11 月—2007 年 10 月的 CPI

月份	CPI	月份	CPI	月份	CPI
2005 年 11 月	102.7	2006 年 7 月	101.8	2007 年 3 月	101.9
2005 年 12 月	102.2	2006 年 8 月	102.0	2007 年 4 月	100.8
2006 年 1 月	101.9	2006 年 9 月	100.5	2007 年 5 月	101.5
2006 年 2 月	100.6	2006 年 10 月	101.0	2007 年 6 月	102.9
2006 年 3 月	100.1	2006 年 11 月	102.0	2007 年 7 月	104.5
2006 年 4 月	102.5	2006 年 12 月	103.4	2007 年 8 月	105.7
2006 年 5 月	102.4	2007 年 1 月	101.8	2007 年 9 月	105.4
2006 年 6 月	101.8	2007 年 2 月	101.1	2007 年 10 月	106.2

资料来源:南京市统计局官方网站,作者整理。

由表 4-3 可知,2005 年 11 月以来的两年间,南京市 CPI 较上年同期都有所上升,即物价较上一年同期有所上涨。

4.1.2 REPI

如本章前文所述,我国核算 CPI 时没有直接将购买商品房纳入,而是通过"建房及装修材料""租房""自有住房""水电燃料"等四部分之和组成的居住类消费成本间接反映。虽然由此带来了一定的问题,也使得部分学者提出建立单独的房价指数 REPI 来反映房价的变动,如本章前文 4.1.1.2 部分所述,但是也给本章研究 CPI 与 REPI 之间的定量关系提供了理论和实践上的可行性。

4.1.2.1 国际上 REPI 的常用编制方法

本书中的房价指数 REPI 是房地产价格指数中的"房地产销售价格指数"。房地产价格指数是用来反映不同时期房地产市场价格水平的变化趋势和程度,它除"房地产销售价格指数"(即本书中的REPI)外还常包括土地交易价格指数和房地产租赁价格指数等。

目前,世界各国的房地产价格指数种类繁多,编制方法也多种多样。但总体来看,编制方法可分为简单方法(包括平均值法、中值法、成本投入法、拉氏指数、帕氏指数、费雪理想指数等)、特征价格法、重复销售价格指数法和混合方法等四大类方法,其中特征价格法和重复销售法是当前国际上最普遍使用的房地产价格指数方法[136]。对于平均值法(特别是平均销售价格法)、特征价格法和重复销售价格指数法,它们的计算原理和优缺点在第3章已有所介绍,这里仅简单介绍其他六种方法[136]:

1) 中值法(Median Price Method)

它是选取房地产样本价格的中位数来编制价格指数,能很好地避免极值(即极高或极低价格)的影响。因此,从某种程度上讲,它甚至比平均值法更能反映房地产市场的真实情况[137]。

2) 成本投入法(Input Cost Method)

它是早期编制房地产价格指数的重要方法,其原理是根据各项营造投入成本(包括材料及人工费等)的变化情况,以算术平均法来计算房地产价格指数。该方法在规范的市场运作背景下,对新建房屋价格的趋势分析有一定的适用性,但它不能用来反映土地价格和二、三级市场的房屋价格变化[138]。

3) 拉氏指数(Laspeyes Index)

它也称为拉斯贝尔指数,是由德国经济学家Etienne Laspeyes在1864年提出的一种固定权重的综合指数法。它可以单纯反映房地产价格的综合变动,因为其中的权重为基期房地产市场产品的销售量。

4) 帕氏指数(Paasche Index)

它是由德国经济学家Hermann Paasche在1874年提出的一种非固定权重的综合指数法。它可以反映市场结构的即时变化(这一点要明显优于拉式指数),但由于其中的权重为报告期房地产市场产品的销售量,使得其权重随报告期而不断被重新定义,成本大大增加。

5) 费雪理想指数(Fisher Ideal Index)

它是拉氏指数与帕氏指数的几何平均值,最早由G. M. Walsh和A. C. Pigou分别在1901和1902年提出的,之后被I. Fisher于1911年命名为"理想指数"[139]。它对报告期产品的价格和数量等数据收集的要求很高,这一点与帕氏指数相似。

6) 混合方法(Pooled Method)

它是Case和Quigley鉴于特征价格法和重复销售价格指数法存在的缺陷,在1991年提出将二者混合并利用广义最小二乘法(GLS)分析随机误差变量方差的方法[140]。1997年Hill、Knight和Sirmans又对该模型进行了改进,提出了基于最大似然估计法(MLE)的PooledMLE模型[141]。它克服了特征价格法和重复销售价格指数法的缺陷,估计效果更优越,但计算比较复杂,需要进行算法分析。

4.1.2.2 我国现行主要的 REPI 及其编制方法

据不完全统计,目前我国公布的各类房地产指数有 10 多个,既有房地产价格指数,也有房地产景气综合指数[142]。其中,房地产综合景气指数是根据一定的原则选取多种反映房地产市场景气或房地产业发展状况的经济指标(包括房地产开发投资、资金来源、土地转让收入、土地开发面积、新开工面积、竣工面积、空置面积、商品房销售价格等),采用一定的综合方法(如合成指数法或扩散指数法)对这些指标进行加权综合,得到一个综合景气指数,以反映房地产市场或房地产业的景气状况。目前我国公布的房地产综合景气指数的典型代表是"国房景气指数",它是国家统计局 1997 年研制建立的月度"全国房地产开发业综合景气指数"的简称。"国房景气指数"遵循经济周期波动的理论,以景气循环理论与景气循环分析方法为依据,运用时间序列、多元统计、计量经济分析方法,以房地产开发投资为基准指标,选取了房地产投资、资金、面积、销售有关指标,剔除季节因素和随机因素的影响,采用增长率循环方法编制而成。国房景气指数选择 2000 年为基年,将其增长水平定为 100。通常情况下,国房景气指数 100 点是最合适的水平,95 至 105 点之间为适度水平,95 以下为较低水平,105 以上为偏高水平①。

目前,我国公布的 10 多个现行房地产指数中,多数为涵盖 REPI 的房地产价格指数。它们既有全国性的,也有地方性的;既有政府主办的,也有企业主办的,还有官方和民间合办的。此外的基本情况经整理后如表 4-4 所示。

表 4-4 我国现行主要的房地产价格指数

分类	名称	主要数据	更新频率	发布时间	发布机构
全国性	全国 70 个大中城市房地产价格指数	房屋销售价格指数、土地出让价格指数、房屋租赁价格指数、物业管理价格指数	季度(其中房屋销售价格指数自 2005 年 11 月起为每月)	1998 年至今(其中物业管理价格指数为 2005 年 11 月至今)	国家发展与改革委员会、国家统计局
	中房指数	最先发布房地产北京指数,然后扩展到北京、上海、天津、广州,等 17 个重要城市,目前覆盖全国主要城市,包括百城指数、城市综合指数、住宅指数、特征价格(Hedonic)指数、写字楼指数、商铺指数、别墅价格指数、二手房销售及租赁价格指数等	每月	1995 年至今	中国房地产指数系统(CREIS)、中国指数研究院
	戴德梁行指数	写字楼价格指数(现为中国商务写字楼指数)、住宅价格指数(聚焦二手中高端住宅),覆盖北京、上海、广州、深圳等城市	季度	1991 年至今(其中中国商务写字楼指数为 2014 年 10 月至今)	中国房地产业协会、戴德梁行

---

① http://www.51fdc.com/html/2015-08-12/00108074.htm

续表 4-4

分类	名称	主要数据	更新频率	发布时间	发布机构
地方性	西安房地产40指数	西安市住宅、写字楼、别墅价格指数	每月	1999年至今	西安市房产管理局市场处、西安西宇公司
	武汉房地产指数	武房价格指数、分类物业指数、城区价格指数	季度	1992年至今	武汉市房产管理局
	上海房地产指数	上海市11个城区、52个子区域的二手房销售价格	每月	2001年12月至今	上海二手房指数办公室
	郑州房地产指数	销售指数（按套）、价格指数及住宅指数、商业用房指数、办公用房指数	每月	2000年1月至今	郑州市房地产管理局

在表 4-4 中，"全国性"是指该房地产价格指数的覆盖范围为 2 个或以上城市，而"地方性"则是指仅覆盖 1 个城市。如果按照主办机构分，可将表 4-4 中所有房地产价格指数归为三类：将"全国 70 个大中城市房地产价格指数""武汉房地产指数"和"郑州房地产指数"归为政府主办；将"戴德梁行指数""伟业指数"归为企业主办；将"中房指数""西安房地产 40 指数""上海房地产指数"归为政府和企业联合主办。

虽然我国现行的房地产价格指数较多，但它们的编制基本上采用了相似的理论模型体系[142]，因此本书仅对"全国 70 个大中城市房地产价格指数"加以介绍。"全国 70 个大中城市房地产价格指数"的具体编制过程分为四个步骤[143]：①对调查样本进行分类，如调查的商品房中包括经济适用房、普通住宅、高档住宅、写字楼、商业用房等，选择的调查样本要均匀分布于所调查地区的范围内，其营业额应占本地区全部房地产企业营业总额的 70% 以上；②采用上一年全市房屋的销售额推算的方法确定权数，例如将商品房、二手房的销售额占全市房屋总销售额的比重作为这两类房屋的权数，权数每年更新；③遵循同质可比的原则抽取样本，即选择同一区域、同一地段同样建材和结构的房子，剔除品质变化对价格的影响；④采用调整后的拉氏指数公式进行统计分析，计算各个价格指数。

4.1.2.3 本书采用的南京市 REPI

虽然"全国 70 个大中城市房地产价格指数"不可避免地存在着一定的缺陷[144]，但是为了与本章前文南京市 CPI 的统计范围和口径相一致，且考虑到数据的可获取性和权威性，本文的实证分析仍予以采用，并选取了其中南京市 2005 年 11 月—2007 年 10 月的同比"房屋销售价格指数"作为相应的 REPI（同比），其结果如表 4-5 所示。

表 4-5　南京市 2005 年 11 月—2007 年 10 月的 REPI

月份	REPI	月份	REPI	月份	REPI
2005年11月	104.5	2006年7月	104.0	2007年3月	106.1
2005年12月	105.0	2006年8月	103.3	2007年4月	106.3

续表 4-5

月份	REPI	月份	REPI	月份	REPI
2006 年 1 月	105.7	2006 年 9 月	104.0	2007 年 5 月	107.5
2006 年 2 月	104.1	2006 年 10 月	104.5	2007 年 6 月	107.2
2006 年 3 月	104.6	2006 年 11 月	104.6	2007 年 7 月	106.8
2006 年 4 月	105.0	2006 年 12 月	104.9	2007 年 8 月	106.6
2006 年 5 月	104.5	2007 年 1 月	105.1	2007 年 9 月	106.6
2006 年 6 月	102.8	2007 年 2 月	105.3	2007 年 10 月	107.1

资料来源：中华人民共和国国家发展和改革委员会官方网站，作者整理。

由表 4-5 可知，2005 年 11 月以来的两年间，南京市 REPI 较上年同期都有所上升，即房价较上一年同期有所上涨。

4.2 模型构建与分析

4.2.1 异方差性检验

如第 3 章的 3.2.2 部分所述，应用 OLS 法进行回归等计量经济分析时，必须首先检验模型的异方差性。而为了消除数据中可能存在的异方差性并平滑数据，常见的处理办法是对变量作对数变化，如第 3 章即对房价和城镇基尼系数取自然对数，其结果利用 Park 检验证明确实已经不存在异方差性。因此，本章的分析也首先对 REPI 和 CPI 取自然对数并进行异方差性检验，如果能够消除，则采用该自然对数形式进行后续分析；否则，应分析模型中是否遗漏了引起异方差的解释变量或者是否存在测量误差，然后再考虑采取模型变化法、加权最小二乘法（Weighted Least Squares，WLS）等来解决（即消除或削弱）其异方差性。

4.2.1.1 自然对数形式下的 CPI 和 REPI

对南京市 2005 年 11 月—2007 年 10 月的 CPI 和 REPI 取自然对数，得到新的时间序列 $LNCPI$ 和 $LNREPI$，其结果整理后如图 4-3 所示

在图 4-3 中，M 指月，如"2006M01"表示 2006 年 1 月。由该图可知，两者的变动都非常明显，但是均大于 100，且房价 REPI 的同比增长一直大于物价 CPI 的同比增长。

4.2.1.2 本章的异方差性检验结果

由于本章只有 2005 年 11 月—2007 年 10 月两年共 24 组 $LNCPI$ 和 $LNREPI$ 数据，即样本容量为 24，小于 30，所以为小样本。因此，可类似于第 3 章 3.3.2 部分，借助 EViews5.1 对 $LNCPI$ 和 $LNREPI$ 进行 Park 检验。即首先应用 OLS 法求出 $LNCPI$ 关于常数项和 $LNREPI$ 的回归模型的基础上，分别生成新的时间序列 $LNE2 =$

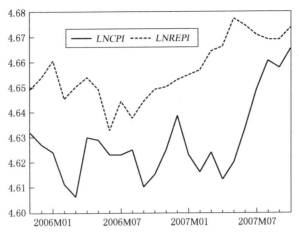

图 4-3 南京市 2005 年 11 月—2007 年 10 月的 LNCPI 和 LNREPI

$\log(RESID^2)$ 和 $LNLNREPI = \log(LNREPI)$,然后再利用 OLS 法求出 $LNE2$ 关于常数项和 $LNLNREPI$ 的回归模型。由此,可以得到 $LNCPI$ 和 $LNREPI$ 的 Park 检验结果如表 4-6 所示。

表 4-6 LNCPI 和 LNREPI 的异方差性 Park 检验结果

变 量	回归系数	标准误差	t 值	概率
常数项	−446.310 3	279.822 8	−1.594 975	0.125 0
LNLNREPI	283.804 6	181.913 2	1.560 110	0.133 0
决定系数 R^2	0.099 613	被解释变量均值		−9.756 480
调整后的决定系数 R^2	0.058 687	被解释变量标准差		2.338 551
随机误差项的标准差估计值	2.268 893	AIC 准则值		4.556 116
残差平方和 RSS	113.253 2	SIC 准则值		4.654 287
对数似然函数值	−52.673 39	F 值		2.433 943
D-W 统计值 d	2.188 283	概率		0.133 005

取显著性水平 $\alpha = 0.05$,可知 $LNLNREP$ 的系数的相应概率 Prob. $= 0.133\ 0 > \alpha = 0.05$,即该系数在统计上不显著,可接受同方差假定。所以可以判定,$LNCPI$ 和 $LNREPI$ 之间的一元回归模型不存在异方差性,可以利用 OLS 法进行线性相关分析和其他计量经济模型分析。

4.2.2 线性相关关系及自相关性分析

4.2.2.1 线性相关关系分析

类似于第 3 章的 3.2.1 部分,本章亦将通过散点图和 OLS 回归对 $LNREPI$ 和 $LNCPI$ 之间的线性相关关系进行定性和定量分析,其结果分别如图 4-4 和表 4-7 所示。

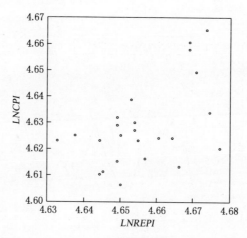

图 4-4　2005 年 11 月—2007 年 10 月南京市 *LNREPI* 和 *LNCPI* 散点图

表 4-7　2005 年 11 月—2007 年 10 月南京市 *LNREPI* 和 *LNCPI* 的回归统计结果

变　　量	回归系数	标准误差	t 值	概率
LNREPI	0.683 219	0.237 117	2.881 358	0.008 7
常数项	1.447 121	1.104 094	1.310 687	0.203 5
决定系数 R^2	0.273 981	被解释变量均值		4.628 400
调整后的决定系数 R^2	0.240 980	被解释变量标准差		0.015 808
随机误差项的标准差估计值	0.013 772	AIC 准则值		−5.652 650
残差平方和 *RSS*	0.004 173	SIC 准则值		−5.554 478
对数似然函数值	69.831 80	F 值		8.302 227
D-W 统计值 d	0.633 910	概率		0.008 668

由图 4-4 可知，2005 年 11 月—2007 年 10 月南京市 *LNREPI* 和 *LNCPI* 的线性相关关系比较弱，而表 4-7 中调整后的决定系数 $R^2 = 0.240\,980$ 也说明了这一点。但是，也应注意到：

① *LNREPI* 和 *LNCPI* 之间的回归方程可写成：

$$LNCPI = 1.447\,121 + 0.683\,219 LNREPI \tag{4-1}$$

② F 统计值为 8.302 227，其对应的概率 0.008 668＜显著性水平 $\alpha = 0.01$，说明 *LNREPI* 和 *LNCPI* 之间的线性关系显著；

③ *LNREPI* 的 t 统计值为 2.881 358，其对应的概率 0.008 7＜显著性水平 $\alpha = 0.01$，说明在 0.01 显著性水平下它的系数与 0 有显著差异，对 *LNCPI* 的影响很显著；

④ D-W 检验的统计值 $d = 0.633\,910 < d_L^* = 1.273$，可由此认定回归方程(4-1)的随机扰动项存在正自相关。

4.2.2.2　自相关性分析

所谓自相关，是指回归模型中各随机扰动项之间不满足相互独立假设，即 $\text{Cov}(\varepsilon_i, \varepsilon_j)$

$\neq 0 (i, j = 1, 2, \cdots, n; i \neq j)$。如果存在自相关性，可能会导致的后果包括参数的估计式仍然是无偏的、用 OLS 法估计的参数的方差将有严重低估现象、预测不准确等。具体而言，自相关又可分为"正自相关"和"负自相关"两种，它们可以用变量间的残差序列 e_t 的变化图形来表示，如图 4-5 和图 4-6 所示。

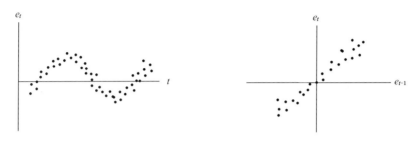

图 4-5 正自相关示意图

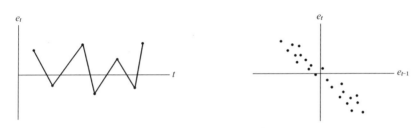

图 4-6 负自相关示意图

由前文 4.2.2.1 部分回归方程(4-1)的 D-W 统计值及相应的检验可知，$LNCPI$ 和 $LNREPI$ 回归模型的随机扰动项存在正自相关。一般情况下，如果变量间存在自相关性，可以采取将自相关性的变量引入模型、变换模型的数学形式、广义差分法等办法加以解决（即消除或削弱）。因此本章首先尝试将自相关性的变量 $LNCPI_{t-1}$ 引入 $LNCPI$ 回归模型，得到的回归结果如表 4-8 所示。

表 4-8 引入 $LNREPI_{t-1}$ 的 $LNREPI$ 和 $LNCPI$ 的回归统计结果

变 量	回归系数	标准误差	t 值	概率
常数项	−0.835 248	0.899 769	−0.928 291	0.364 3
$LNCPI(-1)$	0.761 095	0.155 382	4.898 212	0.000 1
$LNREPI$	0.417 056	0.177 330	2.351 867	0.029 0
决定系数 R^2	0.674 992	被解释变量均值		4.628 252
调整后的决定系数 R^2	0.642 492	被解释变量标准差		0.016 146
随机误差项的标准差估计值	0.009 654	AIC 准则值		−6.321 731
残差平方和 RSS	0.001 864	SIC 准则值		−6.173 623
对数似然函数值	75.699 91	F 值		20.768 52
D-W 统计值 d	1.729 701	概率		0.000 013

由表 4-8 及其与表 4-7 的对比可知：

① 添加 $LNCPI_{t-1}$ 之后，回归方程(4-1)可改写成：

$$LNCPI = -0.835248 + 0.761095 LNCPI_{t-1} + 0.417056 LNREPI \quad (4-2)$$

② F 统计值提高为 20.76852，其对应的概率则降低至 0.000013，更加小于显著性水平 $\alpha = 0.01$，说明 $LNREPI$ 和 $LNCPI$、$LNCPI_{t-1}$ 之间的线性关系更加显著；

③ $LNREPI$ 的 t 统计值降至 2.351867，其对应的概率则升至 0.0290，但仍小于显著性水平 $\alpha = 0.05$，而新增变量 $LNCPI_{t-1}$ 的 t 值为 4.898212，其对应的概率 0.0001 远小于显著性水平 $\alpha = 0.05$，说明在 0.05 的显著性水平下两者的系数与 0 均有显著差异，对 $LNCPI$ 的影响都很显著，只是相对而言后者的影响更显著；

④ D-W 检验的统计值 $1.446 = d_U^* < d = 1.729701 < 4 - d_U^* = 2.554$，可由此认定回归方程(4-2)的随机扰动项已不存在自相关性，应用此方程进行预测的结果将更加准确，后文的协整检验、误差修正模型等都将以方程(4-2)为基础。

4.2.3 时间序列平稳性检验

如第 3 章 3.2.3.1 部分可知，对 $LNCPI$ 进行时间序列分析时，一般要求它是平稳的，否则将会产生"伪回归"等问题，而目前普遍采用的平稳性检验方法是 ADF 检验。本章亦将采用该检验方法对 $LNCPI$ 和 $LNREPI$ 的平稳性进行检验。

4.2.3.1 $LNCPI$ 的平稳性检验

利用 ADF 检验判定时序稳定性时，其检验值及检验临界值由检验类型和滞后长度决定。其中，检验类型是指在 ADF 检验方程中包含常数项、包含常数项和趋势项、无外生变量等三种，而滞后长度在 EViews5.1 中可根据 AIC 准则或者 SIC 准则（Schwarz Info Criterion）在给定的最大滞后长度下自动选择确定。

由图 4-3 难以判定在 $LNCPI$ 的 ADF 检验方程中是否应包含常数或者趋势项，因此应分别检验。在最大滞后长度为 8 的情况下，借助 EViews5.1，根据 SIC 准则对 $LNCPI$ 的原始数据进行包含常数项的 ADF 检验，其结果如表 4-9 所示。同理，还可以对它进行包含常数项和趋势项、无外生变量对其 1 阶差分 $DLNCPI$ 的 ADF 检验，结果如表 4-10 所示。

表 4-9 $LNCPI$ 的 ADF 平稳性检验结果（含常数项）

零假设：$LNCPI$ has a unit root
外生变量：Constant
滞后长度：0（Automatic based on SIC, MAXLAG=8）

		t 值	概率
ADF 检验统计值		−0.736001	0.8181
临界值：	1%显著性水平	−3.752946	
	5%显著性水平	−2.998064	
	10%显著性水平	−2.638752	

表 4-10 *LNCPI* 和 *DLNCPI* 的 ADF 平稳性检验结果

外生变量	变量	ADF 检验统计值	1%显著性水平	5%显著性水平	10%显著性水平	概率
常数项	*LNCPI*	−0.736 001	−3.752 946	−2.998 064	−2.638 752	0.818 1
	DLNCPI	−4.249 087	−3.769 597	−3.004 861	−2.642 242	0.003 4
常数项和趋势项	*LNCPI*	−1.784 954	−4.416 345	−3.622 033	−3.248 592	0.678 8
	DLNCPI	−4.495 462	−4.440 739	−3.632 896	−3.254 671	0.008 9
无	*LNCPI*	0.661 130	−2.669 359	−1.956 406	−1.608 495	0.851 7
	DLNCPI	−4.244 363	−2.674 290	−1.957 204	−1.608 175	0.000 2

由表 4-10 可知，在 *LNCPI* 的 ADF 检验方程中包含常数项、包含常数项和趋势项、无外生变量等三种情况下，其原始数据的 ADF 检验统计值均远大于显著性水平 $\alpha=0.1$（即 10% level）下的临界值，相应的概率值也均远大于显著性水平 $\alpha=0.1$，由此可以判定 *LNCPI* 是非平稳时间序列。但是，对于其 1 阶差分后的时间序列 *DLNCPI* 而言，在 ADF 检验方程中包含常数项、包含常数项和趋势项、无外生变量等三种情况下，它们的 ADF 检验统计值则均远小于显著性水平 $\alpha=0.01$（即 1% level）下的临界值，相应的概率值也均远大于显著性水平 $\alpha=0.01$，由此可以判定 *LNCPI* 在 1 阶的情况下是平稳时间序列。

总之，ADF 平稳性检验发现，*LNCPI* 的原始数据是非平稳时间序列，但是其 1 阶差分后的时间序列则变为平稳时间序列，即 *LNCPI* 是 1 阶单整时间序列。

4.2.3.2 *LNREPI* 的平稳性检验

类似于前文对 *LNCPI* 的时间序列平稳性检验，可以采用 ADF 检验法对 *LNREPI* 的原始数据进行方程含常数项的平稳性检验，其结果如表 4-11 所示。同样的，对 *LNREPI* 再进行其他两种类型的 ADF 检验以及对其 1 阶差分后的时间序列 *DLNREPI* 进行三种类型的平稳性检验，它们的检验结果整理后如 4-12 所示。

表 4-11 *LNREPI* 的 ADF 平稳性检验结果（含常数项）

零假设：*LNREPI* has a unit root
外生变量：Constant
滞后长度：0（Automatic based on SIC，MAXLAG=8）

		t 值	概率
ADF 检验统计值		−1.073 337	0.708 2
临界值：	1%显著性水平	−3.752 946	
	5%显著性水平	−2.998 064	
	10%显著性水平	−2.638 752	

表 4-12　*LNREPI* 和 *DLNREPI* 的 ADF 平稳性检验结果

外生变量	变量	ADF 检验统计值	1%显著性水平	5%显著性水平	10%显著性水平	概率
常数项	*LNREPI*	−1.073 337	−3.752 946	−2.998 064	−2.638 752	0.708 2
	DLNREPI	−6.008 128	−3.769 597	−3.004 861	−2.642 242	0.000 1
常数项和趋势项	*LNREPI*	−2.105 310	−4.416 345	−3.622 033	−3.248 592	0.516 0
	DLNREPI	−6.035 452	−4.440 739	−3.632 896	−3.254 671	0.000 4
无	*LNREPI*	0.721 344	−2.669 359	−1.956 406	−1.608 495	0.863 8
	DLNREPI	−6.019 520	−2.674 290	−1.957 204	−1.608 175	0.000 0

类似地,由表 4-12 可知,*LNREPI* 是非平稳时间序列,但其 1 阶差分后的 *DLNREPI* 是平稳时间序列,即 *LNREPI* 也是 1 阶单整时间序列。

4.2.4　协整检验

在对经济现象进行时间序列分析时,一般要求所用的时间序列资料必须是平稳的,否则将会产生"伪回归"问题,但是现实经济时间序列资料都是非平稳的[115],如本章的 *LNCPI* 和 *LNREPI*。虽然对它们进行差分后可以得到平稳时间序列,但是这样做会导致所研究变量间长期关系信息的损失,而这些信息对分析问题又是必要的。为了解决上述问题,美国经济学家罗伯特·恩格尔(Engle)和英国经济学家克莱夫·格兰杰(C. Granger)于 1987 年正式提出协整理论和误差修正模型。

4.2.4.1　协整检验的概念和方法

所谓"协整"(Co-integration)是指两个或两个以上同阶单整的非平稳时间序列的线性组合是平稳时间序列。换言之,如果 X_t, Y_t 是 $I(1)$,且存在某个线性组合 $u_t = m + aX_t + bY_t$ 是 $I(0)$ 且具有零均值,则称 X_t, Y_t 是协整的。从其概念可知,协整的经济意义在于:两个经济变量,虽然它们各自具有各自的长期波动规律,但是如果它们是协整的,则它们之间存在着一个长期稳定的时间关系[115]。

协整检验分为两变量之间的协整性检验和多变量之间的协整性检验,其中前者常用的是 EG 检验,而后者常用的是 Johansen 检验。由于本章的变量只有两个,即 *LNCPI* 和 *LNREPI*,因此可用 EG 检验法来判定两者之间的协整性。EG 检验又称两步检验法[115]:

第一步,若 X_t 和 Y_t 都是 $I(1)$ 的,其协整回归方程为(加进常数项和时间趋势项) $Y_t = a_0 + a_1 X_t + \delta t + u_t$,用 OLS 法法对其进行估计,得到残差序列 $e_t = Y_t - (\hat{a}_0 + \hat{a}_1 X_t + \hat{\delta} t)$。

第二步,检验 e_t 的平稳性。若它是平稳的,则 X_t 和 Y_t 是协整的,反之则不是协整的。而检验 e_t 的平稳性有两种方法,即单位根检验(DF 检验或 ADF 检验)和 D-W 检验。其中,单位根检验与单整检验的方法基本相同,但由于 e_t 是根据估计的协整回归方程计算出来的,而非真正的均衡误差,因此用作检验的 t 值不再具有 DF 分布,而是服从 Engle-Granger 分布,其临界值往往是向下偏倚的,因此对其平稳性的判断不能直接参照 EViews 中的临界值,而应由 Engle-Granger 协整检验临界值表查出,如表 4-13 所示[115]。

表 4-13 Engle-Granger 协整检验临界值

变量数	形式	1%显著性水平	5%显著性水平	10%显著性水平
1	无常数项	−2.565 8	−1.939 3	−1.615 6
	无趋势项	−3.433 5	−2.862 1	−2.567 1
	有趋势项	−3.963 8	−3.412 6	−3.127 9
2	无趋势项	−3.900 1	−3.337 7	−3.451 8
	有趋势项	−4.326 6	−3.780 9	−3.127 9
3	无趋势项	−4.298 1	−3.742 9	−3.451 8
	有趋势项	−4.667 6	−4.119 3	−3.834 4

4.2.4.2 本章的协整检验结果

如前文 4.2.2.2 部分所述,本章的协整检验将以方程(4-2)为基础,该方程即为 $LNCPI$ 和 $LNREPI$ 的协整回归方程,其残差序列 e_t(此处用 E 表示)如图 4-7 所示。若 E 是稳定的,说明 $LNCPI$ 和 $LNREPI$ 是协整的,否则不是。

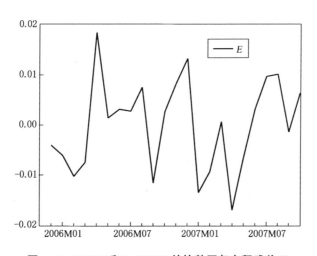

图 4-7 $LNCPI$ 和 $LNREPI$ 的协整回归方程残差 E

由图 4-7 可知,残差序列 E 的 DF 回归方程中没有常数项和趋势项。此时,在最大滞后长度为 5 的情况下,根据 AIC 准则对残差序列 E 进行 ADF 检验,其结果如表 4-14 所示。

表 4-14 残差 E 的 ADF 检验结果

			t 值	概率
ADF 检验统计值			−4.002 264	0.000 4
临界值：	1%显著性水平		−2.674 290	
	5%显著性水平		−1.957 204	
	10%显著性水平		−1.608 175	
变量	系数	标准差	t 值	概率
$E(-1)$	−0.876 391	0.218 974	−4.002 264	0.000 600
决定系数 R^2	0.431 864	被解释变量均值	0.000 464	
调整后的决定系数 R^2	0.431 864	被解释变量标准差	0.012 293	
随机误差项的标准差估计值	0.009 266	AIC 准则值	−6.480 554	
残差平方和 RSS	0.001 803	SIC 准则值	−6.430 961	
对数似然函数值	72.286 09	D-W 统计值 d	1.931 381	

由表 4-14 可知：

(1) $\Delta E = -0.876\,391 E_{t-1}$，其系数的相应概率小于 0.01，说明它在显著性水平 $\alpha = 0.01$ 下是显著的，且 D-W 统计值接近于 1，说明不存在自相关性；

(2) $LNCPI$ 和 $LNREPI$ 回归方程残差 E 的 ADF 检验 t 统计值为 −4.002 264，小于显著性水平 $\alpha = 0.01$ 下的临界值 −2.565 8。因此，可以判定，E 在显著性水平 $\alpha = 0.01$ 下是平稳的，即 $LNCPI$ 和 $LNREPI$ 在显著性水平 $\alpha = 0.01$ 下是协整的。

总之，$LNCPI$ 和 $LNREPI$ 是协整的，两者之间存在一种长期均衡关系，其具体表达式为方程(4-2)所示。

4.2.5　误差修正模型

4.2.5.1　误差修正模型的概念和建立方法

尽管某些经济变量之间可能存在长期稳定的均衡关系，但是短期内这种关系也许会出现某种失衡。为了弥补这些缺陷，并且把短期波动和长期均衡相联系，需要建立包含误差修正项在内的误差修正模型(Error Correction Model，ECM)，其误差修正项反映了变量的长期均衡对短期波动的影响。其中，长期均衡是指变量之间的协整关系，而短期波动则是指因变量 Y_t 对长期趋势的偏离 ΔY_t 与 Y_t 的滞后值、自变量滞后值 X_t 及随机误差项之间的关系。误差修正模型具有许多明显的优点，如一阶差分项的使用消除了变量可能存在的趋势因素，从而避免了"伪回归"问题；一阶差分项的使用也消除了模型可能存在的多重共线性问题；误差修正项的引入保证了变量水平的信息没有被忽视；由于误差修正项本身的平稳性，使得该模型可以用经典的回归方法进行估计[145]。并且，根据格兰杰表示定理(Granger Representation Theorem)，如果变量 X_t 与 Y_t 是协整的，且它们之间的回归模型为 $Y_t = a_0 + a_1 X_t + \varepsilon_t$，则它们之间的短期非均衡关系总能用一个误差修正模型表述，即[146]：

$$\Delta Y_t = lagged(\Delta Y, \Delta X) - \lambda \cdot ecm_{t-1} + \varepsilon_t, \quad 0 < \lambda < 1 \quad (4-3)$$

其中，$ecm_{t-1}(=Y_t - a_0 - a_1 X_t)$ 表示误差修正项（或称非均衡误差项、长期均衡偏差项）；ΔX 的系数可视为变量 Y_t 关于变量 X_t 的短期弹性（Short-run Elasticity），它和 ΔY 的滞后项数都不一定仅一个，可以是多个，且二者不一定相等。相应地，两者回归模型中 X_t 的系数可视为 Y_t 关于它的长期弹性（Long-run Elasticity）。

由协整与误差修正模型的关系，可以得到误差修正模型建立的 E-G 检验法[145]：第一步，进行协整回归（OLS 法），检验变量间的协整关系，估计协整向量（长期均衡关系参数）；第二步，若协整性存在，则以第一步求得的残差作为非均衡误差项加入到误差修正模型中，并运用 OLS 法估计相应参数。当然，也可以采用打开误差修正模型中非均衡误差项括号的方法直接用 OLS 法估计模型，但仍需事先对变量间的协整关系进行检验。

4.2.5.2 本书误差修正模型的结果

本书拟采用 E-G 检验法建立 LNREPI 和 LNCPI 的误差修正模型，且由前文 4.2.4 部分可知，LNCPI 和 LNREPI 是协整的，两者间的长期均衡关系如式（4-2）所示。因此，可用该式所得的残差 E 作为非均衡误差项加入到误差修正模型中，并用 OLS 估计相应参数[145]。

采用 Hendry 的一般到特殊的建模方法，选择滞后长度 m 和 n 均为 8 的滞后变量及误差修正项作为解释变量，逐渐剔除统计检验不显著的变量，最后得到的 OLS 法估计结果如表 4-15 所示，并在此基础上建立误差修正模型如下：

$$\Delta LNCPI_t = 1.145\,5\Delta LNCPI_{t-1} + 0.377\,7\Delta LNCPI_{t-3}$$
$$- 0.757\,9\Delta LNREPI_{t-6} - 1.294\,8E_{t-1} \quad (4-4)$$

表 4-15 *LNCPI* 和 *LNREPI* 的误差修正模型 OLS 法回归结果

变量	回归系数	标准误差	t 值	概率
DLNCPI(-1)	1.145 544	0.314 517	3.642 235	0.003 0
DLNCPI(-3)	0.377 743	0.179 524	2.104 134	0.055 4
DLNREPI(-6)	-0.757 927	0.259 214	-2.923 942	0.011 9
E(-1)	-1.294 778	0.354 570	-3.651 682	0.002 9
决定系数 R^2	0.580 623	被解释变量均值	0.002 143	
调整后的决定系数 R^2	0.483 844	被解释变量标准差	0.010 085	
随机误差项的标准差估计值	0.007 245	AIC 准则值	-6.814 579	
残差平方和 RSS	0.000 682	SIC 准则值	-6.618 529	
对数似然函数值	61.923 92	D-W 统计值 d	1.985 820	

在表 4-15 中，D-W 值距数值 2 较近，且 $d_U^* = 1.446 < d = 1.985\,820 < 4 - d_U^* = 2.554$，说明该修正模型不存在自相关；各变量相应的概率值均小于 0.1，表明各变量均通过 $\alpha = 0.1$ 的显著性水平检验。同时，由式（4-4）和表 4-15 可知：

(1) $\Delta LNREPI_t$ 未通过检验,说明 $LNREPI$ 波动对 $LNCREPI$ 上涨的短期弹性为 0,前者对后者不具有当期影响;

(2) $\Delta LNREPI_{t-1}$ 和 $\Delta LNREPI_{t-3}$ 通过检验,且它们的系数较大,说明物价上涨具有较强的惯性,正向滞后作用期为 3 个月;

(3) $\Delta LNREPI_{t-6}$ 通过检验,说明 $LNHPI$ 波动对 $LNCPI$ 上涨具有时长 6 个月的负向滞后效应,即房价上涨将在一定时间后通过对居民消费的"挤出效应"[131],降低市场需求,从而拉低物价;

(4) 误差修正项 E_{t-1} 的弹性系数为 $-1.294\,8$,这一方面说明其符合反向修正机制,另一方面说明从非均衡向长期均衡状态调整的速度很快,其对 $LNCREPI$ 序列波动的影响比较大,即房价之外的其他因素,如货币发行量[147]、GDP[148]等对物价变化的影响也很大。

另外,值得一提的是,由式(4-2)可求出 $LNREPI$ 对 $LNCPI$ 的长期弹性为:$0.417\,056/(1-0.761\,095)=1.745\,7$。

4.2.6 格兰杰因果检验

由本章4.2.4.2可知,$LNCPI$ 和 $LNREPI$ 在显著性水平 $\alpha=0.01$ 下是协整的,因此可进一步采用前文3.2.4.1部分介绍的格兰杰因果检验方法来检验两者之间是否存在因果关系。在滞后长度为1~7的情况下,分别对房价和城镇基尼系数进行格兰杰因果检验,其结果经整理如表4-16所示。如果滞后长度取值超过7(即8或以上),其检验的 F 统计值和相应的概率均为NA,因此不予考虑。

表4-16 $LNCPI$ 和 $LNREPI$ 的格兰杰因果检验结果

滞后长度	零假设	F值	概率
1	$LNCPI$ 不是 $LNREPI$ 的格兰杰原因	0.155 32	0.697 67
	$LNREPI$ 不是 $LNCPI$ 的格兰杰原因	4.653 24	0.043 34
2	$LNCPI$ 不是 $LNREPI$ 的格兰杰原因	0.883 92	0.431 32
	$LNREPI$ 不是 $LNCPI$ 的格兰杰原因	1.778 42	0.198 92
3	$LNCPI$ 不是 $LNREPI$ 的格兰杰原因	1.030 00	0.409 33
	$LNREPI$ 不是 $LNCPI$ 的格兰杰原因	3.233 31	0.054 70
4	$LNCPI$ 不是 $LNREPI$ 的格兰杰原因	1.819 78	0.195 31
	$LNREPI$ 不是 $LNCPI$ 的格兰杰原因	1.902 16	0.180 28
5	$LNCPI$ 不是 $LNREPI$ 的格兰杰原因	4.433 66	0.031 24
	$LNREPI$ 不是 $LNCPI$ 的格兰杰原因	1.465 95	0.299 88
6	$LNCPI$ 不是 $LNREPI$ 的格兰杰原因	6.069 89	0.033 32
	$LNREPI$ 不是 $LNCPI$ 的格兰杰原因	0.691 30	0.669 90
7	$LNCPI$ 不是 $LNREPI$ 的格兰杰原因	2.479 56	0.317 30
	$LNREPI$ 不是 $LNCPI$ 的格兰杰原因	1.144 68	0.541 54

由表 4-16 可知,在滞后阶数为 1 和 3 时的 P 值 0.043 34、0.054 70,以及滞后阶数为 5 和 6 时的 P 值 0.031 24、0.033 32 都小于 0.1,即在 10% 的显著性水平下能够拒绝响应的零假设。也就是说,滞后阶数为 1 和 3 时 $LNREPI$ 是 $LNCPI$ 的格兰杰原因,滞后阶数为 5 和 6 时 $LNCPI$ 是 $LNREPI$ 的格兰杰原因,而在其他情况下双方没有显著的因果关系。即短期内房价是物价的格兰杰原因,而长期内则反之,一方的波动迟早会引致另一方的变化。

4.2.7 广义脉冲响应函数

由于 $LNREPI$ 和 $LNCPI$ 是协整的,因此本章应在建立 VEC 向量自回归模型的基础上,对两者进行脉冲响应函数分析,以定量地确定一个变量的变化对另一个变量以及该变量自身之后变化的影响,即变量间的动态关系。

4.2.7.1 本章的向量自回归模型

在滞后期 1~5 的情况下,分别建立 $LNREPI$ 和 $LNCPI$ 的 VEC 模型,发现在滞后期为 2 时 AIC 值最小,应选择此时的 VEC 模型为最终的向量回归模型,其结果如表 4-17 所示。对于滞后期为 6 及以上的情况,EViews 软件因数据不足而无法计算。

表 4-17 $LNREPI$ 和 $LNCPI$ 的 VEC 模型

误差修正:	$D(LNREPI)$	$D(LNCPI)$
ECM	0.013 248	0.676 729
	(0.178 08)	(0.231 72)
	[0.074 39]	[2.920 46]
$D(LNREPI(-1))$	−0.403 347	−0.612 168
	(0.298 58)	(0.388 51)
	[−1.350 91]	[−1.575 70]
$D(LNREPI(-2))$	−0.056 910	−0.860 563
	(0.263 65)	(0.343 06)
	[−0.215 86]	[−2.508 52]
$D(LNCPI(-1))$	−0.159 051	0.305 873
	(0.164 00)	(0.213 40)
	[−0.969 82]	[1.433 35]
$D(LNCPI(-2))$	−0.196 218	−0.023 799
	(0.165 27)	(0.215 05)
	[−1.187 23]	[−0.110 67]
C	0.001 474	0.002 808
	(0.001 63)	(0.002 12)
	[0.905 76]	[1.326 50]
调整后的决定系数 R^2	0.017 346	0.262 635

注:① $ECM = LNREPI_{t-1} - 0.792559 LNCPI_{t-1} - 0.989114$。② ( ) 内为估计参数的标准差,[ ] 内为 t 检验统计值。

由表 4-17 可知，VEC 模型时一般不筛选，仍然保留各个滞后变量，其数估计的结果可写成：

$$DLNREPI = 0.0132ECM - 0.4033DLNREPI_{t-1}$$
$$- 0.0569DLNREPI_{t-2} - 0.1591DLNCPI_{t-1}$$
$$- 0.1962DLNCPI_{t-2} + 0.0015 \quad (4-5)$$

$$DLNCPI = 0.6767ECM - 0.6122DLNREPI_{t-1}$$
$$- 0.8606DLNREPI_{t-2} + 0.3059DLNCPI_{t-1}$$
$$- 0.023799DLNCPI_{t-2} + 0.0028 \quad (4-6)$$

由调整后的决定系数 R^2 值可知，误差修整项与两变量滞后项的组合对物价的解释能力较强，而对房价的解释能力则较弱。即物价在很大程度取决于房价和前期物价，而房价的上涨则不能仅仅用物价和前期房价来解释和预测。

4.2.7.2 本章的广义脉冲响应函数

在表 4-17 的基础上，分别绘制 LNREPI 和 LNCPI 对 1 个标准差新息的广义脉冲响应函数，其结果如图 4-8 和图 4-9 所示。

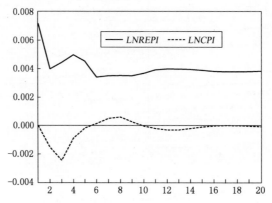

图 4-8 LNREPI 对 1 个标准差新息的脉冲响应

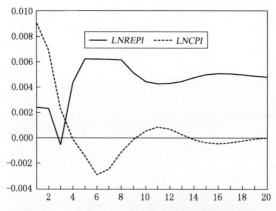

图 4-9 LNCPI 对 1 个标准差新息的脉冲响应

由图 4-8 可知，$LNREPI$ 对其自身的一个标准差新息立刻有了较强反应，产出增加了约 0.07，但是迅速降低，并在有所增长后又比较快速地降低，最终逐步稳定在 0.04 左右。而 $LNREPI$ 对 $LNCPI$ 的一个标准差新息一开始并无反应，但之后迅速降低，在第 3 期则降至谷底，约为 −0.025，然后增长至 0.007 再下降，从第 16 期开始逐渐消失。

类似地，由图 4-9 可知，$LNCPI$ 对其自身的一个标准差新息也立刻有了较强反应，产出增加了约 0.09，然后迅速降低，在第 6 期跌至谷底，约为 −0.03，再然后上升、下降，至第 20 期时已逐渐消失。而 $LNCPI$ 对 $LNREPI$ 的一个标准差新息立刻有了反应，产出增加了约 0.025，不过之后它也经历了下降、上升、再下降、再上升，最终稳定在 0.05 左右。

总之，$LNREPI$ 和 $LNCPI$ 都对其自身立刻有了较强反应，但从第 4 期开始，两者对 $LNREPI$ 的反应都大于对 $LNCPI$ 的反应，即物价对房价的变化更敏感，房价对物价的影响大于后者对它的影响。

4.2.8 方差分解分析

类似于前文 3.2.6 部分，在变换 $LNREPI$ 和 $LNCPI$ 先后顺序的情况下，选择蒙特卡洛法计算 S.E.，然后利用表 4-17 建立的 VEC 模型进行两者的预测均方误差分解，其结果如表 4-18、表 4-19 和图 4-10、图 4-11、图 4-12、图 4-13 所示。其中，图 4-10 和图 4-11 的 Cholesky 顺序为先 $LNREPI$ 后 $LNCPI$，图 4-12 和图 4-13 的 Cholesky 顺序则相反。

表 4-18　$LNREPI$ 的方差分解结果

时期	Cholesky 顺序：先 $LNREPI$ 后 $LNCPI$			Cholesky 顺序：先 $LNCPI$ 后 $LNREPI$		
	标准误差	$LNREPI$	$LNCPI$	标准误差	$LNREPI$	$LNCPI$
1	0.007 193	100.000 0	0.000 000	0.007 193	93.388 89	6.611 106
2	0.008 362	96.636 59	3.363 406	0.008 362	94.806 97	5.193 029
3	0.009 778	91.254 50	8.745 499	0.009 778	94.624 13	5.375 872
4	0.011 006	92.433 79	7.566 205	0.011 006	95.616 37	4.383 628
5	0.011 903	93.507 46	6.492 537	0.011 903	95.564 98	4.435 016
6	0.012 383	93.989 82	6.010 180	0.012 383	95.244 60	4.755 399
7	0.012 879	94.297 37	5.702 625	0.012 879	94.461 71	5.538 289
8	0.013 363	94.512 13	5.487 869	0.013 363	93.648 44	6.351 555
9	0.013 816	94.833 35	5.166 647	0.013 816	93.376 23	6.623 770
10	0.014 295	95.173 23	4.826 774	0.014 295	93.417 01	6.582 986
11	0.014 824	95.489 18	4.510 822	0.014 824	93.590 93	6.409 066
12	0.015 352	95.750 42	4.249 578	0.015 352	93.808 75	6.191 251
13	0.015 862	95.978 78	4.021 222	0.015 862	93.997 67	6.002 326
14	0.016 347	96.196 10	3.803 905	0.016 347	94.107 83	5.892 167

续表 4-18

时期	Cholesky 顺序：先 LNREPI 后 LNCPI			Cholesky 顺序：先 LNCPI 后 LNREPI		
	标准误差	LNREPI	LNCPI	标准误差	LNREPI	LNCPI
15	0.016 803	96.395 03	3.604 967	0.016 803	94.142 79	5.857 210
16	0.017 231	96.571 20	3.428 798	0.017 231	94.132 10	5.867 896
17	0.017 641	96.729 00	3.270 999	0.017 641	94.103 98	5.896 017
18	0.018 043	96.872 81	3.127 195	0.018 043	94.082 35	5.917 649
19	0.018 439	97.004 83	2.995 170	0.018 439	94.080 86	5.919 144
20	0.018 831	97.126 12	2.873 881	0.018 831	94.098 44	5.901 561

表 4-19 LNCPI 的方差分解结果

时期	Cholesky 顺序：先 LNREPI 后 LNCPI			Cholesky 顺序：先 LNCPI 后 LNREPI		
	标准误差	LNREPI	LNCPI	标准误差	LNREPI	LNCPI
1	0.007 193	6.611 106	93.388 89	0.007 193	0.000 000	100.000 0
2	0.008 362	7.889 423	92.110 58	0.008 362	0.142 422	99.857 58
3	0.009 778	7.794 744	92.205 26	0.009 778	0.972 321	99.027 68
4	0.011 006	18.383 71	81.616 29	0.011 006	11.724 83	88.275 17
5	0.011 903	33.541 30	66.458 70	0.011 903	29.172 05	70.827 95
6	0.012 383	42.546 27	57.453 73	0.012 383	41.748 19	58.251 81
7	0.012 879	49.076 99	50.923 01	0.012 879	50.252 46	49.747 54
8	0.013 363	54.588 09	45.411 91	0.013 363	55.951 29	44.048 71
9	0.013 816	57.864 73	42.135 27	0.013 816	58.725 04	41.274 96
10	0.014 295	59.976 76	40.023 24	0.014 295	60.153 20	39.846 80
11	0.014 824	61.670 11	38.329 89	0.014 824	61.103 46	38.896 54
12	0.015 352	63.272 65	36.727 35	0.015 352	62.101 05	37.898 95
13	0.015 862	64.906 68	35.093 32	0.015 862	63.364 09	36.635 91
14	0.016 347	66.606 95	33.393 05	0.016 347	64.889 75	35.110 25
15	0.016 803	68.279 28	31.720 72	0.016 803	66.512 44	33.487 56
16	0.017 231	69.829 17	30.170 83	0.017 231	68.055 85	31.944 15
17	0.017 641	71.229 93	28.770 07	0.017 641	69.418 33	30.581 67
18	0.018 043	72.479 83	27.520 17	0.018 043	70.569 15	29.430 85
19	0.018 439	73.585 96	26.414 04	0.018 439	71.529 95	28.470 05
20	0.018 831	74.575 96	25.424 04	0.018 831	72.355 59	27.644 41

注：上述两表中的第 1 列数字表示时期，第 2 列和第 5 列表示各期预测标准误差，其余 4 列均为百分数，表示其贡献度。如表 4-20 中第 3 行第 4 列的 93.388 89，表示按照先 LNREPI、后 LNCPI 的顺序，在第 1 个月，LNCPI 对其自身预测均方误差的贡献度为 93.388 89%。

由表 4-19 和表 4-20 可知(图 4-10～图 4-13 亦证实)：

(1) 对 $LNCPI$ 进行预测均方误差分解时，无论按照何种 Cholesky 顺序，到第 20 年时 $LNCPI$ 本身的贡献不足 30%，而 $LNREPI$ 的贡献则超过 70%。

(2) 对 $LNREPI$ 进行预测均方误差分解时，无论按照何种 Cholesky 顺序，$LNREPI$ 本身的贡献虽有所起伏，但一直超过 90%，而 $LNCPI$ 的贡献则从未超过 10%。

(3) 经过一段时期(从第 8 个月开始)，$LNREPI$ 对其自身和 $LNCPI$ 的预测均方误差的贡献均超过 50%。

总之，方差分解的结果验证了前文中广义脉冲响应函数分析的结论，即 $LNREPI$ 对 $LNCPI$ 的影响大于后者对于前者的影响。

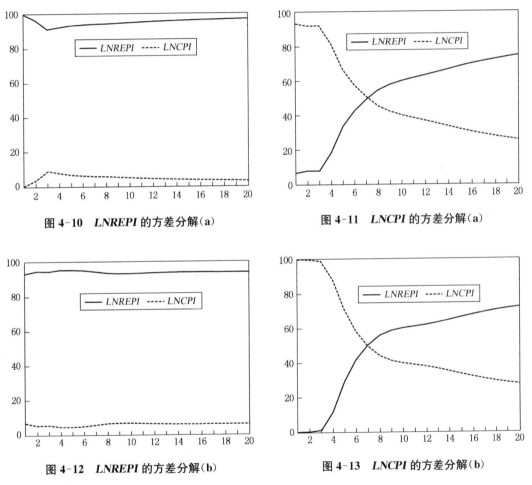

图 4-10　$LNREPI$ 的方差分解(a)　　图 4-11　$LNCPI$ 的方差分解(a)

图 4-12　$LNREPI$ 的方差分解(b)　　图 4-13　$LNCPI$ 的方差分解(b)

注：上述 4 图中的横轴均为时期，纵轴均为图中变量对因变量预测均方误差的贡献度。

4.3　本章小结

前文 2.2.3.3 部分通过定性分析得出房价上涨会产生"推动物价上涨"的社会代价，

而本章则选取 CPI 和 REPI 分别代表物价和房价,并以 2005 年 11 月—2007 年 10 月间南京市为例,开展了异方差性检验、线性相关关系分析、自相关性分析、时间序列平稳性检验、协整检验、误差修正模型、格兰杰检验、广义脉冲响应函数分析、方差分解分析等计量经济分析,对此社会代价进行了定量检验及分析。研究结果发现:

(1) 房价与物价之间的线性关系显著,且房价对物价的影响很显著;

(2) 房价与物价都是非平稳时间序列,也都属于 1 阶单整时间序列,且两者是协整的;

(3) 物价关于房价的短期弹性为 0,但后者对前者具有时长 6 个月的负向滞后效应;

(4) 短期内房价是物价的格兰杰原因,而长期内则反之,即一方的波动迟早会引致另一方的变化;

(5) 物价在很大程度取决于房价和前期物价,而房价的上涨则不能仅仅用物价和前期房价来解释和预测;

(6) 物价对房价的变化更敏感,房价对物价的影响大于后者对它的影响;

(7) 总之,房地产业的发展(尤其是房价的上涨)的确付出了"推动物价上涨"的社会代价。

需要说明的是,本章内容完成时间较早,因此根据数据的可获取性,仅分析了 2005 年 11 月—2007 年 10 月之间的 24 组数据(小于 30,属于小样本)。但是,作者撰写在"2008 年建设与房地产管理国际学术研讨会(ICCREM2008)"上发表的论文时采用了 2005 年 7 月至 2008 年 6 月之间的大样本(样本容量为 36,大于 30),发现主要结论不变。因此,本章计算分析时仍保留了 2005 年 11 月—2007 年 10 月之间的小样本。

5 中国房地产业发展代价度量(三)

——对"房地产开发生态效率低"的自然界代价检验[①]

如前文 1.1.1 和 2.2.3.4 部分所述,我国房地产业在取得巨大成就的同时也付出了巨大的自然界代价,且为了全面客观地判定房地产业发展的可持续性及健康程度,应将两者结合起来同时考虑,而生态效率就是这样一个概念。本章尝试将生态效率理论与分析方法引入房地产业相关研究,构建区域房地产开发生态效率及相关计算模型,并以 2005 年—2007 年的南京市住宅开发为例进行实证分析,定量检验是否付出了"房地产开发生态效率低"的自然界代价。

5.1 生态效率的定义、计算方法和应用

5.1.1 生态效率的定义

生态效率(Eco-efficiency)最早是在 1990 年由 Schaltegger 和 Sturm 提出的,但其被广泛地认识和接受是通过世界可持续发展工商理事会(World Business Council for Sustainable Development,WBCSD)在 1992 年出版的著作——《改变航向:一个关于发展与环境的全球商业观点》[150]。WBCSD 在该书中指出,企业界应该改变长期以来作为污染制造者的形象,努力成为全球可持续发展的重要推动者,而要实现该目标,应该发展一种环境和经济发展相结合的新概念——生态效率,以应对可持续发展的挑战。随后,相关研究机构纷纷对生态效率的概念进行了深入的研究,提出了一系列的定义,如表 5-1 所示[149]。在这些定义中,WBCSD 的定义被广泛接受,它简单来说就是"影响最小化,价值最大化"[151]。

[①] 该部分研究成果的核心内容已经发表于 EI 期刊《东南大学学报(自然科学版)》2008 年第 4 期和"2008IEEE 工程管理、服务管理和知识管理国际会议(WICOM2008)"上。

表 5-1 生态效率的几种定义

组织名称(英文简称)	定义
世界可持续发展工商业联合会(WBCSD)[151]	通过提供具有价格优势的服务和商品,在满足人类高质量生活需求的同时,把整个生命周期中对环境的影响降到至少与地球的估计承载力一致的水平上
经济发展合作组织(OECD)[152]	生态资源满足人类需求的效率
欧洲环境署(EEA)[153]	以最少的自然界投入创造更多的福利
巴斯夫集团(BASF Corporation)[154]	通过产品生产中尽量减少能源和物质的使用以及尽量减少排放以帮助客户保护资源
国际金融组织环境投资部(EFG-IFC)[155]	通过更有效率的生产方式提高资源的可持续性
联合国贸易与发展会议(UNCTAD)[156]	增加(至少不减少)股东价值的同时,减少对环境的破坏
澳大利亚环境与遗产部(AGDEH)[157]	用更少的能源和自然资源提供更多的产品和服务
加拿大工业部(Industry Canada)[158]	一种使成本最小化和价值最大化方法

为更好地理解生态效率的定义,可以将它与其他相关概念,如 X 倍跃进(Factor X)、生态足迹(Ecological Footprint,EF)、清洁生产(Cleaner Production)和循环经济(Circular Economy)等,进行对比分析,如表 5-2 所示。

表 5-2 生态效率与其他相关概念的对比分析

相关概念	区　　别
X 倍跃进	更关心如何引入环境友好技术,以减少整个社会系统对原材料和能源使用量,很少讨论产品的经济价值评价[159]
生态足迹	以生态足迹和生态效率的差值来判断区域发展的可持续性,经济价值的计算与评估也不是该方法的核心[160]
清洁生产	更关心污染的源头消减和过程控制方法,优先考虑环境效益,同时评价经济成本,而生态效率则更强调经济效益[161]
循环经济	强调物质资源的减量化、再循环和再利用的 3R 原则,缺少成本—效益分析[162]

值得一提的是,生态效率通常仅考虑经济和环境的相互作用和影响,而不考虑社会发展因素。而 Helge 认为应该增加社会因素才能全面合理地衡量社会、经济、环境的可持续发展情况[162]。芬兰国家环保局在对区域的生态效率进行评价时也加入了 8 类社会发展指标[164]。但是应该看到,与经济指标、环境指标相比,社会发展指标的量化更具有主观性,对社会发展影响的边界往往难以合理确定。因此,生态效率概念还是应该以分析评价所研究对象的经济与环境指标为主,只是在必要时参考社会发展的指标[150]。由于本章的研究对象为城市的房地产开发,其社会影响难以量化和界定,所以计算时仅考虑经济和环境指标。

5.1.2 生态效率的计算方法

目前,国内外计算生态效率的最常用方法是价值—影响比值计算方法,除此以外还有数据包络分析、生态成本价值指数等方法,它们的具体计算思路和方法如下[150]:

5.1.2.1 价值—影响比值计算方法

虽然生态效率的定义各不相同,但是都涉及经济价值和环境影响两个方面。因此在具体计算中,大都以经济价值与环境影响比值的方式出现,例如单位环境影响的生产价值、单位环境改善的成本、单位生产价值的环境影响、单位成本的环境改善等[165]。目前普遍接受的计算公式由 WBCSD 提出,它的基本公式是[149]:

$$生态效率 = \frac{产品或服务的价值}{环境影响} \qquad (5-1)$$

目前,产品或服务的价值和环境影响数值的确定仍然没有统一的方法,部分原因在于生态效率计算目标的差异。例如,当以促进企业内部可持续发展的管理为目标时,强调可行性;以评价企业的外部表现为目标时,则主要考虑产品或者服务在整个生命周期中的表现[159]。

1) 经济价值的计算

WBCSD 把产品或服务的生产总量或销售总量(Quantity product/ service produced or sold)和净销售额(Net Sales)作为一般性经济指标,增加值(Value Added)作为备选指标[165]。而 UNCTAD 则认为,只有增加值在企业的可控制范围内,因此应该将其作为主要经济指标,而不建议采用销售收入等经营性指标[156]。以上指标体系均选择了可得性较强的企业财务指标,然而在面向整个行业乃至区域的生态效率计算时,要考虑的因素则比单纯的企业内部管理复杂得多,例如环境外部性影响的经济成本计算、折现率的确定等等。

目前产品或服务价值的计算主要有两类方法:成本效益分析(Cost-Benefit Analysis,CBA)和生命周期成本分析(Life Cycle Costing,LCC)[166]。其中,LCC 计算了产品的整个生命周期内市场相关成本和收益,而 CBA 除了市场相关成本和收益外,还包括环境外部性经济成本,只是环境外部性成本的量化方法仍未成熟[167]。而从经济学角度出发,Kuosmanen 认为经济价值计算中应该采用机会成本,而不是已支付成本,而且长期来看应当重视净现值的折算[168]。

2) 环境影响的计算

ISO14031 标准中环境表现评价参数的选择方法已广泛应用于生态效率计算。按照该标准的定义,环境表现参数是表达一个组织环境表现相关信息的特定形式,它包括管理表现参数和运行表现参数,一般意义上的环境影响属于运行表现参数的范畴。运行表现参数则需要考虑以下因素:材料、能源和服务的输入;运行所需的设施、设备状况;所产生的产品、服务、废物和排放物。另外,其他研究组织也针对生态效率的计算提出了各自的环境指标。例如,WBCSD 给出了五个一般性环境指标(能量消耗、物质消耗、水消耗、温室气体排放、破坏臭氧层物质的排放)和两个备选环境指标(酸化气体排放、废物总量)[165]。UNCTAD 的报告则列举了以排放量为基础的五个环境指标,即不可再生能源消耗、水资源消耗、温室气体排放、破坏臭氧层物质的排放、固体和液体废弃物[156]。

由于各种类型的环境影响无法像经济指标那样直接相加,在集成之前需要对不同类型的环境影响赋予相应权重,但是赋权方法尚未达成共识。常用的赋权方法一般是借鉴环境经济学中确定物品环境价值的调查方法,其主观成分较大。如 Huppes 等提出分别针对群体和个体的陈述偏好和显示偏好的赋权方法[166],Nieuwlaar 等则将污染类型赋权方法分为三类:专家打分法、支付意愿调查和政策目标方法[169]。而近年来,生态足迹作为集成的环境生态影响指标,逐渐被引入,如顾晓薇等将区域经济的生态效率解释为该区域单位生态足迹的经济产出(GDP)[170],将高等教育的生态效率定义为高等学校单位生态足迹的在校生数量[171]。本章的房地产开发生态效率也拟采用生态足迹代表区域房地产开发对环境生态的影响。

5.1.2.2 其他计算方法

1) 数据包络分析(Data Envelopment Analysis, DEA)

它是以"相对效率"概念为基础,根据多指标投入和多指标产出对相同类型的决策单位(企业或者企业内的部门)进行相对有效性或效益评价的一种系统分析方法[172]。采用 DEA 方法计算生态效率时,通常是针对同行业的一组企业,将其经济指标和环境指标分为输入和输出两类,本着输入最小化和输出最大化的原则,使用数学规划模型来求取所评价企业在该行业中的相对生态效率。DEA 方法的优点在于可以有效地减小环境指标赋权方法的主观性影响,因为它摒弃了传统主观的赋权方法,采用统计学方法自动赋权。但 DEA 模型需要大量的可靠数据和参考样本,所涉及的环境影响种类则受到数量限制,因此 DEA 方法在生态效率计算中尚未广泛应用。

2) 生态成本价值指数(Eco-cost/Value Ratio, EVR)

它是 Joost 等于 2002 年提出的一种比例模型[173]。该模型的建立基于产品或服务的环境影响的预防成本,即如果要使产品在其生命周期中不影响社会实现可持续发展,将需要多少成本来预防污染的产生和资源过量消耗。其中的成本称为生态成本,包括五个方面:污染消减成本、可再生能源价格、物质资源消耗成本、基础设施折旧成本以及劳动力成本。产品或服务的生态成本与实际市场价格之比即生态成本价值指数,其值越大则该产品的生态效率较低。该方法没有考虑市场价格的变动,采用的是研究期限内的市场价格,在某些情况下可能无法反映价值。

5.1.3 生态效率的国内外应用

从前文生态效率的定义及其计算方法可知,它具有以下三方面的作用:第一,它首次架起了企业的经济效益和环境效益之间的桥梁,从经济盈余的角度来衡量环境效益,强调以较少资源投入和较低成本创造较高质量的产品和服务,因此代表了企业获得经济效益和环境效益的双赢状态;第二,它是联系宏观、中观和微观层面经济、环境发展的重要桥梁,也是将宏观可持续发展战略渗透到企业这些微观主体中的最大突破口,企业的生态效率也是实现整个社会可持续发展的重要手段和工具;第三,它强调企业在制造数量更多、品质更好的商品时,将产品整个生命周期内的环境影响最小化,即从资源开发、运输、制造、销售、使用、回收、再利用到分解处理全过程内,将能源和原材料的使用以及废弃物和污染的排放降至最低,至少也要降至环境承载力之内[174]。因此,生态效率的概念和方法在实践中得到了大量应用,只是由于研究对象层次的差别和研究目的不同,其计算与评价方法各有差异。目前国外的应用已经从理论走向企业、行业、区域等层次的实践,而国内仍主要停留在理论研究层面[150]。

5.1.3.1 国外生态效率的应用

1) 企业生态效率的应用和分析

WBCSD提出生态效率实施的三个主要目标,即减少资源的消耗、减少对自然的影响、提高产品或服务的价值。因此,企业在引入和实施生态效率时,应遵循下述七个基本原则:①降低产品与服务的原料消耗强度;②降低产品与服务的能量消耗强度;③减少毒性物质的扩散;④增进原料的可回收性;⑤将可再生资源的使用最大化;⑥提高产品的耐久性;⑦增进商品的服务强度[175]。而实际上,国外众多企业,如德国大众汽车、克罗地亚Lura集团、葡萄牙的Parmalat公司等[174][176],在应用生态效率的思想和方法时除了遵循上述原则外,还基本上都遵循了PDCA模型,如图5-1所示。

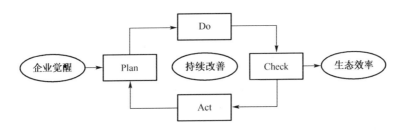

图5-1 国外企业应用生态效率的PDCA模型

至于企业生态效率的计算和评价,因企业规模的不同而有所区别。大型企业管理完善,环境数据全面,因而他们可以自行开发或者利用相关研究机构开发的方法,计算和分析自身的生态效率以有效提高企业的可持续发展水平,如巴斯夫(BASF)集团、戴姆勒-克莱斯勒(DAIMLER CHRYSLER)公司、3M公司等[178-179]。相对而言,中小企业规模小、排污量小,但数量众多、成分复杂,因此中小企业生态效率的计算与评价方法同样需要进行深入研究。Suh等以一个中小型的韩国电子元件生产企业为例,分析了各种污染消减措施的生态效率,其中经济价值采用总成本核算,包括了一般成本、隐形管理成本、责任成本和企业形象工程以及公关成本;环境影响则采用生命周期分析方法,主要考虑了对人类的毒性影响[180]。Raymond等在对加拿大的25家中小企业进行分析时,开发了一套适用于评价中小企业生态效率的指标与方法[181]。

2) 行业生态效率的应用和分析

类似于企业生态效率的应用和分析,目前行业生态效率的评价指标和方法不尽相同。在巴西一个公路运输行业生态效率评价的项目中,环境指标采用了总能源消耗、可再生能源消耗、温室气体排放、大气污染物排放等,经济指标则采用相应的折现后年际成本[182]。而在加拿大食品和饮料行业生态效率评价计划中,除了能源消耗、温室气体排放和废水排放等常用环境指标外,还包括固体有机废物和包装废物[183]。在评价德国洗衣机行业的生态效率时,Ina等利用生命周期成本方法来核算实际成本,环境指标包括初级能量需求量、金属资源需求量、全球变暖潜力、酸化潜力、光化学臭氧产生潜力等[184]。以上案例都是通过行业的平均值来评价整个行业的生态效率,然而要对行业内具体企业进行优化提高,则需要对同行业中不同的企业进行评价比较,找出其弱点所在。因此,以相对效率概念为基础的 DEA 方法在同行业的不同企业的相对生态效率评价中,得到了广泛应用,其中采用的各种方法主要区别在于对非期望输出处理方法与模型组合的差异[185]。

3) 区域产业系统生态效率应用和分析

生态效率在区域尺度上的应用仍在探索中,目前并无普遍认可的方法。Grant 曾提出过旨在提高生态效率的工业区景观设计规划,但是仅提及了提高能量效率和减少废物产生等原则[186]。作为区域生态效率计算的代表案例,芬兰 Kymenlaakso 地区 ECOREG 项目在这方面进行了探索。项目执行者认为生态效率作为环境与经济因子的比值无法正确全面地表征区域发展的可持续性,因此尝试在地区生态效率评价中加入社会发展指标,并与环境指标和经济指标进行综合[165]。Michwitz 等则对该项目中社会指标的建立过程进行了详细的分析,建立了 8 类社会发展指标,包括安全、教育、人口变化等。但此时社会发展指标仅作为参考,不参与环境指标和经济指标的综合[187]。

生态效率概念来自于产业界,没有包括考察区域发展可持续性所需要的社会发展指标,因此区域生态效率并不适于评价整个区域的可持续性,而较适于产业系统的可持续性评价。在区域产业系统的生态效率评价中,产品消费后的能量、物质回收和再生利用系统具有非常重要的作用。从生命周期的思想出发,通过分析产品消费后的收集、处置或循环利用,产品消费、生产直至产品的设计等所有环节,以寻求合适的经济方法或者政策手段来提高产业系统的生态效率,成为生态效率研究的热点之一[150]。如 Husiman 等在欧洲电子废物回收体系研究中,使用了生态效率的概念对各种家用电器的不同回收处理路径进行了详细的分析,其研究结论对欧洲 WEEE 指令所要求以重量为基础的回收目标提出了质疑与合理建议[188]。Hellweg 等分别使用 100 年和无穷长时间两种尺度对固体废物的四种处置方式进行了生态效率分析,认为无穷长时间尺度上的分析更加有说服力[189]。

5.1.3.2 国内生态效率的应用

1）基本理论和方法

近年来，国内生态效率的研究在介绍引进国外相关概念和理论方法的基础上，初步形成了一些适合中国国情的理论和方法。李丽萍等介绍了生态效率的概念及提高生态效率的战略目标与措施[190]。廖红等提出了在地方和区域、工业企业范围内运用生态效率的必要性，指出生态效率研究与运用的关键[191]。

2）区域循环经济建设

如何将生态效率概念应用于区域循环经济建设是国内生态效率研究的热点。戴玉才等认为生态效率与循环经济在理念和原则上具有一致性，提出了通过生态效率体系及其机制来促进、评价我国循环经济建设的建议[192]。周国梅等介绍了 OECD 国家生态效率概念的发展，论述了工业生态效率的 3 个指标：能源强度指标、原材料强度指标和污染物排放指标，并且借鉴生态效率的指标体系初步建立了循环经济的评价指标体系[193]。刘华波等探讨了生态效率与循环经济之间的关系，以生态效率指标为基础，建立了更加全面客观的循环经济评价指标体系[194]。诸大建等通过对中国宏观经济层面生态效率的情景分析，提出了适合中国发展的循环经济模式[162]。

3）企业生态效率

国内生态效率的研究在区域层次上不断深入的同时，应用于企业层次的理论和实践方法也得到了较快的发展。岳媛媛等通过分析国际范围内企业实施生态效率的实践，结合国内现状，提出了中国企业实施生态效率的步骤模型[174]。谭飞燕等将生态效率的概念应用于企业技术创新的评价，建立了一套切实可行的评价指标体系[195]。何伯述等在分析发电厂的环境影响时，将有效能量与有害气体的排放量的相对关系定义为生态效率进行计算与评价[196]。戴铁军和陆忠武等运用企业生态效率的 3 个指标，包括资源效率、能源效率和环境效率，对某钢铁企业生态效率进行了计算与分析[197]。

4）区域产业系统生态效率分析

国内已有少量的相关研究，如孙鹏等将交通行业的生态效率界定为单位生态足迹的客运公里或货运公里，并对 2005 年的沈阳市交通行业进行了实证分析[198]。

综上所述，生态效率已成为国内外结合环境影响和经济价值的研究和应用热点，但是目前尚未发现有关房地产业生态效率的相关研究，而这正是本章研究的重点和目的之所在。

5.2 房地产开发生态效率和生态足迹

5.2.1 房地产开发生态效率的概念和计算模型

如前文所述，生态效率较多地应用于企业或行业层面，其在区域产业系统层面的研究在国内外都尚处于探索阶段，目前尚未有普遍认可的方法和指标体系。对于区域房地产开发行业而言,其生态效率的概念界定可采用 WBCSD 的"影响最小化,价值最大化"思想,定义为该区域"单位房地产开发生态足迹的房地产开发经济价值"。它可以定量地表述区域房地产开发所消耗的大量资源能源及排放的大量废弃物集合而成的生态足迹的经济产出效率,是判断区域房地产开发集约程度的一个有效指标,也与本章后文的生态承载力、生态赤字等一起构成区域房地产开发健康和可持续程度的直观、系统性指标体系。

由其定义并参照前文公式(5-1)可知,区域房地产开发行业生态效率(以下简称"房地产开发生态效率")的计算模型可用式(5-2)表述如下:

$$房地产开发生态效率 = \frac{区域房地产开发行业的经济价值}{区域房地产开发行业的生态足迹} \quad (5-2)$$

其中,区域房地产开发行业的经济价值(以下简称"房地产开发经济价值")和区域房地产开发的生态足迹(以下简称"房地产开发生态足迹")界定及计算方法如本章下文所述。

5.2.2 房地产开发经济价值计算模型

5.2.2.1 房地产开发的界定

在计算房地产开发经济价值之前,必须对"房地产开发"进行准确界定,而这又要求对"房地产业"进行界定。由前文表 2-1 可知,我国房地产业应包括以下两类活动[1]:

1) 买卖或租赁物业的房地产活动

它又包括房地产开发经营活动和存量房地产买卖及租赁活动,其中前者指房地产开发企业及其他各种类型单位在进行房地产开发(土地开发,住房、生产经营用房和办公用房开发)过程中所从事的商业性服务活动,但不包括它可能从事的土地平整、改良和房屋建筑等活动,因为这种类型的活动属于建筑业,如图 5-2 所示。

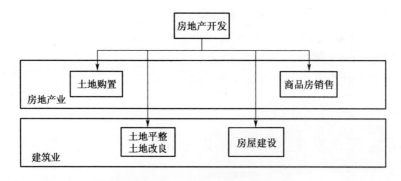

图 5-2 房地产开发中的各类经济活动

2) 以收费或合同为基础的房地产活动

它包括房地产管理活动、房地产中介活动和物业管理。

由图5-2易知,我国房地产开发主要着眼于增量市场,其经济价值主要来源于土地购置和商品房销售,即房地产开发经济价值包括土地购置费用和商品房销售收入两部分。

5.2.2.2 房地产开发经济价值计算步骤

由于房地产业在我国发展的时间并不长,房地产业核算方法不完善,土地买卖和房地产买卖等相关数据无法通过中国统计局、江苏省统计局和南京市统计局出版的《中国统计年鉴》《江苏省统计年鉴》和《南京市统计年鉴》等官方出版的统计物中直接查到,因此应通过其他指标间接进行。以近年来的南京市住宅开发(即住宅增量市场中所发生的经济活动[1])为例,其经济价值的计算步骤为:

首先,计算住宅土地购置费用。在《中国统计年鉴》中只有江苏省的年度土地购置费用,在其他年鉴中也无法查出南京市的年度土地购置费用或者住宅土地购置费用。但是,通过近年来的《中国统计年鉴》,可以在"6-30 房地产开发企业(单位)土地开发及购置"和"6-43 35个大中城市主要指标完成情况"中分别查到江苏省的"土地购置费用"和"本年购置土地面积"以及南京市的"本年购置土地面积""本年完成投资"和"本年完成住宅投资"等5个指标。鉴于数据的可获取性,假设南京市平均地价与江苏省平均地价之比等于相应的平均房价之比,以及南京市住宅开发投资和土地购置费用占全部房地产开发投资和土地购置费用的比例相当,则可运用式(5-3)估算南京市的年度住宅土地购置费用:

$$RL_{NJ} = \frac{REL_{JS} \times REA_{NJ}}{REA_{JS}} \times \frac{REP_{NJ}}{REP_{JS}} \times \frac{RI_{NJ}}{REI_{NJ}} \tag{5-3}$$

其中,NJ和JS分别指南京市和江苏省;RL_{NJ}和REL_{JS}分别指南京市住宅开发土地和江苏省房地产开发土地的购置费用;REA_{NJ}和REA_{JS}分别指南京市和江苏省房地产开发土地的购置面积;REP_{NJ}和REP_{JS}分别指南京市和江苏省商品房平均销售价格;RI_{NJ}和REI_{NJ}分别指南京市住宅开发和房地产开发的投资额。

其次,计算开发住宅销售收入。虽然近年来的《中国统计年鉴》和《南京市统计年鉴》中都有南京市住宅的销售额,但它没有区分增量房和存量房,这一点与前文的界定乃至后文中房地产开发生态赤字测算时的范围相矛盾。另外,《南京市统计年鉴》中也有"竣工房屋价值"和"竣工住宅价值"等指标,但是这些指标的计算采用的是成本导向法,无法客观反映市场实际情况。因此,本章拟采用"虚拟住宅销售收入",即增量住宅的面积与该年度住宅销售价格的乘积,来表征年度开发住宅销售收入,如式(5-4)所示:

$$RS_{NJ} = RA_{NJ} \times RP_{NJ} \tag{5-4}$$

其中,RS_{NJ}、RA_{NJ}和RP_{NJ}分别指南京市增量住宅虚拟销售收入、竣工住宅面积和住宅销售价格。

最后,将上述住宅土地购置费用和虚拟住宅销售收入相累加,可得住宅开发经济价值RV_{NJ}的计算模型如式(5-5)所示:

$$RV_{NJ} = \frac{REL_{JS} \times REA_{NJ}}{REA_{JS}} \times \frac{REP_{NJ}}{REP_{JS}} \times \frac{RI_{NJ}}{REI_{NJ}} + RA_{NJ} \times RP_{NJ} \quad (5-5)$$

以 2006 年为例,由《中国统计年鉴 2007》可知,该年度的 REL_{JS}、REA_{JS} 和 REP_{JS} 分别为 382.35 亿元、2 983.95 万平方米和 3 592.19 元/平方米,REA_{NJ}、RA_{NJ}、REI_{NJ}、RI_{NJ}、RP_{NJ} 和 REP_{NJ} 分别为 188.03 万平方米、671.43 万平方米、351.17 亿元、253.64 亿元、4 270.36 元/平方米和 4 477.10 元/平方米,则该年度南京市的房地产开发经济价值为:

$$\frac{382.35 \times 188.03}{2\,983.95} \times \frac{4\,477.10}{3\,592.19} \times \frac{253.64}{351.17} + 671.43 \times 4\,270.36 \times 10^{-4}$$
$$= 21.69 + 286.73 = 308.41(亿元)$$

类似地,可以求出其他年度住宅开发经济价值,或者年度房地产开发及其组成要素办公楼开发、商业营业用房开发的经济价值。但如式(5-2)所述,欲求某区域的房地产开发生态效率,除该区域的房地产开发经济价值以外,还要求该区域的房地产开发生态足迹。

5.2.3 生态足迹的概念及分析方法

5.2.3.1 生态足迹的概念及计算方法

生态足迹(有时也翻译成"生态占用")是由加拿大生态学家 Rees 教授和他的博士生 Wackernagel 于 20 世纪 90 年代初提出并发展起来的一个概念,其含义是"the biologically productive and mutually exclusive areas necessary to continuously provide for people's resources supplies and the absorption of their wastes",即为了持续提供人类所需资源并吸收人类产生废弃物而必需的生态生产性土地的总面积,也可以形象地理解为"一只负载着人类与人类所创造的城市、工厂……的巨脚踏在地球上留下的脚印"[199-200]。生态生产性土地是指具有生态生产能力的土地或水体,它主要分为如下 6 种类型:化石能源地(fossil energy land)、可耕地(arable land)、牧草地(pasture)、森林(forest)、建成地(built-up areas)和水域(sea)。其中,化石能源地是指人类应该留出用于吸收 CO_2 的土地;可耕地是从生态角度看最有生产能力的生物生产性土地类型,它所能聚集的生物量最多;草地是指适合于发展畜牧业的土地;林地指可产出木材产品的人造林或天然林;建筑用地包括各类人居设施及道路所占的土地;海洋(水域)是指被水面覆盖并具有水产品生产能力的土地。这 6 类土地的生产力明显不同,但是可通过等量化因子,即均衡因子(Equivalence Factor),将它们转化为可比较和加总的生态生产性土地均衡面积。

Wackernagel 博士等在 2002 年明确了计算全球生态足迹的 6 个假设[201-202]:①跟踪人类社会消费的大部分资源和产生的废弃物是可能的;②这些资源和废弃物流量的大部分可根据支持这些流量的必需的生物生产性面积进行测度;③各类可用生物生产能力不

同的土地,可以折算成标准公顷——全球公顷(global hectare,gha),1 gha 的生物生产能力等于当年全球土地的平均生产力;④这些生态生产性土地的用途是互相排斥的,即每一种土地的用途都是唯一的,所以它们可以相加成为人类的消费需求;⑤自然的生态服务的供应也可以用以全球公顷表示的生物生产空间表达;⑥生态足迹可以超越生物承载力。2004 年和 2005 年,Wackernagel 博士等学者进一步提出计算国家生态足迹的 6 个假设,其表述与上述全球生态足迹的 6 个假设的表述相近[203-204]。根据上述假设,人类社会对生态的影响就可以根据特定年份的科学技术创新、资源管理、土地利用变化、生产实践和累积的土地损害等情况下,用生产所消耗的资源和消纳废弃物的生态生产性土地面积来测度。

归纳而言,生态足迹的现有计算方法主要有综合法、成分法和投入产出法等三种。其中,综合法由 Wackernagel 博士等于 20 世纪 90 年代中期提出[205],主要利用自上而下的整合数据(如国家、省市和地区的统计资料),适用于全球、国家和区域层次的生态足迹研究;成分法在综合法之后,由 Simmons 等学者于 1998 年提出,以人类衣食住行活动为出发点,以自下而上的方法(如问卷调查、查阅二手数据等)获得主要消费品消费量及废物产生情况,通过生态足迹核算了解物流带来的环境压力,适用于较小区域如企业、大学、家庭乃至个人的生态足迹核算[206];投入产出法由 Bicknell 等学者于 1998 年提出[207],并由我国台湾省的台北大学冯君君教授于 2001 年改进[208],它主要利用投入产出表追踪满足最终消费的直接和间接生产投入。但是,对比研究发现,上述方法的计算结果非常接近[206],且三者都采用的生态足迹计算基本模型如式(5-6)所示[205]:

$$EF = N \times ef = N \times \sum A_j = N \times \sum (aa_i \times r_j) = N \times \sum (c_i \times r_j / p_i) \quad (5-6)$$

其中,EF 是 Ecological Footprint 的简称,即某区域的生态足迹;N 是该地区的总人口数;ef 是该地区的人均生态足迹;j 为生态生产性土地类型,$j = 1, 2, \cdots, 6$;A_j 是人均占用的第 j 类生态生产性土地等价量;i 为消费项目(即商品和投入)的类型;aa_i 是第 i 项消费项目人均占用的生态生产性土地面积;r_j 是等价因子,它是一个不同类型的生态生产性土地转化为在生态生产力上等价的系数,其值等于全球该类生态生产性土地的平均生态生产力除以全球所有各类生态生产性土地的平均生态生产力;c_i 为第 i 种消费项目的年人均消费量;p_i 为第 i 种消费项目的年平均生产能力。

5.2.3.2 生态足迹相关概念及计算方法

虽然利用式(5-7)以及综合法、成分法和投入产出法等三种方法可以计算出研究对象的生态足迹,但是仅分析该数值本身难以挖掘深层次意义,需要进行时间序列分析,或者进一步计算生态承载力、生态赤字、生态盈余乃至本章的生态效率。其中:

1) 生态承载力(Ecological Carrying Capacity,EC)

它又称生态容量、生态足迹供给等,是与生态足迹相对应的概念,它是指一个地区所能提供给人类的生态生产性土地的面积总和。它也可理解为"生态系统的自我维持、自我调节能力,资源与环境子系统的供容能力及其可维持的社会经济活动强度和具有一定生活水平的人口数量"[209]。

2) 生态赤字(Ecological Deficit)

一个地区的生态承载力小于生态足迹时,出现生态赤字,其大小等于生态承载力减去生态足迹的差数。生态赤字表明该地区的人类负荷超过了其生态容量,处于不可持续状态,要满足其人口在现有生活水平下的消费需求,该地区要么从地区之外进口欠缺的资源以平衡生态足迹,要么通过消耗自然资本来弥补收入供给流量的不足[210]。

3) 生态盈余(Ecological Remainder)

生态承载力大于生态足迹时,则产生生态盈余,其大小等于生态承载力减去生态足迹的余数,表明人类对自然生态系统的压力处于本地区所提供的生态承载力范围内,该地区的生态系统是安全的,处于可持续发展发展状态[210]。

对于前三个概念而言,最首要求取的是生态承载力,因为其他两者都是建立在它和生态足迹的基础上。而生态承载力可利用式(5-7)加以计算:

$$EC = N \times ec = N \times \sum (a_j \times r_j \times y_j) \tag{5-7}$$

其中,EC 是 Ecological Carrying Capacity 的简称,即某区域的生态承载力;N 同前文一样,是该地区的总人口数;ec 是该地区的人均生态承载力;a_j 为第 j 类生态生产性土地的人均面积;r_j 同前文一样,是等价因子;y_j 是产量因子,它是一个将各国各地区同类生态生产性土地转化为可比面积的参数,其值等于该国(该地区)第 j 类生态生产性土地的平均生产力除以世界同类土地平均生产力。

但值得一提的是,按照世界环境与发展委员会(World Commission for Environment and Development,WCED)在其报告《我们共同的未来》(Our Common Future)中所建议的,应留出 12% 的生物生产土地面积以保护生物多样性,即保护地球上的其他 3 000 万个物种。换言之,由式(5-7)计算出来的生态承载力还应扣除 12% 的保护性面积,其余者方为该区域的可用生态承载力。

除上述传统概念外,近年来也出现了"贸易生态赤字"和"生态超载"等概念。其中的贸易生态赤字(Ecological Trade Deficit,ETD)等于消费生态足迹减去生产生态足迹,或者等于进口的生态足迹减去出口的生态足迹;生态超载(Ecological Overshoot,EO)等于生产生态足迹减去生态承载力[202,205]。

5.2.3.3 生态足迹分析方法的优缺点及应用

由前文生态足迹及其相关概念的描述可知,生态足迹模型主要具有下述优点[211-212]:

(1) 生态足迹模型紧扣可持续发展理论,是涉及系统性、公平性和发展的一个综合指标;

(2) 评价采用全球(或全国[213]或全省[214])的平均水平,结果具有全球(或全国或全省)可比性,并且通过引入均衡因子和产量因子,使得生物资源的消耗与自然生态的承载能力具有可比性;

(3) 将生态足迹的计算结果与自然资产提供生态服务的能力进行比较,能反映在一

定的社会发展阶段和一定的技术条件下,人们的社会经济活动与当时生态承载力之间的差距;

(4)生态足迹与生态承载力的测算所采用的模型简便易懂,并采用人们熟知的生物生产性土地面积为计算单位,结果的可识别性较强,而研究所需资料的相对易获取也使得生态足迹分析工作的具体实施障碍较少。

由于上述优点的存在,目前生态足迹分析方法已广泛应用于不同尺度区域的可持续发展测度及进行能源、旅游、种养殖业和其他相关领域生态足迹研究,并且已经逐步成为政府决策和战略制定的重要依据。具体而言,近年来国内外生态足迹分析方法的应用研究成果主要包括:

1) 区域生态足迹研究

(1)全球尺度生态足迹研究,如世界自然基金会(World Wide Fund for Nature, WWF)等国际组织发布的《生命行星报告 2000》《生命行星报告 2002》《生命行星报告 2004》《生命行星报告 2006》[215],以及全球足迹网络(Global Footprint Network)发布的《国家生态足迹和生物承载力账户 2005》[216];

(2)地区尺度生态足迹研究,如《欧洲生态足迹报告 2005》[217]和《亚太地区生态足迹与自然财富报告 2005》[218];

(3)国家尺度生态足迹研究,如徐中民等(2003)对我国 1999 年的生态足迹和生物承载力的静态研究[219],以及刘宇辉(2005)基于生态足迹模型对我国 1961—2001 年人地协调度的动态演变研究[220];

(4)地方尺度生态足迹研究,目前的研究对象已涵盖省级行政区[221]、城市[213][222]、县域[223]乃至乡镇[214][224]的各级行政区。

2) 产业/部门生态足迹及相关研究

(1)基于生态足迹研究的能源消费安全分析,如 Stoglehner(2003)和 Holden 等(2005)对可持续能源供应和能源、燃料消费与对应的吸收能源生产中排放出的 CO_2 与林地的对应关系及对全球气候变暖的影响分析[225-226];

(2)旅游生态足迹研究,如章锦河等(2005)对九寨沟的研究[227]和席建超等(2004)对北京市海外入境旅游者的旅游消费生态占用的初探[228];

(3)种植、养殖业生态足迹研究,如 Gyllenhammar 等(2004)对波罗的海海水养鱼对环境的影响的研究[229],以及孙兆敏等(2005)对我国西部地区生态足迹与苜蓿草产业发展战略的研究[230];

(4)生态足迹在其他方面的应用研究,如交通[231]、大学[170]、绿色建筑[232]、建设项目[233-234]、家庭[235]等。

除上述应用研究外,国内外众多学者也敏锐地注意到生态足迹理论与方法在应用过程中存在一些明显不足[202][210][212][236][238-240],归纳起来主要包括:

1) 缺乏地区生态足迹分析的假设

目前只有进行全球和国家生态足迹分析的假设,而没有进行地区生态足迹分析的假设。因此,目前进行的地方生态足迹分析都是借用前者的假设,由此产生了忽略地区间流动人口、贸易调整等因素导致的较大偏差。

2) 评价模型和结果的静态性

生态足迹模型的计算通常基于年际的统计数字,加上模型设计没有考虑消费变化的过程特点,使得这类研究既不能指示年内各时期的生态足迹变化情况,也不具备合理预测未来生态足迹变化的能力,一定程度上削弱了生态足迹分析结果对国家以及区域发展策略选择的决策支持作用。

3) 生态生产性土地的"互斥性"假设明显有误

虽然"互斥性"假设使得这些土地可以加总,但此假设对各类土地功能单一化的处理使土地的功能多样性和一定程度的功能替代(或称兼容性)被完全忽略,导致生物承载力计算结果偏低。譬如,对 CO_2 的吸收只考虑了林地,这与科学事实有明显差异,因为所有陆地生态系统和海洋生态系统均吸收 CO_2 等温室气体[241]。

4) 生态足迹账户涵盖不全面

正如生态足迹分析方法的提出者之一 Wackernagel 所承认的,生态足迹分析没有把自然系统提供资源、消纳废弃物的功能描述完全,使得现有研究工作中的生态承载能力计算结果小于实际承载能力[242]。但同时,现有的生态足迹分析中有关污染生态足迹的评估缺陷非常大,如仅仅考虑了吸收化石燃料消费产生的 CO_2 所需的生物生产面积,却忽略了其他温室气体,如甲烷(CH_4)、氧化亚氮(N_2O)、氢氟碳化物(HFCs)、全氟碳化物(PFCs)、六氟化硫(SF_6)等,又使得现行评估的生态足迹小于实际占用的生态足迹。

5) 模型参数选择的弹性不足

全球平均生产力、均衡因子和产量因子是生态足迹分析模型中的主要参数,而它们是基于全球平均生产力的经验估值,因此直接采用上述参数进行评价使得评价结果既不能反映地区可持续性的真实情况,也丧失了通过地区个性化研究结果来完善参数赋值的机会。

6) 忽略土地质量和功能的复杂性

已有研究采用的均衡因子显示,建筑用地和耕地对区域可持续性的贡献通常明显大于林地、草地和水域。而事实上某些地区(如快速城市化地区)健康的林地、水域和草地在保持区域生态稳定和均衡方面的意义要远远高于其他用地类型。

7) 应用于人口密集或不发达地区时的局限

生态足迹分析中生态生产土地的生产能力和承载能力评价仅仅考虑了不同生态土地的自然属性,忽略了社会经济因素尤其是技术进步因素对土地生产力的影响,所以应用于城市型国家或城市等人口高密集地区时往往会出现该地区处于不可持续发展状态;相反,应用于经济不发达、生活水平低的国家和地区时,常常出现"地区越不发达、生活水平越低,可持续发展情况越强"的情况,这与可持续发展理论所阐述的基本原则是不相符的。

8) 评价结果与可持续程度的非对等性

生态足迹分析通常采用均衡因子和产量因子将不同类型生物生产性土地面积折算后进行线性叠加,也就是默认了各种土地承载能力及生物产品和服务之间的任意可替代性。然而,区域的可持续发展实际上往往会出现"木桶原理"的现象,即一种或者几种生物产品或资源的稀缺可能会导致整个区域发展的瘫痪,这种现象在目前的生态足迹综合评价中显然无法真实反映出来。由此可见生态足迹分析结果是可持续状态的必要但非充分条件,或者不可持续状态的充分但非必要条件,两者之间并非是完全对等的关系。

总而言之,生态足迹分析方法具有突出的优点和明显的不足,在区域、产业/部门等可持续发展评价方面得到了广泛的应用,但鲜见房地产业生态足迹方面的定量研究。本章拟尝试将该思想和方法引入房地产业,测算房地产开发的生态足迹,以此衡量区域房地产开发对周围环境和生态造成的影响,并为区域房地产开发生态效率的测算做好基础和铺垫。

5.2.4 房地产开发生态足迹及相关计算模型

5.2.4.1 房地产开发生态足迹及相关概念

参照房地产业的特点并借鉴生态足迹的概念,可以将房地产开发生态足迹界定为"持续提供某区域房地产开发所需资源并吸收开发期间产生废弃物而必需的生态生产性土地的总面积"。其中,所需要的资源包括土地、钢材、木材、水泥、砖头、石子、沙子、玻璃等,产生的废弃物包括有害气体、粉尘、噪音、振动、污水、渣土、建筑垃圾等,必需的生态生产性土地和区域生态足迹的一样,即包括化石能源地、可耕地、牧草地、森林、建成地和水域等六种。

类似地,可以将房地产开发生态承载力界定为"某区域范围内所能提供用于房地产开发的生态生产性土地的面积"。相应地,当某一区域的房地产开发生态足迹大于其生态承载力时产生房地产开发生态赤字,表明该区域房地产开发处于不可持续发展状态;反之,当房地产开发生态足迹小于其生态承载力时则产生房地产开发生态盈余,表明该区域房地产开发处于可持续发展状态。

5.2.4.2 房地产开发生态足迹计算步骤

由式(5-7)可知,某区域的生态足迹主要受当地总人口数和各消费项目年人均消费量的影响。但是,考虑到房地产开发的特殊性,其生态足迹则主要受该地区房地产开发的总建筑面积及建筑类型的影响,因为总建筑面积代表了该地区房地产开发的数量和强度,而不同的建筑类型下相同的建筑面积消耗的资源和产生的废弃物数量都不一样。对于区域房地产开发项目的资源消耗和废弃物排放相关数据,如果通过问卷调查和实地勘察等手段全部获取,则宜采自下而上的成分法;否则,如果必须借助国家和省市的统计年鉴、建筑工程造价指标等二手资料,则宜采用自上而下的综合法。对于本章的研究而言,成分法的采用非常困难,而只能采用综合法。

采用综合法计算某一区域房地产开发的生态足迹时,以南京市为例,其基本步骤如下:

(1) 通过互联网登录南京市房地产业的主管机构——南京市房产管理局的官方网站(http://newhouse.njhouse.com.cn/kpgg/),由此网站及其途径(包括互联网查询、电话采访、实地勘察等)获得近年来南京市所有商品房的基本数据,如建筑面积、容积率、层数类型(如多层、小高层、多层等)、房屋结构等。

(2) 查询《江苏省建筑工程造价估算指标》[243],可知不同的建筑工程项目类型,包括多层砖混、多层框架、小高层(14层以下)和高层等四类,每1平方米的建筑面积钢材、木材和水泥等"三大材"的消耗量。因此,相应地,应将房地产开发生态足迹划分为多层砖混生态足迹、多层框架生态足迹、小高层(14层以下)生态足迹和高层生态足迹等四类。

(3) 对于上述资源消耗,考虑房地产开发的特点并借鉴传统区域生态足迹的计算模型,其生态足迹计算基本模型为:

$$\begin{aligned} EF_r &= \sum EF_n = \sum (S_n \times ef_n); \\ ef_n &= \sum r_{in} \times a_{in} = \sum r_{in} \times c_{in}/p_i \end{aligned} \quad (5-8)$$

其中,r 指房地产开发消耗资源(resource);EF_r 为房地产开发消耗资源的生态足迹;EF_n 为第 n 种房地产开发类型的生态生产性土地面积,$n=1,2,3,4$;S_n 为第 n 种房地产开发类型的总建筑面积;ef_n 为第 n 种房地产开发类型的单位建筑面积生态足迹;r_{in} 为第 n 种房地产开发类型的单位建筑面积中第 i 种消耗资源的等价因子;a_{in} 为第 n 种房地产开发类型的单位建筑面积中第 i 种消耗资源折算的生态生产性面积;c_{in} 为第 n 种房地产开发类型的单位建筑面积中第 i 种资源的消耗量;p_i 为第 i 种资源的平均生产能力。值得一提的是,鉴于数据的可获取性,对于不同的房地产开发类型,本章中房地产开发的消耗资源仅包括钢材、木材和水泥等"三大材"及土地。因此,r_{in} 也可简化成 $r_i(i=1,2,3,4)$,分别代表钢材、木材、水泥和土地的等价因子。

(4) 除上述资源消耗外,如前文所述,房地产开发还会产生大量的有害气体、粉尘、噪音、振动、污水、渣土、建筑垃圾(主要为固体垃圾)等副产品。虽然我国要求对建设项目进行环境影响评价,并切实做好施工现场的环境管理和文明施工,但是目前仍缺乏对上述房地产开发项目副产品的综合管理和有效回收利用,因此这些副产品基本上都可以视为需要占用生态足迹的废弃物。鉴于数据的可获取性,本书仅计算房地产开发所产生建筑垃圾的生态足迹。据估计,每1平方米的房地产开发建设会产生废弃砖和水泥块等建筑垃圾约60千克,而我国大部分建筑垃圾都是在没有经过任何处理的情况下直接采用露天堆放或填埋的方式进行处理[244],而每堆积1 000千克建筑垃圾约需占用0.067平方米土地[245],因此房地产开发所产生建筑垃圾的生态足迹计算模型为:

$$EF_w = r_w \times a_w = r_w \times \sum \left(S_n \times \frac{600}{10\,000} \times \frac{0.067}{10\,000} \right) = r_w \times \sum (S_n \times 4.02 \times 10-3) \tag{5-9}$$

其中，w 指建筑垃圾（waste）；EF_w 为房地产开发产生建筑垃圾的生态足迹；r_w 为建筑垃圾对应的生态生产性土地的等价因子，其中的生态生产性土地通常为建成地；a_w 为堆放建筑垃圾所占用的生态生产性土地（即建成地）的面积；S_n 的含义同前文，为第 n 种房地产开发类型的总建筑面积。

（5）汇总房地产开发消耗资源的生态足迹和所产生建筑垃圾的生态足迹，可知区域房地产开发生态足迹的计算模型为：

$$EF' = EF_r + EF_w \tag{5-10}$$

其中，EF' 为房地产开发生态足迹；EF_r 和 EF_w 的含义同前文。

5.2.4.3 房地产开发生态承载力及相关计算模型

由于难以确定某区域范围内专门用于房地产开发的生态生产性土地面积，因此无法直接计算得到房地产开发生态承载力。但是，房地产开发是区域生产和消费活动的一个组成部分，因此房地产开发生态承载力也应为由式(5-7)计算所得区域生态承载力的一部分。所以，可通过适当的折算系数对区域生态承载力进行折算，以间接求得房地产开发生态承载力。

由于区域的土地面积和房地产开发总建筑面积分别是该区域生态承载力和房地产开发生态承载力的物理空间占用和体现，同时考虑到数据的可获取性及折算系数的生态涵义，本章将某一区域的房地产开发总建筑面积与该区域土地面积之比作为折算系数，以其与区域生态承载力的乘积作为该区域房地产开发生的态承载力。则房地产开发生态承载力的简化计算模型可写为：

$$EC' = EC \times \beta = EC \times \left(\sum S_n \right) / A \tag{5-11}$$

其中，EC' 为房地产开发生态承载力；EC 为区域生态承载力；β 为折算系数；S_n 的含义同前文，为第 n 种房地产开发类型的总建筑面积；A 为区域的生态生产性土地的总面积。

按照生态赤字和生态盈余的思想，将上述式(5-10)所得结果减去式(5-11)所得结果，即 $EF' - EC'$。如果该差值大于零，表明该区域房地产开发处于生态赤字和不可持续状态；否则，如果该差值小于零，则表明该区域房地产开发处于生态盈余和可持续状态。

另外，如果将房地产开发的范围限定在住宅开发，则利用式(5-8)～式(5-10)可计算得到区域住宅开发的生态足迹，将此结果与利用式(5-5)计算所得区域住宅开发经济价值相结合，则可利用式(5-2)计算得到该区域的住宅开发生态效率。这一思路和方法将在后文的南京市住宅开发生态效率计算中得到实际应用和验证。

5.3 南京市住宅开发生态效率的实证分析

5.3.1 南京市及其住宅开发基本情况分析

5.3.1.1 南京市及其房地产市场基本情况

南京为我国六大古都之一,是国家级历史文化名城,地处长江中下游平原东部苏皖两省交界处,东距上海市 300 余千米,位于沿海开放地带和长江流域的交汇部。南京是我国江苏省的省会所在地,是该省的政治、文化、经济中心,也是长江流域四大中心城市(即上海、南京、武汉和重庆)之一,是长三角核心城市(包括上海、苏州、南京、宁波等)之一,具有比较突出的区位优势、交通通信优势、教育科技优势和产业优势。南京现辖 11 个区,其中城区 4 个、郊区 7 个,分别为玄武区、秦淮区、建邺区、鼓楼区、浦口区、栖霞区、雨花台区、江宁区、六合区、溧水区(2013 年 2 月之前为溧水县)和高淳区(2013 年 2 月之前为高淳县)。2007 年末南京市常住人口 741.3 万人,户籍总人口 617.2 万;辖区总面积 6 582.31 平方千米,其中市区面积 4 723.07 平方千米①。

在房地产方面,南京目前是国家统计局出版的年度《中国统计年鉴》中重点关注其房地产指标完成情况的"35 个大中城市"之一,也是国家发展与改革委员会和国家统计局联合发布月度房地产价格指数的"全国 70 个大中城市"(2005 年 11 月之前为"全国 35 个大中城市")之一。近年来,南京房地产市场发展较快,房地产开发投资额、商品房销售价格和销售面积等指标都屡创新高,2003 年—2007 年的房地产开发投资和销售面积如图 5-3 所示。

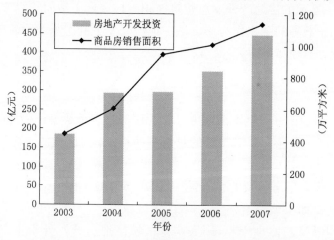

图 5-3 南京市商品房销售面积和房地产开发投资
数据来源:《中国统计年鉴 2004》《中国统计年鉴 2005》和 2007 年的南京市统计快报。

---

① 虽然作者在撰写本书稿时,可以获得 2007 年—2013 年的南京市房地产相关数据,但是考虑到本章核心内容已经在学术期刊发表,而且利用更新后的数据分析出来的结果基本一致,故本书稿并未更新。

由图 5-3 可知,南京市房地产开发投资在 2004 年以前快速增长后,2005 年受到宏观调控影响出现大幅回落,但在之后又明显呈现出投资回稳、大幅攀升的情况;商品房销售面积则一直快速增长,在 2005 年甚至出现了跳跃式增长。

5.3.1.2 南京市住宅开发基本情况

在南京房地产市场蓬勃发展的同时,其住宅开发也得到了长足的发展,住宅开发占房地产开发的比重一直比较大,如 2006 年南京市住宅完成投资占总投资的比重和住宅销售面积占总销售面积的比重分别为 72.23%(=2 536 388 万元/3 511 742 万元)和 83.15%(=671.43 万平方米/807.46 万平方米)。另外,与全国其他大 34 个中城市比较而言,2006 年南京住宅完成投资和销售面积等两个指标在全国 35 个大中城市中居于中等偏上的位置,属于典型的二线城市,如图 5-4 所示。因此,对其住宅开发的生态效率开展研究具有较强的代表性。

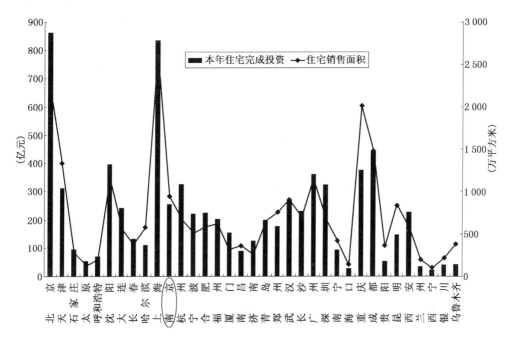

图 5-4　全国 35 个大中城市 2006 年住宅完成投资和销售面积
数据来源:《中国统计年鉴 2007》,经作者整理。

理论上,采取前文 5.2.2.2 和 5.2.4.2 等部分的思想和方法可以计算南京及其他任何城市的房地产开发生态效率。但是,一方面,如前文所述,南京市住宅开发占其房地产开发的比重较大;另一方面,住宅开发相关数据较办公、商业等类型项目的数据易于获取;再一方面,通过南京市房产管理局官方网站等途径仅能获取 2005 年以来的商品房项目情况,2004 年及以前的商品房项目只能查到部分或者根本无法获取;最后,有的商品房项目为纯住宅,但也有较多的项目涵盖住宅、商业、办公等多种业态。因此,本章仅尝试对南京市 2005 年—2007 年的住宅开发进行实证研究,并对其中的非纯住宅项目进行业态剥离,仅计算或估计其中的住宅部分。

5.3.2 计算方法采用和基础数据获取

5.3.2.1 计算方法采用

虽然如前文所述,全球公顷(gha)的采用使得生态足迹等结果具有全球可比性,但它也存在"模型参数选择的弹性不足"等缺点,使得"等量因子的精确性受到质疑"[213],并因此有学者提出应采用"国家公顷(national hectare,nha)"[213]或者"省公顷(provincial hectare,pha)"[214]的新型计量单位来解决该问题,即等价因子和产量因子的确定都采用生态生产性土地的国家或省平均生产力而非全球平均生产力。但是,这些新型计量单位的采用要求有上一年度各类生态生产性土地的产量,而涵盖这些产量的国家或地方统计年鉴出台一般会较统计年份晚9至10个月,使得此两种新型计量单位的应用也会晚这么长时间甚至更久。例如,截止到2008年9月底,只能通过2007年及以前年度的《中国统计年鉴》查阅到2006年及以前年度的产量等数据,只能开展这些年度的相关研究,而无法获取2008年的《中国统计年鉴》及相应的2007年度我国相关数据。因此,尽管可以通过南京市房产管理局官方网站等途径获取2007年南京市所有商品房开发项目数据,仍然无法以 nha 为计量单位计算该年度的住宅开发生态足迹及相应的生态赤字等,也无法计算该年度的住宅开发经济价值及相应的生态效率。但是,通过 WWF 提供的"全球公顷"为计量单位的等价因子和产量因子却可以计算2005年—2007年的生态足迹、生态承载力和生态赤字。

因此,考虑到数据的可获取性和全球公顷、nha 对数据的不同要求,本章将采用全球公顷为计量单位计算2005年—2007年的南京市住宅开发生态足迹、生态承载力、生态赤字和2005—2006年的南京市住宅开发生态效率,并采用国家公顷为计量单位计算2005年—2006年的生态足迹、生态承载力、生态赤字和生态效率等,并对此两种计量单位的结果进行适当的对比分析。另外,如前文所述,由于数据获取方面的原因,本章对住宅开发生态效率的所计算将采用综合法而非成分法。

5.3.2.2 住宅开发经济价值所需基础数据

由前文"5.2.2.2 房地产开发经济价值计算步骤"可知,2006年南京市住宅开发经济价值为308.41亿元。通过查阅《中国统计年鉴2006》,可得2005年南京市住宅开发经济价值计算所需数据,其结果经整理如表5-3所示。

表5-3 2005年南京市住宅开发经济价值计算所需数据

江苏省相关数据		南京市相关数据	
REL_{JS}(亿元)	324.21	REA_{NJ}(万平方米)	376.88
REA_{JS}(万平方米)	2 848.80	REI_{NJ}(亿元)	296.14
REP_{JS}(元/平方米)	3 358.76	RI_{NJ}(亿元)	209.02
—	—	RA_{NJ}(万平方米)	578.35

续表 5-3

江苏省相关数据		南京市相关数据	
—	—	RP_{NJ}(元/平方米)	3 849.54
—	—	REP_{NJ}(元/平方米)	4 076.95

数据来源:《中国统计年鉴 2006》,经作者整理。

5.3.2.3 住宅开发生态足迹所需基础数据

由前文"5.2.4.2 房地产开发生态足迹计算步骤"可知,计算 2005 年—2007 年(采用全球公顷)或者 2005 年—2006 年(采用国家公顷)南京市住宅开发生态足迹需要下列基础数据:

(1) 这 3 个年度的住宅开发相关基本数据。经整理,其各类型住宅的建筑面积 S_n 汇总后如表 5-4 所示。需要说明的是,对比发现,这些年度的住宅建筑面积与国家统计局和南京市统计局公布的相关数据有一定的差异,这主要是由南京市房产管理局官方网站上公布的具体住宅开发项目数据不全所致。但由于生态足迹、生态承载力、经济价值等皆以此为基础进行计算,结果仍具有理论意义和分析价值。

表 5-4　2005 年—2007 年南京市住宅建筑面积　　　　　　(万平方米)

年份	多层砖混 S_1	多层框架 S_2	小高层 S_3	高层 S_4	汇总 $\sum S_n$
2005	24.423 4	236.937 4	69.069 9	135.124 1	465.554 8
2006	42.466 6	209.763 8	277.715 3	167.792 8	697.738 5
2007	430.682 5	348.778 7	1951.283 6	574.724 2	3 305.469

数据来源:南京市房产管理局官方网站(www.njhouse.com.cn),经作者整理。

(2) c_{in},即第 n 种住宅开发类型的单位建筑面积中第 i 种资源的消耗量。经整理,其值如表 5-5 所示。

表 5-5　南京市住宅单位面积资源消耗量 c_{in}

项目	钢材(千克)	木材(立方米)	水泥(千克)
多层砖混	$C_{11}=26.38$	$C_{12}=0.011$	$C_{13}=179.49$
多层框架	$C_{21}=43.96$	$C_{22}=0.009$	$C_{23}=200.00$
小高层(14 层以下)	$C_{31}=53.19$	$C_{32}=0.014$	$C_{33}=206.85$
高层	$C_{41}=83.46$	$C_{42}=0.013$	$C_{43}=290.00$

数据来源:参考文献[245],经作者整理。

(3) 等价因子 r_m 和产量因子 y_j。经整理,在采用全球公顷时,其值如表 5-6 所示;在采用国家公顷时,其值如表 5-7 所示。但需要说明的是,按照 Wackernagel 和 WWF 的建议和研究成果[205][215],钢材和水泥对应的生态生产性土地为建成地,而木材对应的是林地。

表 5-6　等价因子和产量因子(采用全球公顷时)

	化石能源地	可耕地	牧草地	林地	建成地	水域
等价因子 $r_{i能}$	1.34	2.21	0.49	1.34	2.21	0.36
产量因子 y_j	0.91	1.66	0.19	0.91	1.66	1.00

数据来源:参考文献[72]

表 5-7　等价因子和产量因子(采用国家公顷时)

	年份	化石能源地	可耕地	牧草地	林地	建成地	水域
等价因子 $r_{i能}$	2005	0.68	4.90	0.26	0.68	4.90	0.17
	2006	0.65	4.96	0.22	0.65	4.96	0.16
产量因子 y_j	2005	1.04	2.68	7.48	1.04	2.68	9.36
	2006	1.03	2.87	8.62	1.03	2.87	9.56

数据来源:中国国土资源部官方网站(www.mlr.gov.cn)、南京市统计局官方网站(www.njtj.gov.cn)和南京市国土资源局官方网站(www.njgt.gov.cn),经作者计算并整理。

(4) p_i,即第 i 种资源的平均生产能力。如前文所述,本章仅考虑钢材、木材和水泥等"三大材"及土地等资源,它们相应的生产面积分别取建成地面积、林地面积、建成地面积及可耕地面积。经计算并整理,它们的全国平均生产能力如表 5-8 所述。

表 5-8　我国钢材、木材和水泥的平均生产能力 p_i

年份	钢材		木材		水泥	
	产量 (10^7 千克)	p_i(千克/ 平方米)	产量 (10^3 立方米)	p_i(立方米/ 平方米)	产量 (10^7 千克)	p_i(千克/ 平方米)
2005	37 771.14	1.183 2	47 460	0.020 1	106 884.79	3.348 3
2006	46 685.43	1.443 9	78 020	0.027 4	123 500.00	3.819 6

数据来源:中国统计局官方网站(http://www.stats.gov.cn)和中国国土资源部官方网站(www.mlr.gov.cn),经作者计算并整理。

(5) A,即区域生态生产性土地的总面积。经计算整理,如表 5-9 所示。

表 5-9　2005 年—2007 年南京市生态生产性土地面积　　　　　(万平方米)

年份	可耕地	林地	牧草地	水域	建成地	化石能源地	汇总
2005	329 050	60 700	1 507	115 100	113 200	0	619 557
2006	243 686	73 953	1 489	113 024	159 890	0	592 042
2007	242 809	73 771	1 471	112 848	162 229	0	593 128

数据来源:南京市国土资源局官方网站(www.njgt.gov.cn),经作者计算并整理。

5.3.3　南京市住宅开发的生态足迹和生态赤字

如前文所述,由于等价因子和产量因子是固定的,只要能够获取年度住宅开发的建筑面积、类型等基础数据,就可以计算该年度的生态足迹和生态赤字,因此本章将尝试计算 2005 年—2007 年度南京市住宅开发的生态足迹和生态承载力,经整理其结果如表 5-10(a) 和表 5-10(b) 所示。但是,以国家公顷为计量单位时,由于统计数据的可获取性,仅能计算 2005 年—2006 年的住宅开发生态足迹和生态承载力,其结果如表 5-11(a) 和表 5-11(b) 所示。

表 5-10(a)　南京市各类型住宅开发的生态足迹　　　　（全球公顷）

住宅类型	多层砖混			多层框架		
年份	2005	2006	2007	2005	2006	2007
土地	83.15	81.57	920.60	382.00	290.20	493.16
钢材	2 053.55	3 337.92	31 482.45	33 198.30	27 475.26	42 485.84
木材	6 226.26	10 826.03	109 793.93	49 420.21	43 752.36	72 747.98
水泥	7 260.51	10 983.18	105 082.75	78 484.56	60 450.57	94 823.06
建筑垃圾	0.22	0.38	3.83	2.10	1.86	3.10
汇总	15 623.69	25 229.07	247 283.57	161 487.18	131 970.24	210 553.14

表 5-10(b)　南京市各类型住宅开发的生态足迹　　　　（全球公顷）

住宅类型	小高层			高层		
年份	2005	2006	2007	2005	2006	2007
土地	86.22	331.36	2 567.19	84.61	114.32	417.73
钢材	11 709.64	44 013.25	287 598.69	35 944.79	41 725.77	132 915.11
木材	22 410.19	90 106.55	633 106.67	40 710.35	50 552.68	173 153.49
水泥	23 662.75	82 774.25	548 668.34	64 901.04	70 114.89	226 564.27
建筑垃圾	0.61	2.47	17.34	1.20	1.49	5.11
汇总	57 869.41	217 227.88	1 471 958.22	141 641.98	162 509.16	533 055.71

表 5-11(a)　南京市各类型住宅开发的生态足迹　　　　（国家公顷）

住宅类型	多层砖混		多层框架	
年份	2005	2006	2005	2006
土地	184.17	186.74	846.14	857.96
钢材	2 665.56	3 834.07	43 092.13	31 559.16
木材	9 068.66	13 125.20	71 981.38	53 044.24
水泥	6 409.11	9 891.22	69 281.05	54 440.49
建筑垃圾	0.48	0.85	4.66	4.19
汇总	18 327.97	27 038.07	185 205.37	139 906.04

表 5-11(b)　南京市各类型住宅开发的生态足迹　　　　　　　　　（国家公顷）

住宅类型	小高层		高层	
年份	2005	2006	2005	2006
土地	190.98	193.65	187.40	190.02
钢材	15 199.37	50 555.35	46 657.14	47 927.95
木材	32 640.83	109 242.88	59 295.32	61 288.89
水泥	20 887.93	74 544.72	57 290.40	63 144.09
建筑垃圾	1.36	5.54	2.66	3.35
汇总	68 920.47	234 542.13	163 432.92	172 554.30

将表 5-10(a) 和表 5-10(b) 中 2005 年多层砖混、多层框架、小高层和高层等四种住宅类型不同资源消耗下的生态足迹全部累加,可得该年度的住宅开发生态足迹为 376 622.26(＝15 623.69＋161 487.18＋57 869.41＋141 641.98)gha；同样的,可得 2006 年和 2007 年南京市住宅开发生态足迹分别为 536 936.35 gha 和 2 462 850.64 gha。类似地,也将表 5-11(a) 和表 5-11(b) 中同一年份不同住宅类型的生态足迹相累加,得到采用国家公顷时 2005 年和 2006 年南京市住宅开发的生态足迹分别为 435 886.74 nha 和 574 040.55 nha。

接下来,将表 5-4、表 5-6 和表 5-7 中相关数据代入式(5-7)和式(5-11),可得近年来南京市生态承载力、实际生态承载力、折算系数及相应的住宅开发生态承载力。将此结果与对应年份的生态足迹进行对比分析,可得这些年份的生态赤字和生态足迹与其承载力之比,如表 5-12 所示。

表 5-12　南京市住宅开发生态承载力、生态足迹和生态赤字

生态生产性土地	采用全球公顷时(gha)			采用国家公顷时(nha)	
	2005 年	2006 年	2007 年	2005 年	2006 年
化石能源地	0	0	0	0	0
可耕地	1 207 152.83	893 986.45	890 769.10	4 315 005.51	3 475 809.512
牧草地	140.31	138.63	136.95	2 919.68	2 849.209 542
林地	74 017.58	90 178.28	89 956.35	42 987.18	49 891.253 05
建成地	422 255.86	586 572.45	595 153.31	1 509 366.76	2 280 587.24
水域	40 752.00	40 688.64	40 625.28	17 5981.14	175 474.05
生态承载力	1 744 318.58	1 611 564.45	1 616 640.99	6 046 260.27	5 984 611.27
实际生态承载力	1 535 000.35	1 418 176.72	1 422 644.07	5 320 709.03	5 266 457.92
折算系数	0.000 8	0.001 2	0.005 6	0.000 8	0.001 2

续表 5-12

生态生产性土地	采用全球公顷时(gha)			采用国家公顷时(nha)	
	2005年	2006年	2007年	2005年	2006年
住宅开发生态承载力	1 153.45	1 671.36	7 928.32	4 256.57	6 319.75
住宅产开发生态足迹	376 622.26	536 936.35	2 462 850.64	435 886.74	574 040.55
住宅开发生态赤字	375 468.81	535 264.99	2 454 922.32	431 630.17	567 720.80
住宅开发生态足迹与其承载力之比	326.52	321.26	310.64	102.40	90.83

注：其中的"实际生态承载力"是指扣除12%生物多样性保护面积后的生态承载力。

由式(5-11)可知：①表 5-12 中 2005 年、2006 年和 2007 年南京市住宅开发生态承载力的折算系数分别为 0.000 8(= 465.554 8/619 557)、0.001 2 和 0.005 6；②这些折算系数与实际承载力的乘积即为该表中的"住宅开发生态承载力"。此外，该表中的"住宅开发生态赤字"为"住宅开发生态足迹"与"住宅开发生态承载力"的差值，而"住宅开发生态足迹与其承载力之比"则为"住宅开发生态足迹"与"住宅开发生态承载力"的比值。

5.3.4 南京市住宅开发的生态效率

将表 5-3 中数据代入式(5-5)可知，2005 年南京市住宅开发经济价值为：

$$\frac{324.21 \times 376.88}{2\ 848.80} \times \frac{4\ 076.95}{3\ 358.76} \times \frac{209.02}{296.14} + 578.35 \times 3\ 849.54 \times 10^{-4}$$
$$= 36.75 + 222.64 = 259.38(亿元)$$

结合表 5-12 中采用全球公顷时该年度的生态足迹为 376 622.26 gha 和采用国家公顷时该年度的生态足迹为 435 886.74 nha，可知：

(1) 采用全球公顷时，2005 年南京市住宅开发的生态效率为：

$$\frac{252.38\ 亿元}{376\ 622.26\ gha} = \frac{252.38 \times 10^8\ 元}{376\ 622.26\ gha} \approx 67\ 011.44\ 元/gha$$

(2) 采用国家公顷时，2005 年南京市住宅开发的生态效率为：

$$\frac{252.38\ 亿元}{435\ 886.74\ nha} = \frac{252.38 \times 10^8\ 元}{435\ 886.74\ nha} \approx 57\ 900.36\ 元/nha$$

类似地，结合"5.2.2.2 房地产开发经济价值"部分求出的 2006 年南京市住宅开发经济价值以及表 5-12，可以得到采用全球公顷和国家公顷时该年度的南京住宅开发生态效率，然后将它们和前文 2005 年的相应数值进行综合整理，可得表 5-13。

表 5-13　2005 年—2006 年南京市住宅开发生态效率

采用全球公顷(元/gha)		采用国家公顷(元/nha)	
2005	2006	2005	2006
67 011.44	57 438.84	57 900.36	53 726.17

5.3.5　结果分析与讨论

对前文南京市住宅开发生态足迹、生态赤字和生态效率等的分析可知：

(1) 采用全球公顷时的南京市住宅开发生态足迹小于采用国家公顷时的值。这是因为：一方面，住宅开发所需"三大材"中的钢材和水泥对应的生态生产性土地皆为建成地，只有木材对应的是林地，而由表 5-5 可知前两者的单位建筑面积需求量又远大于后者；另一方面，由表 5-6 和表 5-7 的对比易知，采用国家公顷时建成地的等价因子远大于采用全球公顷时的等价因子。另外，考虑到表 5-6 和表 5-7 对比时体现的产量因子类似变化，也很容易理解为什么采用全球公顷时的住宅开发生态承载力小于采用国家公顷时的值。

(2) 在两种计量单位(即全球公顷和国家公顷)时，2006 年的住宅开发生态足迹都大于 2005 年的值。这一现象的原因可以从表 5-4 中得到解释，即 2006 年任何一种住宅开发类型建筑面积都大于 2005 年的相应值，而总建筑面积的差值约为 232.2 万平方米。

(3) 区域实际承载力在降低而住宅开发实际承载力在增加。其中，前者的原因主要是可耕地的减少速度太快，而它的等价因子又非常大；后者的原因则主要是折算系数的大幅上升，而它又和 2006 年的建筑面积较 2005 年大幅增加有关。

(4) 生态赤字非常明显，2005 年和 2006 年南京市住宅开发的生态足迹竟然大约是生态承载力的 90～320 倍。虽然生态足迹分析方法的一个基本假设——生态生产性土地在空间上是互斥的——存在缺陷并最终导致生态承载力的偏低估计和生态赤字的偏高估计，但如果将住宅开发时耗用的其他资源和排放的其他废弃物占用的生态足迹全部算出并纳入分析，住宅开发的生态赤字仍将十分惊人！另外，南京市住宅开发的严重生态赤字也与当地经济活跃、人口密度大及其导致的住宅需求量大等原因有关。

(5) 生态效率非常低，需要大幅度提高。虽然 1 gha 和 1 nha 的标准量难以统一[246]，但如果假设它们的面积和 1 公顷现实土地面积大致相当，则 1 万元的住宅开发经济价值需要投入 1 492.28(= 10 000/67 011.44 × 10 000) ～ 1 861.29(= 10 000/ 53 726.17 × 10 000) 平方米的土地。换句话说，1 平方米的生态生产性土地投入住宅开发之中只能带来 6 元左右的产出！虽然这一结果有一定的误差，但对我国将房地产业作为支柱产业的做法有一定的警示作用！

(6) 2006 年的生态赤字远大于 2005 年，而且生态效率也在降低。这说明住宅开发不可持续的程度在增加。虽然 2007 年的住宅开发生态赤字远小于前两年，而且住宅开发生态足迹与其承载力之比下降明显。但是，并不能因此而满足，因为生态赤字的绝对值仍然非常大!

(7) 在各类型住宅的生态足迹中,钢材、木材、水泥导致的比重最大,皆约占 95%以上。这一方面可能是由于本章对住宅开发项目产生废弃物仅考虑建筑垃圾有所保守,但另一方面它也和我国目前粗放型的住宅开发乃至整个房地产开发行业的经济增长方式有关,即主要依靠资源的大量投入来推动经济发展,而且在此期间存在浪费严重、循环利用率低下、可再生建筑材料利用率低下等诸多问题。

(8) 房地产开发生态效率和生态足迹模型及本章对南京住宅开发的实证研究为我国房地产开发行业的健康和可持续发展提供了指导方向,即应该在增加房地产开发经济价值的同时降低或者维持对环境和生态的影响——生态足迹,并切实努力提高生态承载力。这是因为,一方面,绝对不能因噎废食,因为生态赤字的出现而简单地停止住宅开发,否则将无法满足社会和经济发展对增量住宅的需要;另一方面,通过提高住宅开发科技水平、建设生态住宅、提高建筑材料利用效率、加大建筑垃圾的"三化"处理力度(即减量化、资源化、无害化)等措施来减少住宅开发生态足迹;再一方面,通过保护耕地、提高生态生产性土地的产量因子、改变高消费的生产和生活方式、发展循环经济、约束城市建设对生态空间的占用等手段来提高区域和住宅开发的生态承载力。

5.4 本章小结

本章尝试将生态效率引入房地产开发行业,构建房地产开发生态效率模型,其中将房地产开发生态足迹作为房地产开发对周围环境和生态影响的综合表征指标。另外,还构建了房地产开发生态承载力和生态赤字的计算模型,并对 2005 年—2007 年的南京市住宅开发进行了实证分析。分析结果表明,南京市住宅开发赤字非常明显,生态效率也非常低,即房地产业发展的确付出了"房地产开发生态效率低"的自然界代价。

值得一提的是,由于住宅开发部分数据的缺乏和不全面,本书实证分析时对钢材、木材和水泥以外的建筑材料消耗、建筑垃圾以外的废弃物等都没有考虑,因此计算结果精度有所降低。另外,本书的研究属于探索性工作,在某一区域房地产开发生态效率和生态足迹的较长时间序列变化,其与社会经济指标之间关系以及多区域之间横向对比等方面的研究都有待进一步深入和完善。

6 中国房地产业发展代价根源剖析及制度补偿[①]

由前文第 2 章对我国房地产业发展代价的概念及内涵以及第 3 章至第 5 章对部分社会代价和自然界代价的定量评价等内容可以发现,我国房地产业的发展的确付出了广泛、沉重且交互影响的代价。如果保持房地产业的这种发展模式和势头,则发展代价将日积月累,带来社会、经济、环境和生态等方面的诸多隐患,不利于我国房地产业乃至国民经济的健康发展,甚至可能会危及社会稳定。因此,为避免该类问题和现象发生,本章拟在总结社会发展代价产生根源相关理论的基础上,深刻剖析我国房地产业发展代价的产生根源,包括定性的制度根源探究和定量的增长方式评价,并最终提出对我国房地产业发展进行制度补偿的建议。

6.1 发展代价产生根源的相关理论

6.1.1 社会发展代价产生根源的相关理论

关于社会发展代价产生的根源或原因的研究比较多,但学术界主要有以下两大类观点:

1) 代价的产生具有必然性和人为性

有些学者认为,代价有必然性代价和人为性代价之分,二者产生的原因各不相同。必然性代价的内在客观根据是:①发展目标上应然与实然的矛盾,即应然角度上发展目标的全面性与实然角度上发展目标的主导性的矛盾;②发展手段上应然与实然的矛盾,即应然角度上发展手段的理想性和综合性与实然角度上发展手段的受限制性和单一性的矛盾;③发展成本的有限性,即在一定条件下有限的资源只能投入某一发展目标而无力投向其他目标;④发展主体之间存在着矛盾,从而使一部分发展以另一部分的利益受损为前提;⑤发展所引起的新旧社会秩序的冲突使社会出现某种失控和无序状态。就人为性代价而言,其产生的根源包括:①认识主体认识的相对性和局限性;②某些个人的主

[①] 该部分研究成果的核心内容已经发表于《现代城市研究》2007 年第 9 期、"2007 建设管理与房地产发展国际学术研讨会(CRIOCM2007)"和 CSSCI 期刊《东南大学学报(哲学社会科学版)》2011 年第 4 期上。

观失误和不良的思想品德[20][47][247]。

有学者认为,代价既源于社会发展的客观必然性又源于社会主体自身。从社会发展的客观必然性角度看,代价首先源于社会系统间的非耦合性,特别是社会结构的变迁,它会不可避免地加深社会各部分的非耦合性而促使社会付出更大的代价。其次源于社会运行中不断出现的不平衡。从横向看,是社会各领域间存在不平衡;从纵向看,是社会各阶段间的不平衡。在社会变革时期,这种不平衡现象表现得尤为突出,因而也是代价付出最为昂贵的时期。从社会主体自身的角度看,代价产生的根源主要有:①人类未能合理估价自身的主体功能,未能正确处理好自觉能动性与客观规律性之间的关系;②人类未能妥善处理好自身所处的社会关系,未能遵循社会和谐发展的普遍规律;③人类主体认识能力和实践能力的局限性[248]。

有学者认为,代价的出现具有必然性。首先,每一时代作为人类活动基础的生产力都是有限的生产力,它不可能满足整个社会的发展需要,因此一些人的发展必须以另一些人的不发展为代价。其次,在社会发展中,人们往往片面追求某一特定的发展目标,使局部发展同整体发展之间出现断裂和脱节,从而付出代价。最后,发展必然会打破旧的平衡而出现新的不平衡,产生不可避免的内耗和代价,这种情况最多地表现在社会发展中的变革时期[249]。

有学者则认为,代价之所以具有普遍性和必然性,首先是由事物的对立统一规律所决定的,即客观存在于社会系统与自然环境之间和社会系统内部各要素之间的矛盾关系,造成了代价的不可避免性。其次,按照历史唯物主义的观点,人们改造世界的实践活动总是不断地由自发向自觉推移,从而使人们不断地由必然王国向自由王国飞跃,这种过程决定了代价的普遍性与必然性[250]。

2) 代价源于矛盾

有学者认为,从根本上来说,历史进步所要解决的问题不外乎两方面,一是人与自然的矛盾;一是人与社会的矛盾。人类解决其与自然之间矛盾的历史进步过程就是人逐步摆脱自然的强制,而摆脱这种束缚的努力与付出,就是进步的代价,自然条件的束缚与限制就是形成代价的客观原因。在解决自然与人的矛盾过程中主体的失误、认识错误、行为失当、价值选择的片面性等,则是形成价代的主观成因。社会关系对人的束缚与强制,是造成历史进步代价的又一客观根源,主观错误特别是对社会发展过程和规律认识的盲目性则是社会关系进步代价的主观成因。并且,随着社会的进步,由自然、社会关系的束缚与限制造成的代价会越来越小,人的失误所造成的代价却越来越突出[251]。

有学者认为,代价本质上体现的是人类生存方式实现的内在矛盾性。这个矛盾可以通过如下几个方面加以说明:一是社会历史发展的客观性制约性与人的自觉选择性之间的矛盾,这一矛盾决定了代价产生的可能性和必然性。其中,主体选择性的存在是代价问题得以确立的根本前提,客观制约性的存在是代价存在的另一基础。二是人的各种价值需求之间的矛盾。主要是整体利益和局部利益的矛盾、眼前利益和长远利益的矛盾、人的价值和物的价值的矛盾。三是主体认识的局限性同人类活动的现实性之间的矛盾,这一矛盾导致代价由可能性向现实性转化[252]。

有学者认为，主体之间的差异以及由此而形成的价值分歧和冲突，使代价成为可能，价值客体的多元性决定了付出代价的必要，实践的时代局限性使代价成为现实[253]。

有学者认为，代价的根源在于劳动和劳动自身所包含的二重分裂的可能性。劳动作为人的本质力量的确证和展现的方面和劳动作为人类获取物质财富手段的方面在一定历史条件下的矛盾，就是代价发生的根本原因或最终根源。这个基本矛盾又会具体体现为个体与群体、群体与群体之间的矛盾、发展的价值目标之间的矛盾以及主体不同的评价标准之间的矛盾，这些矛盾也是代价产生的重要根源[254]。

有学者认为，代价从本质上讲根源于价值形态的复杂性及其内在的矛盾性，也就是历史进步过程所客观选择的主导价值趋向对其他价值形态的抑制、否定和牺牲。其中的价值形态的复杂性主要体现在：①从价值主体角度可以将价值分为个体价值与群体价值，而群体价值又可以分为家庭、社团、阶级、民族、国家、人类共同体等价值形态；②从价值满足人的需要层次角度可以将价值分为物质价值（自然价值、经济价值）和精神价值（知识价值、道德价值、审美价值、宗教价值等）；③作为价值的核心，人的价值又可分为权利和义务、目的与手段等内容。由于历史条件的限制，历史进步的价值选择通常是"经济的"和主导性的，而往往忽略、否定乃至牺牲了其他的合理的正当的价值要求，因而主导性价值选择往往导致历史进步的片面性，这正是造成历史进步代价的客观原因。除此以外，虽然每个人的活动都是一种自觉的选择活动，但社会作为人类活动的共同结果，其价值选择是各不相同的主体价值选择在相互冲突之后所形成的平均值或"合力"，其后果难以预见和难以控制，因此具有一定的盲目性，这也正是社会发展代价的主观原因[255]。

有学者认为，代价的产生主要有以下三个原因：首先，人类发展的需要与满足之间存在着不一致或矛盾，即在一定历史阶段人类只能满足某些方面的需要，而不得不压制其他方面的需要。其次，发展的全面性的实现是一个过程，在一定历史时期内，人类要通过片面性的发展来为全面性发展创造条件。最后，合理的发展是规律性与目的性的统一，但由于主体认识上的局限性和价值选择上的盲目性，使得主观能动性和客观规律性产生了冲突，而这也会产生代价[46]。

6.1.2 其他发展代价产生根源的相关理论

近年来，随着发展代价相关研究从社会领域向竞技武术、高等教育、成人教育和可持续发展等其他领域延伸，对发展代价产生根源的探究也随之延伸。例如，有学者从不可避免代价与可避免代价的分类方法探究竞技武术发展代价的产生根源，认为不可避免代价是指竞技武术发展过程中必须付出的代价，而可避免代价则是指由于人们认识的局限性，判断、决策的失误所造成的原可避免的付出、牺牲以及消极后果[21]；也有学者指出，在高等教育发展的特定阶段，文化价值目标之间的相互冲突、制度的不合理安排以及物质经济资源的非均衡投入等共同构成了高等教育发展代价产生的外部根源，而高等教育系统内部的时空结构、要素结构以及秩序结构的不断解构与重构则构成了高等教育发展代价产生的内部根源[44];还有学者指出,成人教育学研究和成人教育研究的混杂,以及多学科参与研究及其内在方法的移植,使得成人教育学的发展付出了代价[45];至于可持续发展的代价,有学者指出其来自于可持续发展战略的创新性、可持续发展中价值需求的冲突、人类主体认识能力和实践能力的相对性和局限性、可持续发展各系统间的非耦合性和新旧发展模式的变迁等[19]。

总之,社会发展代价的产生根源一直是发展与代价相关研究的热点问题,但目前尚未也难以达成一致。同时,众多学者对社会以外其他领域发展代价的研究也逐渐增多。不可否认,这些研究都为探究我国房地产业发展代价的产生根源提供了重要的理论基础,具有很好的借鉴意义和参考价值。

6.2 中国房地产业发展代价根源之相关制度

6.2.1 中国房地产业发展代价的根源

为便于理解分析并结合我国房地产业发展特点,本书对我国房地产业发展代价产生根源的剖析主要借鉴社会发展代价产生根源相关理论的第一大类观点的第一种说法,即从目标分析、手段分析、成本分析、主体分析、秩序分析等必然性代价以及认识主体的认知局限性、某些个人的主观失误和不良的思想品德等人为性代价着手。由此,可以发现我国房地产业发展代价主要源自以下方面:

1) 为其发展而投入的成本

首先,在一定历史条件下,人们能用于房地产业投入的资源(包括人员、资金、土地、建筑材料、能源等)总是有限的,当投入不足影响发展速度或者只能投入某一发展目标而不能投入其他发展目标时,代价也必定产生。例如,1998年7月城镇住房制度改革以后,巨额的土地使用权出让收入、大量商品房的建设带来的城市面貌日新月异和其中产生的大量房地产税费收入等,使得各地政府热衷于该地区商品房的施工建设,乐见于该地区房价的高涨和土地出让市场的火爆,并自觉或不自觉地鼓励各种社会资源向商品房领域集中,而对保障性住房的建设却不甚关心,这极大地影响了政府的形象乃至社会的稳定与和谐。其次,虽然这些成本是必需的,但由于认识水平、管理水平等的不同,在不同地区和不同发展阶段为了达到同样发展目标而投入的成本是不同的,这是因为它们的经济增长方式不同。这一部分内容的定量分析,见本章后文的6.3部分。

2) 其发展目标和发展手段的选择

由于历史原因和现实条件的限制,人们不能使房地产业发展所要求的所有目标整齐划一地得到实现,如房地产产品满足消费者需求(有支付能力的需要)、房地产企业运行健康、房地产市场机制完善、房地产业与国民经济和生态环境协调发展等,而只能选择主导目标加以重点关注,并忽视或忽略其他目标。至于房地产业的发展手段,因发展目标和发展阶段的不同而难以选择或采取综合的、理想的手段,只能择其一种或几种作为重点加以实施,如法律手段、经济手段、行政手段等。在当前我国经济不能发展太快也不能发展太慢的大环境下,继续调控经济但需求不出现大的回落的唯一选择就是刺激消费,而对城镇居民来说,消费热点依然还是房地产与汽车,其中后者会因油价高涨和能源紧缺有所放慢,因此房地产业对国民经济的重要性显而易见,这一点也早被"房地产业是我国新的发展阶段的重要支柱产业""国民经济中有一半左右的产业与房地产业关联程度高于平均关联度水平"等论断所证实。在我国长期的"赶超战略""有中国特色的社会主义市场经济"及相应的"增长=发展""发展是硬道理"和以 GDP 总量为核心的政府官员政绩考核体系等形势下,我国政府一直非常重视房地产开发投资总额、商品房销售价格、人均住房面积、房地产业增加值等指标,并为此大量采用了行政手段和法律手段。与此相对应,在一定程度上忽视或忽略了满足中低收入阶层需求的保障性住房建设、完善房地产市场机制、提高房地产开发生态效率(如前文第 5 章所述)等发展目标和开征土地增值税、建立健全行业自律制度等发展手段。

3) 其发展主体间的利益博弈

房地产业的发展主体(即参与者)主要包括政府、房地产开发商、消费者等,它们之间存在着不同的利益和矛盾,也在房地产业发展中不断地进行错综复杂的多重博弈,而博弈的结果将决定它们在房地产业发展中的付出(代价)与所得(利益)。这些发展主体间的博弈包括政府与房地产开发商的博弈、房地产开发商与消费者的博弈、政府与消费者的博弈以及中央政府与地方政府的博弈,这是因为中央政府与地方政府之间利益不完全一致,且两者都有追求自身利益最大化的倾向。对于中央政府来讲,其利益目标函数中更多地考虑了国民的政治支持、在国内国际上的声誉、名望,因而会更多地追求国民财富的增长、社会的和谐与稳定。而地方政府官员的利益目标则多重化,既追求本地区国民财富的增长,也期望获得更快的晋升,同时还会追求自身利益的最大化[256]。因此,当中央和地方政府的目标一致时,地方政府会积极执行中央政府的政策;反之,地方政府将会消极执行,从而产生了中央政府与地方政府的博弈。在这错综复杂的多重博弈中,政府相对于其他发展主体而言具有绝对优势,因为它具有兼"运动员"和"裁判员"于一身的双重身份和不可比拟的政策优势、信息优势等;房地产开发商相对于消费者也具有绝对优势,包括博弈制度优势、信息控制优势、竞争实力优势、垄断供给优势、道德风险优势、协同博弈优势和"消费者蜕变"等[257]。总之,在我国目前房地产业发展主体的利益博弈中,消费者相对处于最弱势地位,他们付出的代价自然最大。

4) 其发展对社会秩序的调整

与前文"发展""代价"等概念相类似,在不同的语境和环境下学者们对秩序也有着不同的理解。在汉语中,"秩序"由"秩"和"序"组合而成,两者皆有次第、次序之意,但是其中的"秩"侧重于有条理、不混乱,而"序"则侧重于有先后、不颠倒。《辞海》对"秩序"的解释有两条:其一,犹言次序;其二,指人和事物所在的位置,会有整齐守规则之意。如遵守秩序,社会秩序良好[258]。在《汉语大词典》中也有类似的解释:有条理,不混乱,符合社会规范化状态[259]。这两条对"秩序"概念的词义解释都强调了协调和规范的特点。在德语地区,往往用经济秩序概念来指称实际存在的制度,而将经济制度概念限于纯粹的制度形式,或者干脆将经济秩序作为经济制度的同义词来使用[260]。至于社会秩序,从社会关系和社会结构的平衡与失衡的关系角度出发,可以将它看作是"表示社会有序状态或动态平衡的社会学范畴",其基本内涵概括为三个方面:①一定社会结构的相对稳定;②各种社会规范的正常实施;③把无序和冲突控制在一定范围。社会秩序具有主体性和客体性的统一、抽象性和具体性的统一、稳定性和变动性的统一等基本属性,其中稳定性是指社会秩序一旦形成就不易发生根本变化的特性,而变动性是指社会秩序在一定条件下变化和变革的属性,它包括量和质两个方面的变化[261]。具体到房地产业,它近年来的发展落实了"让一部分地区、一部分人先富起来"的改革开放政策,重效率而轻公平,并由此改变了我国既定的社会结构,调整了社会各阶层、各成员之间的责权利关系和传统生活方式,如从过去按资排辈等待"福利分房"变成近年来的"住房商品化",只要有足够的资金就可以购买大面积和高标准的商品房;从过去不同收入群体的混居变成现在日益明显的富人区和贫民区(或称贫民窟),如前文第2章中所述;从过去的"大锅饭"和收入差别不大变成近年来的贫富差距日益扩大,如前文第3章中所述。

5) 其发展主体认识的相对性和局限性

人的认识是在实践基础上主体对客体的能动反映,这种反映一方面要受到客体的制约,当客体的本质和内在矛盾尚未充分暴露之时,主体很难获得完全正确的认识;另一方面,人的认识还要受到各种主观条件的制约,因为主体的社会地位、工作经历、生活阅历、科学文化知识水平、思维方式和方法等无不影响着认识的结果。因此,人们只能在一定的历史条件下进行实践和认识,社会历史发展及其社会条件达到什么程度,人的实践和认识也只能达到什么程度[47]。人的认识这种相对性和历史局限性必然带来选择和实践活动的历史局限性,进而必然会造成人们在选择和实践活动中的某种不合理性,从而使人们的选择和实践付出一定的代价[20]。对于房地产业的发展主体而言,它们不完全具备也不可能完全具备足够的信息和知识来完全把握房地产业或者是房地产市场的发展规律,因此它们采取行动的结果往往与其预期有一定差距。例如,我国的住房制度、房地产税收制度、土地制度等房地产业相关制度在出台时对房地产业发展确实起到了积极的作用,但目前已经成为影响我国房地产业健康发展的深层次原因,亟待创新[262]。另外,发展主体认识的相对性和局限性也是近年来我国政府出台众多宏观调控措施而效果未达到预期结果甚至与之背道而驰的原因之一。

6) 某些发展主体的主观失误和不良的思想品德

由于房地产业发展主体的主观失误和不良思想品德造成的代价主要包括:①由某些政策的偏差造成的贫富差距拉大和一些人非法致富,如 1998 年 7 月开始正式实施的城镇住房制度改革,使得一部分个人通过较低的价格购买了价值较高的原属于国家或集体的住房,从而在国家让利的前提下使个人在自己的财产总量上增加了最重要的一部分,并且该部分的分量随着近年来房价的不断上涨而不断增加,也使得这一部分个人所拥有的财富较未能购买原属于国家或集体住房的个人所拥有的财富差距越来越大,正如前文第 3 章所述;②由于缺少有效的及时的监督,少数公职人员以权谋私,假公济私,使国家和人民利益遭受损害,如原上海市委书记陈良宇、原北京市副市长刘志华、原天津市人民检察院检察长李宝金、原郴州市委书记李大伦、原安徽省副省长何闽旭、原福州市国土资源局局长王炳毅等贪官的落马均与房地产有关[263];③由于政治思想理论建设滞后,使得房地产发展主体思想文化素质较低而造成的邪气上升和道德滑坡,如房地产开发商"房子质量不过关、广告欺诈、价格不明、规划乱更改、承诺难兑现"以及"为了追求利润最大化,采取各种不合理的手段促使房价加速上涨,来牟取暴利"等现象[64];等等。值得一提的是,这些主观失误和不良的思想品德所造成的代价往往是巨大的,但却不是必需的,且可以通过强化政治理论教育、抓紧党风建设和完善法制等手段和方法以控制和减少。

6.2.2　中国房地产业发展代价的制度根源

按照中医的基本原理,"症现于四肢五官,病存于五脏六腑"。对上述我国房地产业发展代价的六大根源进行归纳总结,发现它们都与房地产业发展相关制度有关,其中前文房地产业发展代价的根源 1)~4)都是通过相关制度的制定得以落实或实施的,而根源 5)和 6)则决定了所制定制度的优劣及其实施的效果。制度经济学也认为"制度变迁决定了社会演进的方式,因此是理解历史变迁的关键"[264]。前文第 2 章的房地产业发展代价的组成内容的分析也印证了这一观点,如对土地资源的浪费、部分失地农民生活凄惨等都与现行土地征用制度有关。因此,类似于"社会发展代价的客观存在本质上应归咎于制度的变迁"[265]这一判断,可以说我国房地产业发展代价皆与制度有关,即我国房地产业发展代价的根源之一在其相关制度。在对我国房地产业发展代价的制度根源进行剖析并提出相应的对策之前,应首先探究和界定制度的概念及我国的房地产业发展相关制度现状。

1) 制度的概念

新制度经济学认为,制度是一种社会游戏规则,它通过提供一系列规则来界定人们的选择空间,约束人们之间的相互关系,从而减少环境中的不确定性,减少交易费用,保护产权,促进生产性活动,实现资源最优配置[266]。制度又包括正式制度和非正式制度,其中正式制度是指人们有意识地设计并创造出的行为规则,包括法律、规章以及经济主体之间签订的正式契约等,而非正式制度则主要包括意识形态、价值观念、伦理规范、道德观念、风俗习性、文化传统等因素,是人们在长期交往中自发形成并被无意识地接受的行为规范。值得一提的是,意识形态是非正式制度的核心,因为它不仅可以蕴涵价值观念、伦理规范、道德观念和风俗习惯,还可以在形式上构成某种正式制度安排的"先验"模式[267]。

正式制度与非正式制度的区别在于,正式制度的产生是人为设计的,其施行要靠权威机构的强制推进,对违反制度有关规则的惩处也须得有组织的权威机构强制执行,而非正式制度的形成则是自生自发的,对违反非正式制度有关规则的惩处也只能自发执行。因此,非正式制度的施行具有渐进性和诱致性特征,并不受权威机构控制,也不致发生剧烈性波动。从制度变迁过程来看,非正式制度的演化比较缓慢,而正式制度则可以迅即改变。正因为非正式制度变迁所具的渐进性和滞后性,导致制度结构的非均衡性,往往会出现由于非正式制度供给不足,增加社会交易成本[268]。

因此,一个社会的制度是否有效率,首先,要看制度结构中的正式制度安排是否完善;其次,要看两种制度之间是否相容、能否和谐相处,这是因为非正式制度的文化特征会对正式制度产生强大的排斥力[268]。

2) 我国房地产业发展相关正式与非正式制度

参照制度的概念并结合前文 2.2.1 部分对房地产业的概念界定,可以将"房地产业发展相关制度"界定为"在买卖或租赁物业的房地产活动和以收费或合同为基础的房地产活动中,以城市土地和以房屋为主的建筑物或构筑物及其衍生的各种权利为活动对象,界定人们的选择空间并约束人们之间相互关系的一系列规则,其目的在于减少房地产业发展环境中的不确定性,减少房地产交易费用,保护房地产产权,促进房地产业生产性活动,实现房地产相关资源的最优配置"。与制度包括正式制度和非正式制度相同,我国房地产业发展相关制度也包括房地产业发展相关正式制度和非正式制度两类,其中前者主要是我国目前的房地产法律法规体系,它由法律、行政法规、地方性法规、部门规章、地方性政府规章、规范性文件和技术规范等构成。表 6-1 中的法律法规文件是目前我国众多房地产业发展相关正式制度的举例说明。

表 6-1 我国房地产业发展相关正式制度的举例说明

组成	实施或修订日期	名　称	发布或批准机关
法律	2008-01-01	中华人民共和国城乡规划法	全国人民代表大会常务委员会
	2007-10-01	中华人民共和国物权法	全国人民代表大会
	2007-8-30	中华人民共和国城市房地产管理法	全国人民代表大会常务委员会
	2004-8-28	中华人民共和国土地管理法	全国人民代表大会常务委员会
行政法规	2015-03-01	不动产登记暂行条例	国务院
	2007-10-01	物业管理条例	国务院
	2002-03-24	住房公积金管理条例	国务院
	2001-11-01	城市房屋拆迁管理条例	国务院
	1998-07-20	城市房地产开发经营管理条例	国务院
	2014-09-01	节约集约利用土地规定	国土资源部
	2008-01-01	廉租住房保障资金管理办法	财政部

续表 6-1

组成	实施或修订日期	名称	发布或批准机关
部门规章	2007-12-01	廉租住房保障办法	住房和城乡建设部（原建设部）、国家发改委、监察部等九部委
	2007-11-26	物业管理企业资质管理办法	住房和城乡建设部（原建设部）
	2007-11-01	招标拍卖挂牌出让国有建设用地使用权规定	国土资源部
	2005-12-01	房地产估价机构管理办法	住房和城乡建设部（原建设部）
	2000-03-29	房地产开发企业资质管理规定	住房和城乡建设部（原建设部）
地方性法规	2008-01-01	深圳经济特区物业管理条例	深圳市人民代表大会常务委员会
	2007-01-01	南京市住房公积金管理条例	江苏省人民代表大会常务委员会
	2006-01-01	山西省城市房屋权属登记条例	山西省人民代表大会常务委员会
	2004-11-25	山东省城市房地产开发经营管理条例	山东省人民代表大会常务委员会
地方性政府规章	2007-07-01	镇江市市区城镇最低收入家庭廉租住房管理办法	镇江市人民政府
	2007-05-01	天津市城市房屋拆迁管理规定	天津市人民政府
	2007-04-15	哈尔滨市城市房屋拆迁管理暂行办法	哈尔滨市人民政府
	2005-08-01	西宁市住房公积金贷款管理办法	西宁市人民政府
规范性文件	2006-07-11	关于规范房地产市场外资准入和管理的意见	住房和城乡建设部（原建设部）、商务部、国家发改委等六部委
	1995-03-22	房地产估价师执业资格制度暂行规定	住房和城乡建设部（原建设部）、人事部
技术规范	2000-08-01	房产测量规范（GB/T 17986—2000）	国家质量技术监督局
	1999-06-01	房地产估价规范（GB/T 50291—1999）	国家质量技术监督局

值得一提的是，根据我国的《宪法》《立法法》和《法规规章备案条例》等文件的规定，法律是由我国最高权力机关及其常设机关——全国人民代表大会及其常务委员会制定的规范性文件；行政法规特指最高国家行政机关国务院为领导和管理国家各项行政事务，根据宪法和法律，按照法定程序制定和发布的立法性文件；地方性法规是指省、自治区、直辖市的人民代表大会及其常委会，省、自治区人民政府所在地的市和国务院批准的较大的市的人民代表大会及其常委会，在不与宪法、法律、行政法规相抵触的前提下，所

制定的立法性文件;部门规章是指国务院各部、各委员会、中国人民银行、审计署和具有行政管理职能的直属机构根据法律和国务院的行政法规、决定、命令,在本部门的职权范围内依照《规章制定程序条例》(国务院 322 号令,2002 年 1 月 1 日起施行)制定的规章;地方性政府规章是指省、自治区、直辖市和较大的市的人民政府根据法律、行政法规和本省、自治区、直辖市的地方性法规,依照《规章制定程序条例》制定的规章;地方性政府规章是指省、自治区、直辖市和较大的市的人民政府根据法律、行政法规和本省、自治区、直辖市的地方性法规,依照《规章制定程序条例》制定的规章;规范性文件是由国家机关和其他团体、组织制定的具有约束力的非立法性文件;技术规范是有关使用设备工序,执行工艺过程以及产品、劳动、服务质量要求等方面的准则和标准,多以国家标准或行业标准的形式出现。

对于上述房地产业发展相关正式制度,很多学者从不同的角度出发给出了不同的分类标准和相应的分类结果。例如,有的学者认为我国房地产制度体系包括土地制度、房地产交易制度、监管制度、城镇化制度、住房保障制度等[269];有的学者认为我国房地产制度体系已基本确立,它包括"土地以及与房屋占有、处置、抵押、租赁、典当等等相关的产权制度,房地产交易制度,房地产融资制度以及土地制度"[270];也有的学者将我国房地产基本制度与政策归纳为建设用地制度与政策、城市房屋拆迁管理制度与政策、房地产开发经营管理制度与政策、规划设计与工程建设管理制度与政策、房地产交易管理制度与政策、房地产权属登记制度与政策、房地产中介服务管理制度与政策、物业管理制度与政策、房地产税收制度与政策、住房公积金制度与政策等十大类,并在其中提及城镇住房制度、城市土地使用制度、房地产估价师执业资格制度和房地产经纪人执业资格制度等概念[271]。这些制度范畴或大或小,甚至相互包含,如房地产交易制度包含房地产税收制度、产权制度包含土地制度。造成这一现象的原因主要是制度范畴具有广泛性,它甚至可以被放在"社会""经济""政治""法律""科学""家庭""宗教""教育"等词语之后,成为不同学科的研究点[265]。

相对于前文房地产业发展相关正式制度而言,有关我国房地产业发展相关非正式制度的研究比较少,其中有两份代表性的研究成果值得一提。其中一份的作者简要分析了意识形态、文化传统和关系型经济等非正式制度对我国房地产市场信用观念和信用制度的影响[266];另一份的作者则认为传统价值观念中的集权主义、官本位、意识形态、家族主义和关系主义等非正式制度对城镇住房制度变迁的影响最大,并具体分析了它们在城镇住房制度变迁过程中是怎样发挥作用的[270]。对比这两份成果可以发现,它们都非常重视意识形态的作用,这也和前文提及的也是制度经济学认可的"意识形态是非正式制度的核心"相吻合。

3) 对制度乃房地产业发展代价根源的解释

由制度的概念可知,制度是生产关系的具体体现,其中后者在马克思主义政治经济学中是指人们在物质资料生产过程中结成的社会关系,即生产过程中人与人之间的关系。与生产关系相对应的生产力,它是指人类在生产过程中征服和改造自然界,并获得适合自己需要的物质资料的能力,是生产过程中人与自然之间的关系。由此可以判定,房地产业发展是人类社会生产力的组成部分和具体体现。而按照马克思主义政治经济学的观点,在生产方式中,生产力是内容,比较活跃,而生产关系是形式,则相对稳定。按照内容和形式辩证关系的原理,内容要求形式与之相适应,因此生产力和生产关系之间必然发生矛盾;内容决定形式,形式反作用于内容,因此生产力与生产关系就是决定与反作用的关系,这种关系是对立统一关系的进一步展开和具体化。这体现在,一方面,生产力决定生产关系,生产力的状况决定生产关系的状况、性质和形式,生产力发展的要求决定生产关系的变革;另一方面,生产关系对生产力能动地反作用,当生产关系同生产力的发展要求相适合时,它将有力地推动生产力的发展,否则它将严重阻碍生产力的发展。

具体到我国房地产业发展相关制度并以其中的土地制度为例,可以见微知著地发现这些制度对房地产业发展(即生产关系对生产力)的不适应和阻碍。我国房地产市场在最近十年有了天翻地覆的变化,但是,维持土地市场运行的主要制度还是 1986 年颁布的《中华人民共和国土地管理法》(虽然经过 1988 年和 1998 年的两次修改,但是实质性内容几乎没有改变)和 1990 年颁布的《城镇国有土地使用权出让转让暂行条例》。当然还有几乎数不清的朝令夕改的通知、意见和办法等。这些短视的、被动的行政命令带来了极大的执行成本和社会资源浪费,还有低效率甚至无效率的结果[272]。因此,对于制度是房地产业发展代价根源之一的原因,也可以从生产关系与生产力之间的关系出发加以理解。

6.3 中国房地产业发展代价根源之增长方式

6.3.1 房地产开发行业经济增长方式

除相关制度是我国房地产业发展代价的根源外,正如前文 6.2.1 部分我国房地产业发展代价六大来源中"为其发展而投入的成本"所指出的,房地产业经济增长方式也是我国房地产业发展代价的根源之一。但是,也如前文所言,经济增长方式的选择和实施效果很大程度上取决于制度,即制度是我国房地产业发展代价的最终根源,而经济增长方式仅为制度的一种表现形式。不过,对我国房地产业经济增长方式的定量分析,将有助于直观地判断和理解我国房地产业发展代价的产生原因,也有助于发现和提出相应的完善对策。

由前文可知,我国房地产业具有产业链长、发展主体多、活动内容丰富等特点,因此计算整个房地产业的经济增长方式非常困难,更遑论计算其经济发展方式。这一方面是因为很难界定产出的种类和大小,计量经济模型的选择和构建非常困难;另一方面是因为我国房地产业统计制度比较落后,近年来我国及各省市的统计年鉴中有关房地产业的统计数据都作为"固定资产投资"篇章的一个组成部分,故即使能够构建相应的模型也很难获取所需要的大量数据。另外,由于我国的房地产业尚处于大规模的开发建设阶段,对房地产业的运营、管理和服务等环节的重视程度较低,因此在为数不多的房地产业相关统计数据中大部分也都聚焦在表2-1中的"房地产开发经营活动"环节和"房地产开发企业"这一发展主体上,而后者的集合可用"房地产开发行业"表示。所以,考虑到数据的可获取性和研究的代表性,本章仅探讨房地产开发行业的经济增长方式,尽管如前文所述,"经济增长"不等于"经济发展"。

经济增长方式通常指推动经济增长的各种要素的组合方式和各种要素组合起来推动经济增长的方式。不同的经济增长方式会产生截然不同的经济增长质量、速度和效益,也将付出差异甚大的代价。从不同的角度出发,可以将经济增长方式划分成不同的类型,但目前主要有两种。第一种是从马克思在《资本论》中提出的扩大再生产角度出发,将经济增长方式分为内涵扩大再生产和外延扩大再生产,或称内涵型经济增长和外延型经济增长。其中,外延扩大再生产就是主要通过增加生产要素的投入,来实现生产规模的扩大和经济的增长,而内涵扩大再生产则主要通过技术进步和科学管理来提高生产要素的质量和使用效益以实现生产规模的扩大和和经济的增长。第二种是从经济增长的效率角度把经济增长方式划分为粗放型经济增长和集约型经济增长,其中的粗放型经济增长方式主要依靠增加资金、资源的投入来推动经济增长,而集约型经济增长方式则主要依靠科技进步和提高劳动者的素质来推动经济增长。第二种分类方法是目前大多数学者认同的,它也在党的十四届五中全会审议通过的《中共中央关于制定国民经济和社会发展的"九五"计划和2010年远景目标的建议》中得到采纳和应用,也是本书探讨房地产开发行业的经济增长方式中所采用的。

粗放与集约是两个相对的概念,它们最早是由大卫·李嘉图等英国古典经济学家在地租理论中提出来的,目前在理论界仍较多地应用于土地尤其是城镇和开发区用地方面的研究。以中国期刊网的"中国优秀硕士学位论文全文数据库"为例,在其中用"集约"作为关键词进行精确匹配搜索,发现截至2015年4月中旬,在2000—2015学位年度里共有相关学位论文33篇,其中有关城镇和开发区用地的为12篇,约占36.36%。用同样方法在中国期刊网的"中国博士学位论文数据库"中可以搜索到相关学位论文3篇。除土地方面的研究以外,近年来也有部分学者对我国煤炭产业[273]、农业[274]、汽车产业[275]、道路运输业[276]等产业的集约发展问题展开系统性研究。至于房地产业方面的集约发展问题,近年来也有少量的定性研究,指出我国房地产开发行业在为社会经济发展和人民生活水平提高做出了巨大贡献的同时,存在投资增长率高、资源能源消耗高、浪费大、效率低等问题,为了促进其健康和可持续发展,必须将其经济增长方式由粗放型转变为集约型,并从不同角度提出了相应的转变思路和建议[277-278]。但是,我国房地产开发行业集约或粗放的程度究竟如何,且近年来有何变化,这些问题值得探讨却鲜有研究。而本章接下来将在C-D生产函数的基础上,构建房地产开发行业的集约度与粗放度测算模型,并对1997年—2006年我国房地产开发行业进行实证分析[1],求解这些年度我国房地产开

---

[1] 虽然作者在撰写本书稿时,可以获得2007年—2013年我国房地产相关数据,但是考虑到本章核心内容已经在学术期刊发表,而且利用更新后的数据分析出来的结果基本一致,故本书稿并未更新。

发行业的生产函数和集约度与粗放度,以定量地评价近年来我国房地产业发展的集约与粗放程度,来直观地判断和理解我国房地产业发展代价的产生原因。

6.3.2 房地产开发行业集约度与粗放度

6.3.2.1 房地产开发行业的生产函数模型

生产函数是描述生产过程中各种投入的生产要素的某种组合同它可能的最大产出量之间的依存关系的数学表达式[115]。生产函数一般可用式 $Y=F(A,K,L,\cdots)$ 来表示,其中 Y 为产出,A、K、L 分别表示技术水平、资本、劳动等投入要素,这就是所谓的广义的生产函数的定义式。而 C-D 生产函数(Cobb-Douglas 生产函数或柯布-道格拉斯生产函数的缩写)是 1928 年美国经济学家 P. H. Douglas 和数学家 C. W. Cobb 根据历史资料,研究 20 世纪初美国的资金投入和劳动投入对产出的影响时推导出的一种生产函数,其具体表达式为:

$$Y = AK^{\alpha}L^{\beta} \tag{6-1}$$

式中,Y、A、K、L、α 和 β 分别表示产出、常数项(代表某时期的技术水平)、资金投入、劳动投入、资金产出弹性和劳动产出弹性。生产要素的产出弹性表示当其他投入要素不变时,该要素增加 1% 所能引起的产出量的变化。

较之要素不变替代弹性(Constant Elasticity of Substitution,CES)生产函数、变替代性(Variable Elasticity of Substitution,VES)生产函数、超越对数(Translog)生产函数、投入产出生产函数、多要素 CES 生产函数等其他生产函数,C-D 生产函数以其形式简单(指数方程)、计算方便(等式两边同时取对数即可使之线性化)等优点,成为目前国内外使用最广泛的生产函数之一。但是,不可否认,C-D 生产函数仍存在一定的缺陷,如它一般假设规模效益不变(即 $\alpha+\beta=1$)和技术水平不变(即 A 不随时间波动),而这过于简化,与现实情况差异太大。另外,它仅考虑了资金和劳动的投入,而现实的经济系统中投入要素一般都不止这么多。例如,房地产开发行业的投入要素除资金和劳动之外,土地也是非常关键的投入要素,它也应被纳入房地产开发行业的生产函数中。

因此,包含土地因素和考虑规模效益变化及技术水平波动后,房地产开发行业的改进 C-D 生产函数可写为:

$$Y = A_t K^{\alpha} L^{\beta} M^{\gamma} = A_0 e^{rt} K^{\alpha} L^{\beta} M^{\gamma} \tag{6-2}$$

式中,Y、K、L、α 和 β 的含义同(6-1)式,而 A_t、A_0、M、r 和 γ 则分别表示 t 时期的技术水平、基期技术水平、土地投入、技术进步率和土地产出弹性。如果 $\lambda=\alpha+\beta+\gamma>1$,表明我国房地产开发行业规模效益递增,即在现有生产技术水平下,通过扩大生产规模可以增加效益;如果 $\lambda=1$,表明我国房地产开发行业规模效益不变,即在现有生产技术水平下,通过扩大生产规模不会带来效益;如果 $\lambda<1$,表明我国房地产开发行业规模效益递减,即在现有生产技术水平下,通过生产规模扩大来增加效益是得不偿失的。

对于生产函数中的生产要素产出弹性,目前常用的取值方法主要有以下四种:①回归法,即以时间序列回归方程求解,它又包括对数形式的 OLS 估计法和强度形式的估计法等;②份额法,它又称份额估计法、分配法或比例法,是以一定的经济假设为前提,用某个经济量的比例去估算,如按投入要素在产出中的份额作为产出弹性的一个合理近似;③最大利润法,又称方程组估计法,是以生产单位追求利润最大化为前提的一种方法;④经验法,即根据已有研究成果凭检验确定 α、β 之值,如原国家计委和国家统计局在 1992 年发布的《关于开展经济增长中科技进步作用测算工作的通知》(计科技〔1992〕2525 号文)中规定全社会国民生产总值口径的 α 和 β 分别为 0.35 和 0.65,全民独立核算工业企业口径的 α 和 β 分别为 0.30 和 0.7。在这些方法中,虽然回归法也存在函数必须通过检验、样本数量对参数估计影响大、回归系数可能出现负值并导致其经济意义不合理等问题,但它较其他方法相对而言更客观,也能找到各生产要素与产出之间在某种特定生产函数下某个时期内的参数平均值,因此它的使用最为普遍,也被本书采用作为构建集约度与粗放度测算模型的基础。

6.3.2.2 房地产开发行业集约度与粗放度测算模型

集约度与粗放度是反映经济系统运行状态的重要参数,它们直观地反映了经济增长的集约化与粗放化水平(或程度)。所谓集约度(Intensive Degree,ID),是指在经济系统产出量的增长中,在资金(或劳动,或土地)等投入要素的投入量不变条件下由资金(或劳动,或土地)等投入要素的产出率的提高而引起的产出量的增加所占的比重,即其对总产值的贡献率;所谓粗放度(Extensive Degree,ED),是指在经济系统产出量的增长中,在资金(或劳动,或土地)等投入要素的产出率不变条件下由资金(或劳动,或土地)等投入要素的投入量增加引起的产出量的增加所占的比重,即其对总产值的贡献率。

在对上述集约度与粗放度概念界定的基础上,可以从式(6-2)的一般化出发,通过对其效率项细化、微分增量和差分等处理[279],可得到单项投入要素的集约度、粗放度测算公式,如式(6-3)和式(6-4)所示。在此基础进行算术加权平均,可以进一步得到综合集约度、综合粗放度的测算公式,如式(6-5)和式(6-6)所示。它们分别为:

$$ID_i = (x_i + m_i x_i x_i^\Delta)/y \tag{6-3}$$

$$ED_i = (x_i^\Delta + n_i x_i x_i^\Delta)/y \tag{6-4}$$

$$ID = (x_i + \sum b_i \alpha_i x_i x_i^\Delta)/y \tag{6-5}$$

$$ED = (x_i^\Delta + \sum b_i \beta_i x_i x_i^\Delta)/y \tag{6-6}$$

在式(6-3)、(6-4)、(6-5)、(6-6)中,各符号的含义如下:

i——投入要素,通常用"1"代表资金,用"2"代表劳动,用"3"代表土地;

x_i、x_i^Δ——投入要素(资金、劳动或土地)的产出率增长率、投入增长率;

y——产出增长率;

m_i、n_i、α_i、β_i——分别为 x_i、$x_i^\triangle$ 的权数,且 $\alpha_i = \dfrac{x_i}{x_i + x_i^\triangle}$,$\beta_i = \dfrac{x_i^\triangle}{x_i + x_i^\triangle}$;

b_i——投入要素(资金、劳动或土地)的产出弹性,它们的值源于生产函数。

由于 α_i、β_i、x_i、$x_i^\triangle$ 很小,其乘积项更小,可忽略不计,故式(6-5)、式(6-6)可简化为:

$$ID = \sum b_i ID_i = b_1 ID_1 + b_2 ID_2 + b_3 ID_3 \tag{6-7}$$

$$ED = \sum b_i ED_i = b_1 ED_1 + b_2 ED_2 + b_3 ED_3 \tag{6-8}$$

另外,值得一提的是,根据集约度与粗放度的概念及数学推导[279],可知 $ID_i + ED_i = 1$,$ID + ED = 1$。

由此,根据式(6-3)、式(6-4)以及式(6-7)、式(6-8)可以测度投入要素的单项集约度、单项粗放度以及综合集约度、综合粗放度,利用这 4 个指标可对房地产开发行业经济增长方式进行评价。根据集约度和粗放度可能的组合情况,可将房地产开发行业的经济增长方式划分为以下四种类型[279][280]:

① 粗放式:$ID \leqslant 0, ED \geqslant 1$;
② 粗放优势式:$0 < ID < 0.5, 0.5 < ED < 1$;
③ 集约优势式:$0.5 < ID < 1, 0 < ED < 0.5$;
④ 集约式:$ID \geqslant 1, ED \leqslant 0$。

6.3.3　中国房地产开发行业集约度与粗放度

6.3.3.1　基础数据选取

在房地产开发行业生产函数和集约度、粗放度模型一定的情况下,它们的具体结果主要取决于参数的大小和基础数据的多少,而参数也可以通过回归法由基础数据加以确定。因此,基础数据的选取很大程度上决定了我国房地产开发行业生产函数和集约度、粗放度的测算结果。而实际上,虽然如前文所述,长期以来我国的统计年鉴等官方统计资料中房地产业相关数据并不多,但是这些为数不多的数据中大部分聚焦在房地产开发行业,因此能够表征我国近年来房地产开发行业产出和投入(包括土地、资金、劳动等要素)的指标和数据也不少。

目前,可查阅到有关我国房地产开发企业生产函数的研究文章主要有 2 篇。其中第 1 篇直接采用如式(6-1)所示的 C-D 生产函数,并用 1995 年全国 29 个省市的房地产企业经营总收入(包括土地转让收入、商品房屋销售收入、房屋出租收入和其他收入)、房地产企业本年开发建设投资完成额、房地产企业年平均职工人数分别代表产出、资金投入、劳动投入,得到该年度的房地产开发行业生产函数为 $Y = 0.3554 K^{0.9151} L^{0.0733}$[281],而第 2 篇则在前一篇的基础上增加了土地这一投入要素,并采用 2000 年全国房地产企业年经营总收入排在前 15 位省市的年经营总收入、平均从业人数和行业人员平均工资、土地投入面积和竣工房屋造价的 30%、本年开发建设投资完成额分别代表产出、劳动投入、土地投入、资金投入,得到该年度的房地产开发行业生产函数为 $Y = 0.81828 f^{-0.437648} K^{1.2727} L^{0.200736}$[282]。本书赞同第 2 篇文章将土地纳入房地产业生产函数的做法,但出于产出和投入要素的经济意义及生产函数乃至集约度、粗放度计算结果的合理性考虑,本书对产出和投入要素的选取与上述 2 篇文章不完全相同:

(1) 产出 Y。与第 2 篇不同,但类似于前文 5.2.2 部分房地产开发经济价值(需扣除土地购置费用),本书认为每一年度房地产开发企业的产出应主要体现为该年度竣工房屋的市场价值,即竣工房屋面积与房屋市场销售价格之积,其中后者为"房屋销售额"与"房屋销售面积"之比。

(2) 资金投入 K。同第 2 篇文章,即为房地产开发企业"本年完成投资额"。

(3) 劳动投入 L。类似于第 2 篇文章,为房地产开发企业"平均从业人数"与"房地产开发与经营行业职工平均工资"的乘积,并利用国有单位工资指数对该乘积进行了调整,即房地产开发企业职工工资总额。

(4) 土地投入 M。不同于第 2 篇的简化处理,为房地产开发企业"本年完成开发土地面积"与"本年购置土地面积",其中后者是出于机会成本的考虑。本书未将"待开发土地面积"纳入其中,是因为它是时期指标,而非时点指标。

(5) 技术水平。与这 2 篇文章相同,假定不变,即 $r = 0$。这一方面,是由于近年来全国范围内的房地产开发行业本身的技术水平普遍提高程度有限;另一方面,也是主要原因,是由于经反复对比计算发现,不考虑技术水平波动时的估计结果误差不大,而考虑技术水平波动的估计结果无法通过显著性检验,而且结果的经济意义很不合理。

鉴于数据的可获取性,本书仅收集了 1997 年—2006 年我国房地产开发行业的上述相关数据,并加以计算和整理,其结果见表 6-2。

表 6-2 我国房地产开发行业相关基础数据

年份	产出 Y	资金投入 K	劳动投入 L	土地投入 M
1997	3 159.45	3 178.37	63.02	14 013.00
1998	3 623.23	3 614.23	66.62	178 39.40
1999	4 394.79	4 103.20	94.78	21 278.46
2000	5 301.18	4 984.05	113.23	28 571.36
2001	6 480.38	6 344.11	143.46	38 724.84
2002	7 870.17	7 790.92	172.35	50 772.80
2003	9 783.43	10 153.80	199.16	57 862.74
2004	11 524.57	13 158.25	237.76	59 524.90
2005	16 920.69	15 909.25	342.35	60 929.96
2006	18 797.08	19 422.92	357.30	63 702.01

注:①表中数据来源于《中国统计年鉴 2007》,经作者计算和整理;②表中第二、三、四列单位为亿元,第五列单位为万平方米。

在表 6-2 的基础上,可以得到资金、劳动和土地等投入要素的产出率,如表 6-3 所示;也可以得到产出、投入及投入产出率的增长率,如表 6-4 所示。其中,产出率等于产出与每一种投入的比值,而增长率则等于某变量某一年的值和该变量前一年的值之差与前一年的值之比,如 1997 年—1998 年的产出增长率 14.68% = (3 623.23 - 3 159.45)/3 159.45。

表 6-3 我国房地产开发行业的投入产出率

投入产出率	1997	1998	1999	2000	2001	2002	2003	2004	2005	2006
资金产出率	0.99	1.00	1.07	1.06	1.02	1.01	0.96	0.88	1.06	0.97
劳动产出率	50.13	54.39	46.37	46.82	45.17	45.66	49.12	48.47	49.43	52.61
土地产出率	0.23	0.20	0.21	0.19	0.17	0.16	0.17	0.19	0.28	0.30

表 6-4 我国房地产开发行业的相关增长率 (%)

投入增长率	产出	资金投入	劳动投入	土地投入	资金产出率	劳动产出率	土地产出率
1997—1998	14.68	13.71	5.71	27.31	0.85	8.48	-9.92
1998—1999	21.29	13.53	42.27	19.28	6.84	-14.74	1.69
1999—2000	20.62	21.47	19.47	34.27	-0.69	0.97	-10.17
2000—2001	22.24	27.29	26.70	35.54	-3.96	-3.52	-9.81
2001—2002	21.45	22.81	20.14	31.11	-1.11	1.09	-7.37
2002—2003	24.31	30.33	15.56	13.96	-4.62	7.58	9.08
2003—2004	17.80	29.59	19.38	2.87	-9.10	-1.33	14.51
2004—2005	46.82	20.91	43.99	2.36	21.43	1.97	43.44
2005—2006	11.09	22.09	4.37	4.55	-9.01	6.44	6.26

6.3.3.2 中国房地产开发行业生产函数

如前文所述,本书拟采用回归法中的对数形式 OLS 估计法确定我国房地产开发行业生产函数中的参数。因此,首先,对式(6-2)两边同时取对数,并假设 $r = 0$,可得线性方程:

$$LNY = LNA_0 + \alpha LNK + \beta LNL + \gamma LNM \tag{6-9}$$

其次,将表 6-2 中的第 2 列至第 5 列数据取对数,得到 LNY、LNK、LNL 和 LNM 4 个新的变量,利用 EViews5.1 和 OLS 法对它们进行回归,得到如表 6-5 所示的结果。

表 6-5 LNY 对 LNK、LNL 和 LNM 的多元线性回归结果

变量	回归系数	标准误差	t 值	概率
常数项	2.828 117	0.621 111	4.553 316	0.003 9
LNK	0.502 354	0.115 997	4.330 742	0.004 9

续表 6-5

变 量	回归系数	标准误差	t 值	概率
LNL	0.601 260	0.137 103	4.385 460	0.004 6
LNM	−0.134 619	0.066 974	−2.010 010	0.091 2
决定系数 R^2	0.998 089	被解释变量均值		8.908 293
调整后的决定系数 R^2	0.997 134	被解释变量标准差		0.620 549
随机误差项的标准差估计值	0.033 220	AIC 准则值		−3.682 173
残差平方和 RSS	0.006 621	SIC 准则值		−3.561 139
对数似然函数值	22.410 86	F 值		1 044.842
D-W 统计值 d	3.075 824	概率		0.000 000

由表 6-5 可知，该回归方程的决定系数 $R^2 = 0.998\,089$，修正后的决定系数为 $R^2 = 0.997\,134$，都非常接近于 1，说明资金投入、土地投入和劳动投入的变化对产出变化的解释能力很强；F 检验（方程的显著性检验）的统计值为 1 044.842，其对应的概率约等于 0，说明 F 检验通过，且产出与资金投入、土地投入和劳动投入的线性关系非常显著；t 检验（回归系数的显著性检验）的 4 个统计值对应的概率分别为 0.003 9、0.004 9、0.004 6 和 0.091 2，都小于 0.1，即在 10% 的显著性水平下 t 检验通过，资金投入、土地投入和劳动投入等每一个变量对产出的影响都是显著的；式（6-9）的常数项和参数分别为：$LNA_0 = 2.828\,117, \alpha = 0.502\,354, \beta = 0.601\,260, \gamma = -0.134\,619$。

最后，再将式（6-9）的对数形式变成式（6-2）的指数形式，并保留小数点后 3 位，可得 1997 年—2006 年我国房地产开发行业的生产函数为：

$$Y = 16.914 K^{0.502} L^{0.601} M^{-0.135} \tag{6-10}$$

由式（6-10）中各生产要素的产出弹性 α、β 和 γ 的值可知：

① 土地的投入是缺乏弹性的，且其投入与产出变化的方向相反，即土地投入量的增加开始落后于产出量的增加，这一点也大致吻合于表 6-4 中产出与土地投入增长率的变化对比；

② 资金和劳动的投入也缺乏弹性，但它们的变化方向与产出相同，说明我国房地产开发企业的资金和劳动投入量的增加总体上超过产出量的增加，这一点可由表 6-4 中产出与资金和劳动投入增长率的变化对比加以解释；

③ $\alpha + \beta + \gamma = 0.968 < 1$，说明近年来我国房地产开发行业规模效益递减，即产出的增加总体上慢于资金、劳动和土地等生产要素投入的增加，在现有条件下通过扩大规模来增加产出是得不偿失的。因此，我国房地产开发企业不应盲目追求规模的扩大，而应切实提高企业的技术水平和投入要素的产出率，尽管目前我国房地产开发企业的规模仍普遍较小。

6.3.3.3 近年来的中国房地产开发行业集约度与粗放度

利用式（6-3）、式（6-4）、式（6-7）、式（6-8）和式（6-10）对表 6-2、表 6-3 和表 6-4 中

数据进行实证分析,可得 1997 年—2006 年我国房地产开发行业的单项和综合集约度与粗放度,并可据此判断我国房地产开发行业的增长方式,其结果如表 6-6 所示。另外,为方便对比和分析,可将这些年份的单项粗放度绘制在图 6-1 中,并将综合集约度与综合粗放度一起绘制在图 6-2 中。

表 6-6 我国房地产开发行业的集约度与粗放度

年份	单项集约度			单项粗放度			综合集约度	综合粗放度	增长方式
	资金	劳动	土地	资金	劳动	土地			
1997—1998	0.058	0.598	−0.725	0.942	0.402	1.725	0.486	0.514	粗放优势
1998—1999	0.336	−0.768	0.081	0.664	1.768	0.919	−0.304	1.304	粗放式
1999—2000	−0.034	0.047	−0.532	1.034	0.953	1.532	0.083	0.917	粗放优势
2000—2001	−0.184	−0.163	−0.475	1.184	1.163	1.475	−0.127	1.127	粗放式
2001—2002	−0.052	0.051	−0.364	1.052	0.949	1.364	0.054	0.946	粗放优势
2002—2003	−0.198	0.328	0.394	1.198	0.672	0.606	0.045	0.955	粗放优势
2003—2004	−0.547	−0.076	0.835	1.547	1.076	0.165	−0.433	1.433	粗放式
2004—2005	0.506	0.043	0.948	0.494	0.957	0.052	0.152	0.848	粗放优势
2005—2006	−0.864	0.596	0.579	1.864	0.404	0.421	−0.154	1.154	粗放式
1997—2000	0.039	−0.114	−0.378	0.961	1.114	1.378	0.002	0.998	粗放优势
"十五"期间	0.061	0.086	0.577	0.939	0.914	0.423	0.030	0.970	粗放优势

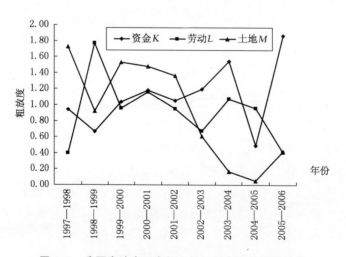

图 6-1 我国房地产开发行业投入要素的单项粗放度

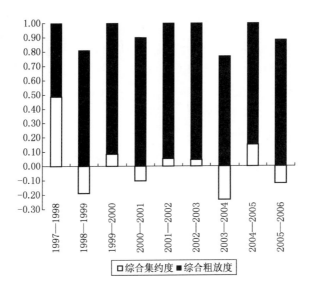

图 6-2　我国房地产开发行业的综合集约度与综合粗放度

由表 6-6 和图 6-1、图 6-2 可知,我国房地产开发行业的经济增长方式呈下列特点:

(1) 单项而言,1998 年—2006 年我国房地产开发行业资金和劳动投入的单项粗放度绝大部分大于 0.5,甚至大于 1,只有少数年份在 0.4~0.5 之间,即总体而言这两种投入要素的投入量增加贡献超过其投入产出率增加的贡献,单项粗放式或粗放优势增长明显。但土地投入的单项粗放度则在 2003 年—2004 年之后全部降至 0.5 以下,呈单项集约优势的增长方式,而这与 2003 年开始实行的土地出让全面招拍挂等宏观调控措施及由其导致的土地投入增速放缓有关。

(2) 综合而言,这些年份我国房地产开发行业的综合集约度均小于 0.5,部分年份甚至小于 0,说明资金、劳动和土地等投入要素的综合投入量增加的贡献超过其投入产出率增加的贡献,房地产开发行业的经济增长方式总体上呈粗放式或粗放优势,亟需往集约优势乃至集约式方向转变。

(3) "十五"期间和以往年份比较而言,资金、劳动、土地的单项集约度都在增加,单项粗放度都在减少,综合集约度和粗放度的变化趋势亦然。但是,"十五"期间的综合集约度仍接近于 0,为 0.03,而综合粗放度仍为 0.97。这一方面,说明我国房地产开发行业经济增长正逐渐从粗放式向集约式转变,但形势不容乐观,必须采取更加有效的措施来加快其转变;另一方面,也有力地揭示和论证了"6.2.1 中国房地产业发展代价的根源"部分"为其发展而投入的成本"这一代价来源。

6.4　中国房地产业发展代价的制度补偿

6.4.1　中国房地产业发展代价制度补偿的内涵

随着近年来我国房地产业发展相关研究的不断深入,越来越多的学者也认识到制度是影响我国房地产业健康发展的深层次原因和关键之所在,并在对我国房地产业发展相关制度的发展历程和存在问题等分析的基础上,提出相应的完善对策。例如,有学者提出我国的住房制度、税收制度和土地制度亟待创新[262];有的学者分析了我国房地产开发中的利益失衡现象,并基于此提出应完善我国现行土地储备制度、商品房预售制度、房地产金融制度、建设工程款优先受偿权制度等法律制度[283];有的学者专门对如何完善我国城市房屋拆迁补偿制度进行研究[284];有的学者专门对如何完善我国房地产税收制度进行研究[285];有的学者对如何完善我国住房保障制度或专门对其中的住房公积金制度、经济适用房制度进行研究[286-287]。虽然这些研究的角度、深度和广度等都不尽相同,提出的完善对策也不完全一样,但它们的共同之处是都指出目前我国的房地产业发展相关制度这一生产关系已经不能与房地产业发展这一生产力相适应,并由此产生了诸多发展代价,因此亟需变革。

而对房地产业发展相关制度的变革,无外乎两种,"一种是从根本上改变,另一种是进行局部的改良与创新"[265],即制度否定或制度补偿。其中,制度否定属于"休克疗法"范畴,是完全打破房地产业发展相关正式制度(如前文所述的法律法规等)和非正式制度(如前文所述的意识形态)的连续性,另起炉灶,彻底地重新构建、制定和颁布这些制度;而制度补偿则属于"渐进式改革"的范畴,它强调在坚持社会主义基本制度和原则的基础上,对当前的房地产业发展相关正式和非正式制度进行完善。虽然如前文所述,由于我国房地产业的发展使得自然界、人类社会、某些社会集体和社会个人都付出了一定代价,但其曾对我国国民经济的积极作用是无法抹杀的,并且与房地产业相关的制度大部分目前仍在起着积极的促进作用,对房地产业发展相关正式和非正式制度的制度补偿也同我国社会和国民经济的整体改革思路及措施相吻合。因此,本书建议采用制度补偿而非制度否定的方式来变革房地产业发展相关制度,即通过建立、健全和完善房地产业相关制度,使得因制度中所有不完善方面所产生的代价得以得到补救或赔偿。

6.4.2 中国房地产业发展代价制度补偿的思路

针对前文分析中各代价的制度根源并结合我国房地产业的发展历程及房地产业发展相关制度现状,本书建议应主要从以下五个方面着手进行制度补偿,并在此期间参照前文其他学者对我国房地产业发展相关制度中各具体制度的完善对策。

1)搭建制度框架

由制度经济学可知,一个成熟完善的制度体系,应首先有一个合理的制度框架,房地产业发展相关正式制度体系当然也不例外。虽然如前文所述,我国目前已经存在大量的房地产业发展相关制度,但是尚缺乏一个合理的房地产业发展相关制度框架体系,这一方面体现在前文不同的学者对房地产业发展制度体系不同的分类标准和相应的不同分类结果上,另一方面也突出地表现在近年来"扑火"式的制度出台上。即某部门或机构一旦发现其管辖领域的房地产业发展脱离其设想的轨道,或者开始不符合该部门或机构的利益,则快速地出台相应的反向制度措施,但往往在此期间缺乏对该制度措施的出台对房地产业乃至国民经济的总体发展影响的考量。因此,应由指定的部门或结构负责搭建一个房地产业发展相关制度框架,通过试验或经济模型模拟度量每一项制度(至少是重大制度)的出台会对房地产业乃至国民经济的总体发展的影响,然后基于度量结果不断调整制度内容和力度,争取将发展主体认识的相对性和局限性造成的代价降至最小。

2)转变制度立场

我国住房制度改革是国有企业改革的一部分,其核心是经济体制改革,因此原有住房商品化主要是站在收入较高人群的立场上,而对于中低收入人群则是照顾性的考虑。这样的制度定位是不恰当的,发展目标的选择是有失偏颇的,因此出现相应的问题并付出相应的代价(如形成新的富人区和贫民区、加剧社会秩序失衡等)也是自然的。因此,后续制度的立场应是如何更好地解决全社会的住房问题,尤其是中低收入的住房问题,如完善土地征用和城市拆迁补偿制度,健全社会保障以及经济适用房、廉租房制度等,以缓解和降低因发展目标的选择和社会秩序的失衡所导致的代价。

3)规范发展主体行为

我国房地产业的发展主体非常多,任何一方行为的不规范都不利于产业的健康发展,尤其是居于房地产业链枢纽位置的房地产开发商。因此,应利用和强化法律手段,查处违法违规开发建设行为,完善商品房预售(销售)制度,建立健全企业信用制度和行业自律制度,完善房地产金融制度,健全中介服务制度,规范物业管理制度,弱化房地产开发商、物业管理公司等发展主体在与消费者博弈时的强势地位,并减少乃至杜绝它们中的个别主体因主观失误和不良的思想品德导致的房地产业发展代价付出,如偷工减料导致的"豆腐渣工程"以及与节能减排背道而驰的"高能耗"工程等,打造一个健康规范的房地产市场。

4)规范地方政府行为

房地产业有很强的地域性,地方政府对当地房地产业的发展起着举足轻重的作用。但如前文所述,地方政府与中央政府之间利益不完全一致,二者之间存在利益博弈,并且它还兼具"运动员"和"裁判员"的双重身份和不可比拟的政策优势、信息优势等。应通过完善土地使用权出让金的收益分配体制及地方政府绩效考核标准等措施,来降低地方政府寻租的冲动和可能性,减少乃至避免采用野蛮拆迁促发展、压低地价招商引资等行政手段,并通过加强信息公开和社会监督等制度的实施,弱化地方政府在与其他房地产业参与者的利益博弈中的强势地位,减少乃至杜绝个别政府官员因主观失误和不良的思想品德导致的房地产业发展代价付出,以促进各地区房地产业的良性和代价最小化发展。但是,在适当弱化其"运动员"身份的同时,应加强地方政府"裁判员"的工作力度,如积极推进节能减排、节能省地、循环经济等政策的落实,努力规范房地产市场发展主体行为等。

5)加强非正式制度建设

如前文所述,正式制度可以迅即改变,但非正式制度的改变具有渐进性和滞后性,并往往会由此导致制度结构的非均衡性和后者对前者的强大排斥力,极大地影响正式制度的实施效果。近年来,我国的非正式制度较正式制度建设大为落后,譬如说,我国传统价值观念中的集权主义(其表现形式为官本位、政府经营城市理念、居民对政府权威的认同感等)的存在使得政府形成了对企业、市场干预的习惯;关系规则(包括开发商与相关政府部门的利益关系、既得利益集团之间的关系等)是造成不良路径依赖的重要原因;重人治、轻法治、等级特权、"红顶商人""刑不上大夫"等意识形态中的不良观念常常导致经济秩序的混乱[270];"买房置地"的传统观念催生购房需求并推高房价;"各人自扫门前雪,不管他人瓦上霜"的古语放纵了房地产产品的生产者和消费者对周围环境的涸泽而渔,这些都造成了房地产业交易成本的增加和大量不必要代价的产生。因此,非正式制度的建设迫在眉睫,其具体措施包括加强市场经济的思想意识教育、加强舆论引导和观念创新、注重诚信(包括政府诚信、企业诚信、个人诚信等)、保护环境和"法治大于人治"等为主的非正式制度建设等。

虽然这五个方面是房地产业发展代价制度补偿的基本思路,但仍适用于前文第3章、第4章的社会代价和第5章的自然界代价。譬如说,第3章、第4章的社会代价付出在很大程度上都是由房价的快速上涨引发的,因此对代价的补偿也应从导致房价上涨的相关制度着手。而作为商品的一种,房地产产品价格的涨跌必然与其供需对比有关。影响房地产产品供应的因素主要包括建筑材料、中介服务、土地、政府管理服务等产品要素的成本(包括会计成本和交易成本)高低,这就要求加强正式制度建设,以"规范发展主体行为"和"规范地方政府行为",尤其是后者,因为它是房地产产品的载体——土地的唯一供应者。而影响房地产产品需求的因素则包括"红顶商人""买房置地"等传统观念的根深蒂固以及拆迁安置、社会保障、住房保障、信息公开等政策的健全程度和落实情况,这就要求"加强非制度建设"以及"转变制度立场""规范地方政府行为"等正式制度建设。至于第5章中的自然界代价,其产生的主要原因是房地产产品的生产方式,而不是其单纯的产量高低,因此应通过"规范发展主体行为"等正式制度和舆论宣传等非正式制度建设,在满足社会和经济发展对增量住宅需要的同时,降低房地产开发生态足迹和生态赤字,提高房地产开发生态承载力和生态效率,降低房地产开发乃至房地产业的自然界代价。

6.5 本章小结

社会发展代价的产生根源一直是发展与代价相关研究的热点问题,虽然目前尚未达成一致,但总结发现这些研究主要持"代价的产生具有必然性和人为性"以及"代价源于矛盾"两大类观点。参照这些理论并结合我国房地产业发展特点,可以发现我国房地产业发展代价主要源自为其发展而投入的成本、其发展目标和发展手段的选择、其发展主体间的利益博弈、其发展对社会秩序的调整、其发展主体认识的相对性和局限性以及某些发展主体的主观失误和不良的思想品德等六个方面。按照中医"症现于四肢五官,病存于五脏六腑"的基本原理,对上述我国房地产业发展代价的六大根源进行归纳总结,发现它们皆与房地产业发展相关制度有关,而且第一个根源也与房地产业的经济增长方式直接相关。接下来,本章将房地产业发展代价相关制度分成正式制度与非正式制度两类,对它们的各自组成内容进行归纳,并从生产力与生产关系之间的矛盾出发对制度乃至房地产业发展代价的根源进行解释。鉴于数据的可获取性和研究的代表性,在 C - D 生产函数的基础上,构建我国房地产开发行业生产函数及集约度与粗放度模型,并对 1997 年—2006 年我国房地产开发行业进行实证分析,发现我国房地产开发行业规模效益递减,粗放式或粗放优势型经济增长明显,由粗放式向集约式的转变形势不容乐观,尽管"十五"期间较以往年份的集约程度有所增加。最后,明确提出应采用制度补偿而非制度否定的方式来变革房地产业发展相关制度,并建议从搭建制度框架、转变制度立场、加强正式制度来规范发展主体行为和地方政府行为以及加强非正式制度建设等方面对我国房地产业发展代价相关制度进行补偿,以促进我国房地产业乃至国民经济的健康和可持续发展。

需要说明的是,本章中的房地产开发行业产出与第 5 章中的房地产开发经济价值不完全相等,其原因在于前者着眼于房地产开发企业,而后者则着眼于房地产产品的开发环节。

7 总结与展望

本书在借鉴社会发展代价及相关理论的基础上,结合我国房地产业发展实际情况,对我国房地产业发展代价问题展开系统研究,得到了一些有意义的结果,具有一定的创新之处,但不可否认仍存在一些不足,有待进一步的深化和完善。

7.1 主要结果

1) 房地产业发展代价的概念及内涵

对于房地产业发展代价的概念,可界定为"在买卖或租赁物业的房地产活动和以收费或合同为基础的房地产活动中,以城市土地和以房屋为主的建筑物或构筑物及其衍生的各种权利为活动对象,在各方面所付出的现象的统称,主要包括成本付出、人为失误的付出和价值创造活动所产生的副作用或者说消极后果"。

对于房地产业发展代价的分类,可按照代价指向主体的存在形态将其划分为"自然界代价""社会代价""集体代价"和"个人代价"等四类;按照代价来源主体的不同将其分为"政府行为代价""开发商行为代价""施工方行为代价""银行等金融机构行为代价"和"其他方行为代价"等五类;按照房地产开发项目全寿命周期将其划分为"投资决策阶段代价""前期工作阶段代价""施工建设阶段代价""销售租赁阶段代价""运营使用阶段代价"和"拆除报废阶段代价"等六类。

对于房地产业发展代价的组成,可认为其个人代价包括影响居民生活质量、产生不良的心理和生理反应等;集体代价包括对政府执政能力和形象的拷量、房地产企业(尤其是开发商)整体而言形象不佳、部分失地农民生活困难、部分被拆迁市民的人身与财产权利受到侵害而生活艰辛等;社会代价包括侵占公共自然空间、产生社会财富的转移效应、房地产金融蕴含的高风险、城市贫富分区与社区阶层化蕴含的社会风险、推动物价上涨、与相关行业的高度关联性对国民经济健康发展的制衡等;自然界代价包括资源能源消耗高、自然景观的破坏等。

2) 房地产业发展付出了"加大城镇居民贫富差距"的社会代价

我国房价和城镇基尼系数高度相关,且房价对城镇基尼系数的影响很显著;房价上涨是城镇居民贫富差距加大的格兰杰原因,但后者的加大却不是房价上涨的格兰杰原因;房价上涨对于城镇居民贫富差距大的影响大于后者对于房价上涨的影响。因此,可以判定城镇居民贫富差距的加大是房地产业发展（尤其是房价上涨）的社会代价之一。

3）房地产业发展付出了"推动物价上涨"的社会代价

我国房价与物价之间线性关系显著，且前者对后者的影响非常显著；物价关于房价的长期弹性为1.7457，短期弹性为0，但后者对前者具有时长6个月的负向滞后效应；房价与物价都是非平稳时间序列，也都属于1阶单整时间序列，且两者是协整的；短期内房价是物价的格兰杰原因，且物价在很大程度上取决于房价和前期物价，而房价的上涨则不能仅仅用物价和前期房价来解释和预测；物价对房价的变化更敏感，房价对物价的影响大于后者对它的影响。总之，房地产业发展（尤其是房价上涨）的确产生了"推动物价上涨，加剧通货膨胀"的社会代价。

4）房地产业发展付出了"房地产开发生态效率低"的自然界代价

房地产开发生态效率可写作区域房地产开发行业的经济价值与该区域房地产开发行业的生态足迹之比，而后者又约为房地产开发消耗资源的生态足迹及其产生建筑垃圾的生态足迹之和。对南京市住宅开发的实证分析结果表明，房地产开发生态效率及相关模型虽然经过了简化，但仍切实可行，意义和内涵明确；南京市住宅开发赤字非常明显，生态效率非常低，即房地产业发展的确付出了"房地产开发生态效率低"的自然界代价。

5）中国房地产业发展代价的根源及制度补偿建议

首先，我国房地产业发展代价主要源自为其发展而投入的成本、其发展目标和发展手段的选择、其发展主体间的利益博弈、其发展对社会秩序的调整、其发展主体认识的相对性和局限性，以及某些发展主体的主观失误和不良的思想品德等六个方面，且它们又皆与房地产业发展相关制度有关，即我国房地产业发展代价的根源在于其相关制度。

其次，分析发现我国房地产业发展代价与其经济增长方式直接相关，而后者可用集约度与粗放度的组合进行定量评价。对1997年—2005年我国房地产开发行业的实证分析发现，近年来我国房地产开发行业规模效益递减，粗放式或粗放优势型经济增长明显，由粗放式向集约式的转变形势不容乐观，尽管"十五"期间较以往年份的集约程度有所增加。

最后，提出应采用制度补偿而非制度否定的方式来变革房地产业发展相关制度，并建议从搭建制度框架、转变制度立场、加强正式制度来规范发展主体行为和地方政府行为，以及加强非正式制度建设等方面对我国房地产业发展代价相关制度进行补偿，以促进我国房地产业乃至国民经济的健康和可持续发展。

7.2 创新之处

综合国内外相关研究现状并对比分析本项目研究主要结果，可以发现本书研究的特色主要是将哲学领域的"代价"思想引入房地产业，并对传统定性分析的我国房地产业发展存在问题、负面影响等从代价角度进行系统的量化研究，其创新之处主要体现为：

1）界定了房地产业发展代价的概念并剖析了其内涵

参照社会发展代价的概念及类似概念，并结合本书对房地产和房地产业的概念界定,界定了房地产业发展代价的概念,并从"房地产开发项目全寿命周期""代价指向主体""代价来源主体"等三个维度对房地产业发展代价进行分类,从自然界代价、社会代价、集体代价和个人代价等四个方面对我国房地产业发展代价的组成进行举例说明。

2) 定量检验房地产业发展是否付出"加大城镇居民贫富差距"的社会代价

选取商品房销售额与房屋销售面积之比和城镇基尼系数分别表征房价和城镇居民贫富差距,然后利用线性相关关系分析、时间序列平稳性检验、格兰杰因果检验和广义脉冲响应函数及预测均方误差分解等计量经济模型,定量分析了1987年—2005年我国房价和城镇基尼系数之间的关系,判定近年来我国房价上涨的确付出了城镇居民贫富差距加大的社会代价。

3) 定量检验房地产业发展是否付出"推动物价上涨"的社会代价

选取CPI和REPI分别代表物价和房价,并以2005年11月—2007年10月间南京市为例,开展了异方差性检验、线性相关关系分析、自相关性分析、时间序列平稳性检验、协整检验、误差修正模型、格兰杰检验、广义脉冲响应函数分析、方差分解分析等计量经济分析,判定近年来我国房价上涨的确付出了"推动物价上涨"的社会代价。

4) 构建了房地产开发生态效率及相关模型,并通过实证分析定量检验房地产业发展是否付出了"房地产开发生态效率低"的自然界代价

将生态效率概念和方法引入房地产开发行业,构建房地产开发生态效率模型,其中将房地产开发生态足迹作为房地产开发对周围环境和生态影响的综合表征指标。另外,还构建了房地产开发生态承载力和生态赤字的计算模型,并对2005年—2007年的南京市住宅开发进行了实证分析,判定近年来我国房地产业发展的确付出了"房地产开发生态效率低"的自然界代价。

5) 剖析我国房地产业发展代价的根源,并提出了相应的制度补偿思路

在总结社会发展代价产生根源相关理论的基础上,剖析我国房地产业发展代价的产生根源,包括定性的制度(包括正式制度和非正式制度)根源探究和定量的增长方式评价(以集约度和粗放度的组合表征),并提出对我国房地产业发展进行制度补偿的思路。在此期间,还构建了我国房地产开发行业生产函数及集约度与粗放度测算模型,并对1997年—2006年我国房地产开发行业进行了实证分析。

7.3 不足与展望

房地产业发展代价涉及面广且影响深远,是一个值得研究的复杂大系统问题,而本书的研究尚处于尝试和探索阶段,存在一定的不足和诸多可进一步深入研究之处,如:

(1) 在本书第5章中,由于数据缺乏,仅计算了2005年和2006年的南京市住宅开发生态效率,且在计算住宅开发的生态足迹时对钢材、木材和水泥以外的建筑材料消耗、建筑垃圾以外的废弃物等都没有考虑,因此计算结果的精度有所降低。注重相关数据的收集,计算更长年份,和更多地区的房地产开发生态效率进行对比分析,是后续研究的

重点。

（2）以本书第 5 章房地产开发生态效率为基础，可进一步开展房地产业生态化和生态创新方面的研究，因为它们可以引导我国房地产业的生态转型并促进该产业及其周围环境的健康和谐发展。

（3）在本书第 6 章中，可借鉴房地产开发生态效率的思想，用生态足迹代替房地产开发行业生产函数计算中的土地，重新求解该生产函数，因为土地仅为房地产开发消耗资源的一种。但是，如同前文所述，目前数据缺乏，难以计算多年的生态足迹。

（4）如 2.3 部分所述，对本书第 3 章、第 4 章和第 5 章以外的房地产业发展代价进行定量分析，将是后续研究的重点。

（5）本书 6.4.2 部分仅提出了对我国房地产业发展代价进行制度补偿的思路，系统而富有操作性的政策建议也将是后续研究的重点。

7.4　本章小结

本章对整本书的主要结果和创新之处进行了总结，说明了本书的不足之处，并对未来的研究重点进行了展望。

参考文献

[1] 刘洪玉,张红.房地产业与社会经济[M].北京:清华大学出版社,2006:13-23,84-88.

[2] 王秀芹.中国房地产业的发展及相关问题研究[D].武汉:武汉大学,2005.

[3] 刘慧.房地产业对江苏省国民经济发展的影响研究[D].镇江:江苏大学,2005.

[4] 张建坤,周虞康.房地产开发经营与管理[M].南京:东南大学出版社,2006.

[5] 王国军,刘水杏.房地产业对相关产业的带动效应研究[J].经济研究,2004(8):38-47.

[6] 郭熙保.论发展观的演变[J].学术月刊,2001(9):47-52,89.

[7] Berrens R P, McKee M. What Price Nondisclosure? The Effects of Nondisclosure of Real Estate Sales Prices [J]. Social Science Quarterly (Blackwell Publishing Limited),2004,85(2):509-520.

[8] Shimizu Chihiro, et al. Search and vacancy costs in the Tokyo housing market: Attempt to measure social costs of imperfect information [J]. Review of Urban & Regional Development Studies, 2004, 16(3): 210-230.

[9] Merchant ZuZar. A Study of Lumber Waste Handling Practices on Residential Construction Sites [J]. Cost Engineering, 2007, 49(1):25-30.

[10] Bertrand Renaud, Kim Kyung-Hwan. The Global Housing Price Boom and its Aftermath [J]. Housing Finance International, 2007, 22(2):3-15.

[11] Toller S, Carlsson A, Wadeskog A, et al. Indicators for environmental monitoring of the Swedish building and real estate management sector[J]. Building Research and Information, 2013, 41(2):146-155.

[12] Zhou X R, Gibler K, Wadeskog A, et al. Asymmetric buyer information influence on price in a homogeneous housing market[J]. Building Reserch and Information, 2013, 41(2):146-155.

[13] Dettling L J, Kearney M S. House prices and birth rates: The impact of the real estate market on the decision to have a baby[J]. Journal of Housing Economics, 2013, 110:82-100.

[14] Ennis G, Tofa M, Finlayson M. Open for Business but at What Cost? Hous-

ing issues in 'boomtown' Darwin[J]. Australian Geographer, 2014, 45(4): 447-464.

[15] Saez P V, Merino M D, Porras-Amores C, et al. Assessing the accumulation of construction waste generation during residential building construction works[J]. Resources Conservation and Recycling, 2014, 93: 67-74.

[16] 袁吉富. 十年来中国学术界代价理论研究概况(上)[J]. 北京行政学院学报, 2001(1):84-89.

[17] 陆叶娉. 社会发展代价及其调控探究[J]. 学理论,2014(19):59-60.

[18] 姜威. 2000-2013年国内社会发展代价理论研究概况[J]. 北京教育学院学报, 2015(01):39-45.

[19] 陈仕平. 论可持续发展的代价的构成及成因[J]. 科学技术与辩证法,2003,20(1):16-19.

[20] 张道全. 当代中国改革的代价研究[D]. 南京:南京师范大学,2005.

[21] 洪浩,郭怀. 竞技武术发展的代价理论[J]. 广州体育学院学报,2006,26(2):109-112.

[22] 李家耀,赵国欣. 低代价发展:科学发展观的内在意蕴[J]. 改革与战略,2006(S1):45-46.

[23] 陈先哲. 高等教育发展代价研究综述[J]. 职业时空,2010(2):147-149.

[24] 孙丹. 技术发展代价研究——风险社会的视角[D]. 武汉:武汉理工大学,2013.

[25] 赵红,伊增宝,赵丽平. 职业教育发展代价哲学释义[J]. 佳木斯教育学院学报, 2014(4):35-37.

[26] 马琼,王雅鹏. 新疆棉花生产的外部环境成本评估[J]. 干旱区资源与环境,2015(6):63-68.

[27] 赵庆国,高雪芹,方艳青. 我国造纸企业环境成本核算[J]. 现代企业,2015(3):14-15.

[28] 宋国君,杜倩倩,马本. 城市生活垃圾填埋处置社会成本核算方法与应用——以北京市为例[J]. 干旱区资源与环境,2015(8):57-63.

[29] 段汝航,方厚然. 基于成本量化分析的高铁最优出行距离研究[J]. 教育教学论坛,2013(46):204-206.

[30] 夏麟. 绿色公共建筑增量成本分析与估算方法研究[J]. 动感(生态城市与绿色建筑),2014(3):35-39.

[31] 刘洁平. 关于减少城市建筑施工对周围环境影响的方法探讨与研究[J]. 民营科技,2014(12):221-222.

[32] 魏永军. 房地产项目环境影响评价研究[J]. 资源节约与环保,2015(1):103-104.

[33] 曹智,闵庆文,刘某承,等. 基于生态系统服务的生态承载力概念、内涵与评估模型[C]//第十六届中国科协年会——分四民族文化保护与生态文明建设学术研讨会论文

集.昆明:中国科学技术协会,云南省人民政府,2014:2-7.

[34] 葛强,雷艳娇.滇中典型流域水资源生态足迹与生态承载力研究[J].亚热带水土保持,2014(4):27-31.

[35] 罗晓梅,黄鲁成.产业生态足迹评价体系构建及核算模型研究[J].科技进步与对策,2015(2):79-85.

[36] 王浩.房地产开发对城市生态环境的影响[J].中华民居(下旬刊),2013(3):167-168.

[37] 刘立民,牛玉凤,王永强.房地产市场非理性繁荣对我国金融安全的影响研究[J].西部金融,2014(4):55-59.

[38] 庞元正.当代中国科学发展观[M].北京:中共中央党校出版社,2004.

[39] 刘凯亚.发展观的逻辑演变——从经济增长发展观到科学发展观[J].信阳师范学院学报(哲学社会科学版),2005,25(2):25-27.

[40] 迈克尔·P.托达罗.经济发展与第三世界[M].北京:中国经济出版社,1992.

[41] Rachel Carson. Silent spring [M]. Boston: Houghton Mifflin, 1962.

[42] Ward B, Dubos R. Only one earth: The care and maintenance of a small planet. [M]. New York: WW Norton & Company, 1972.

[43] Meadows D H, Meadows D L, Randers J, et al. The limits of growth: A report for the club of Rome's project on the predicament of mankind [M]. London: Earth Island Limited, 1972.

[44] 李承先.高等教育发展代价论[J].高等教育研究,2007,28(2):17-23.

[45] 姚远峰.成人教育学发展的代价研究[J].成人教育,2007(2):36-37.

[46] 丰子义.关于社会发展的代价问题[J].哲学研究,1995(7):11-17.

[47] 韩庆祥,张曙光,范燕宁.代价论与当代中国发展[J].中国社会科学,2000(3):72-84.

[48] 包宗华.住宅与房地产[M].北京:中国建筑工业出版社,2002.

[49] 胡乃武,童藩.利用房地产业拉动经济增长必须考虑可持续发展的要求[J].改革,2000(2):85-87.

[50] 谢经荣,吕萍,乔志敏.房地产经济学[M].北京:中国人民大学出版社,2002.

[51] 杨波.房地产业的城市政府管理研究[D].大连:东北财经大学,2006.

[52] 李双久.房地产业与国民经济发展的国际比较研究[D].长春:吉林大学,2007.

[53] 曹振良,等.房地产经济学通论[M].北京:北京大学出版社,2003.

[54] 杨建文,周冯琦,胡晓鹏.产业经济学[M].上海:学林出版社,2004.

[55] 张永岳.新编房地产经济学[M].北京:高等教育出版社,1998.

[56] 国家统计局.三次产业划分规定[EB/OL].[2013-01-14].http://www.stats.gov.cn/tjsj/tjbz/201301/t20130114_8675.htm

[57] 李启明,郑磊,邓小鹏,等.现代房地产项目全寿命周期管理[M].南京:东南大

学出版社,2006.

[58] 张汉,张登国.从社会心理学视角探讨中国城市"房奴"现象[J].河北科技大学学报(社会科学版),2007,7(2):33-37.

[59] 毕然.疯狂的"房奴"[J].江淮法治,2008(10):28-29.

[60] 杨积林.青年恋人成"房奴"为还房贷偷芯片[J].浦东开发,2006(10):60-61.

[61] 李琳.透视高房价背后的腐败成本[J].廉政瞭望,2007(4):44-45.

[62] 姜素芬.腐败是导致房价虚高的"隐性力量"[N/OL].上海证券报,2006-11-7. http://house.sohu.com/newshtml/252828.html.

[63] 戴宏祥.公开房价成本是反腐败[N/OL].天津日报,2005-12-8. http://tj.house.sina.com.cn/x/2005-12-08/145114652.html.

[64] 王珍莲.论房地产企业的社会责任[J].企业活力,2008(2):94-96.

[65] 武玲娟.城市化进程中"政府主导型"的失地农民就业安置模式[EB/OL]. http://www.sociology.cass.cn/shxw/zzysq/ztlw/t20060104_7847.htm.

[66] 沈开举,杨俊峰.审视城市房屋拆迁———一种立宪主义的视角[EB/OL].[2008-3-13]. http://www.civillaw.com.cn/article/default.asp?id=38163.

[67] 李德智,杨昊,陈红霞,等.新就业大学生住房状况调查——以南京市为例[J].城市问题,2013(5):68-71.

[68] 徐晓军,沈新坤.城市贫富分区与社区的阶层化[J].华中师范大学学报(人文社会科学版),2008,47(1):70-75.

[69] 秦红岭.大城市居住空间贫富分异与社会公平[J].现代城市研究,2006(9):81-84.

[70] 彭远春,黄瑞.我国城市社区阶层化趋势探析[J].社会科学论坛(学术研究卷),2005(1):69-70.

[71] 韦黎兵.房价暴涨推高物价[N].南方周末,2008-3-20(C15).

[72] 刘水杏.我国房地产业与国民经济其他产业的关联度分析[J].上海市经济管理干部学院学报,2003,1(4):58-63.

[73] 王一娟,李佳鹏.贠小苏:房地产业开发用地不存在"地荒"[EB/OL].[2006-6-14]. http://www.ce.cn/macro/gnbd/cy/hyfx/200606/14/t20060614_7331428.shtml

[74] 中国信息报.重视资源节约与集约透析房地产土地资源高消耗[EB/OL]. http://www.sxfdc.com.cn/ya/nei/sub_paper.asp?id=3520&type=6.

[75] 牛建宏.中国建筑相关能耗急剧上扬已占到全社会能耗46%[EB/OL]. http://www1.soufun.com/news/2007-10-29/1303349.html.

[76] 徐滇庆.房价与泡沫经济[M].北京:机械工业出版社,2006.

[77] 迟恒智.宏观调控下房价不降反升的原因分析[J].现代商贸工业,2007,19(6):34-35.

[78] 孙寒冰.收入分配不公——房价畸高的症结所在[J].科学决策,2006

(11):38-39.

[79] Muellbauer J. Housing and personal wealth in a global context [EB/OL]. Helsinki: UNU-WIDEDR, 2006 (Accessed May 2007). http://www.wider.unu.edu/publications/working-papers/research-papers/2007/en_GB/rp2007-27.

[80] Case K E, John M Q. How housing booms unwind: Income effects, wealth effects, and feedback through financial markets [R]. U. C. Berkeley, IBER working paper No. W07-001.

[81] Quigley J, Stephen R. Is housing unaffordable? Why isn't it more affordable? [J]. Journal of Economic Perspectives, 2004, 18(1):191-214.

[82] 潘蜀健,陈琳. 房地产市场营销学[M]. 北京:中国建筑工业出版社,2003.

[83] 尹军,尹丽. 房地产市场营销[M]. 北京:化学工业出版社,2005.

[84] 郑思齐,刘洪玉. 如何正确衡量房地产价格走势[J]. 中国房地产,2003(3):27-29.

[85] 马欣. 房价快速上涨时期政府土地规制研究[D]. 南京:东南大学,2007.

[86] 叶晓东. 城市地价与房价关系——2000—2005年中国21个重点城市的实证研究[D]. 杭州:浙江大学,2007.

[87] Anderson G. From 'soak the rich' to 'soak the poor': Recent trends in hospital pricing [J]. Health Affairs, 2007, 26(3):780-789.

[88] Filmer D. Gender and wealth disparities in schooling: Evidence from 44 countries [J]. International Journal of Educational Research, 2005, 43(6):351-369.

[89] Lawson N. Where wealth disparities and violence meet [J]. New Statement, 2006, 135(4804):10.

[90] Weissman R. Grotesque inequality: Corporate globalization and the global gap between rich and poor [J]. Multinational Monitor, 2003, 24(7/8):9-17.

[91] Neufeld V, Macleod S, Tugwell P, et al. The rich-poor gap health research: Challenges for Canada [J]. Canadian Medical Association Journal, 2001, 164(8):1158-1159.

[92] Kendt H. New Zealand embraces a parallel private system — and a growing gap between rich and poor [J]. Canadian Medical Association Journal, 1999, 161(5):569-571.

[93] 丰硕. 论中国政府治理贫富差距的政策选择[D]. 长春:吉林大学,2007.

[94] 朱光磊. 中国的贫富差距与政府控制[M]. 上海:上海三联书店,2002.

[95] 曲卫红. 对当前中国贫富差距问题的理性思考[D]. 重庆:西南大学,2006.

[96] 危丽. 对贫富差距和共同富裕的理性思考[D]. 重庆:西南师范大学,2002.

[97] 王明华. 论贫富差距过大的危害及对策[J]. 西南民族大学学报(人文社科版),2007(11):233-236.

[98] 胡联合,胡鞍钢,许绍刚.贫富差距对违法犯罪活动影响的实证分析[J].管理世界,2005(6):34-44.

[99] 欧阳立华.中国FDI分布对贫富差距的影响[D].北京:对外经济贸易大学,2006.

[100] 陈睿.当前贫富差距及其矛盾问题探析[D].郑州:郑州大学,2003.

[101] 郭彦森.当前我国的贫富差距是否超出合理范围[J].郑州大学学报(哲学社会科学版),2005,38(6):85-88.

[102] 林宏,陈广汉.居民收入差距测量的方法和指标[J].统计与预测,2003(6):30-34.

[103] 保罗·萨缪尔森,威廉·诺德豪斯.经济学[M].17版.北京:人民邮电出版社,2004.

[104] 徐宽.基尼系数的研究文献在过去八十年是如何拓展的[J].经济学(季刊),2003,2(4):575-778.

[105] 董静,李子奈.修正城乡加权法及其应用[J].数量经济与技术经济,2004(5):120-123.

[106] 向书坚.全国居民收入分配基尼系数的测算与回归分析[J].财政理论与实践,1998(1):75-80.

[107] Gini C W. Variability and Mutability, contribution to the study of statistical distributions and relations [M]. Studi Economico-Giuridici della R. Universita de Cagliari, 1912.

[108] 张赤东,郑垂勇.区位基尼系数与中国工业企业R&D资源地区差异研究[J].科技管理研究,2007(4):65-67.

[109] 梁琦.中国工业的区位基尼系数——兼论外商直接投资对制造业集聚的影响[J].统计研究,2003(9):21-25.

[110] 雍红月,李松林.基尼系数的计算方法与实证分析——以内蒙古自治区为例[J].内蒙古大学学报(人文社会科学版),2007,39(2):89-93.

[111] 程永宏.二元经济中城乡混合基尼系数的计算与分解[J].经济研究,2006(1):109-120.

[112] 何娅.基尼系数:城乡历史政策的解构[J].中国国情国力,2007(4):25-29.

[113] 贾俊平.统计学[M].北京:中国人民大学出版社,2003.

[114] Druckman A, Jackson T. Measuring resource inequalities: The concepts and methodology for an area-based Gini coefficient [J]. Ecological Economics, 2008, 65(2):242-252.

[115] 王文博.计量经济学[M].西安:西安交通大学出版社,2004.

[116] Granger C W J. Investigating casual relations by econometric models and cross-spectral methods [J]. Econometrica, 1969, 37(3):424-438.

[117] 向为民,李娇. 城市化水平与房地产投资增长率的关系研究[J]. 重庆建筑大学学报,2007,29(1):106-109.

[118] Feige E L, Pearce D K. The causal relationship between money and income: Some caveats for time series analysis [J]. The Review of Economics & Statistics, 1979, 61(4):521-533.

[119] 严忠,岳朝龙,刘竹林. 计量经济学[M]. 合肥:中国科学技术大学出版社,2005.

[120] 易丹辉. 数据分析与 Eviews 应用[M]. 北京:中国统计出版社,2002.

[121] 冉茂盛,莫高琪,廖应高. 中国银行信贷对货币政策的脉冲响应函数[J]. 重庆大学学报,2004,27(2):150-153.

[122] Pesaran H H, Shin Y. Generalized impulse response analysis in linear multivariate models [J]. Economicss Letters, 1998, 58(1):17-29.

[123] 沈悦,刘洪玉. 中国房地产开发投资与 GDP 的互动关系[J]. 清华大学学报(自然科学版),2004,44(9):1205-1208.

[124] 国家统计局. 城市家庭财产调查[EB/OL]. [2002-3-31]. http://www.stats.gov.cn/tjfx/ztfx/csjtccdc/index.htm.

[125] 李伟. 财富积累可能继续推动房价[EB/OL]. [2007-11-5]. http://house.focus.cn/news/2007-11-05/389514.html.

[126] 国家统计局城市司. 为什么商品房没有纳入 CPI 统计?[EB/OL]. [2005-8-18]. http://www.stats.gov.cn/tjzs/t20070924_402434340.htm.

[127] 汪小亚,代鹏. 房地产价格与 CPI 相关性:实证分析[J]. 中国金融,2005(2):17-18.

[128] 莫万贵. 在 CPI 中体现住房消费成本变动的基本方法及国际比较[J]. 中国金融,2007(12):56-58.

[129] 陈宝泉,李春玉,陈新钱. CPI 涨幅与居民实际感受偏差问题研究[J]. 福建金融,2007(4):4-7.

[130] 程红莉. 关于住房问题是否应纳入 CPI 核算的分析[J]. 统计与咨询,2006(1):28-29.

[131] 王军平. 住房价格上涨对 CPI 的传导效应——兼论我国 CPI 编制体系的缺陷[J]. 经济学家,2006(6):78-82.

[132] 周丽晖. 中国居民消费价格指数的有关问题研究[D]. 成都:西南财经大学,2006.

[133] 中华人民共和国国家统计局. 中国统计年鉴 2007[EB/OL]. http://www.stats.gov.cn/tjsj/ndsj/2007/indexch.htm.

[134] 北京商报. 居住消费占 CPI 权重升至 13.2%[EB/OL]. http://business.sohu.com/20060828/n245022168.shtml.

[135] 周利芳. 对物价指数中居住类指数编制的几点思考[J]. 北京统计, 1999(8): 15-16.

[136] 崔志鸿. 哈尔滨房地产价格指数研究[D]. 哈尔滨: 哈尔滨工业大学, 2006.

[137] 解本政, 刘德红. 房地产估价的收益还原法计算公式修正研究[J]. 青岛大学学报, 2005(6): 90-93.

[138] Fu Y. Estimating the lagging error in real estate price indices [J]. Real Estate Economics, 2003, 31(1): 75-98.

[139] Richard J B. A model for pricing securities dependent upon a real estate index [J]. Journal of Housing Economics, 1997, 6(1): 16-30.

[140] Holly S, Jones N. House prices since the 1940s: cointegration, demography and asymmetries [J]. Economic Modelling, 1997, 14(4): 549-566.

[141] Meen G P. Modelling spatial housing markets: theory, analysis and policy [M]. Boston: Kluwer Academic Publishers, 2001.

[142] 丰雷, 公衍奎. 中国当前几种主要的房地产指数[J]. 中国房地产, 2002(4): 25-27.

[143] 杨鸿. 房价的迷思: 涨了? 跌了? [J/OL]. 楼市, 2007(13). http://cres.zju.edu.cn/detail.asp?id=765.

[144] 叶剑平, 丰雷. 中国房地产指数的现状及趋势[J]. 中国房地产, 2002(4): 21-24.

[145] 李子奈, 潘文卿. 计量经济学[M]. 2版. 北京: 高等教育出版社, 2005.

[146] Engle R F, Granger C W J. Co-integration and error correction: Representation, estimation, and testing [J]. Econometrica, 1987, 55(2): 251-276.

[147] 熊伟. 我国货币发行量与CPI和GDP之间关系实证分析[J]. 新西部(下半月), 2007(9): 25-26.

[148] 王远鸿. 如何看待GDP与CPI之间关系的变化[J]. 价格理论与实践, 2007(2): 28-29.

[149] World Business Council for Sustainable Development. Changing course: A global business perspective on development and the environment [M]. Cambridge: MIT Press, 1992.

[150] 吕彬, 杨建新. 生态效率方法研究进展与应用[J]. 生态学报, 2006, 26(11): 3898-3906.

[151] Stigson B. Eco-efficiency: Creating more value with less impact [M]. WBCSD, 2000.

[152] Organization for Economic Co-operation and Development. Eco-efficiency [M]. OECD, 1998.

[153] European Environmental Agency. Making sustainability accountable: Eco-

efficiency, resource productivity and innovation [EB/OL]. http://glossary.eea. eu. int/.

[154] Peter S, Andreas K, Brigitte D K, et al. Eco-efficiency analysis by BASF: The method [J]. The International Journal of Life Cycle Assessment, 2002,7(4): 1-15.

[155] International Finance Corporation. http://www. ifc. org/ifcext/enviro. nsf/ Content/ CleanerProduction.

[156] United Nations Conference on Trade and Development. Integrating Environmental and Financial Performance at the Enterprise level: A methodology for standardizing Eco-efficiency Indicators [M]. United Nations Publication, 2003.

[157] Australian Government: Department of the Environment and Heritage[EB/ OL]. http://www. deh. gov. au/

[158] Industry Canada. Eco-efficiency: Good business sense [EB/OL]. http:// strategis. ic. gc. ca/epic/internet/ inee-ee. nsf/.

[159] Reijnders L. The Factor X debate: Setting targets for eco-efficiency [J]. Journal of Industrial Ecology, 1998,2(1):13-22.

[160] Haberl H, Krausmann F, Erb K H. How to calculate and interpret ecological footprints for long periods of time: the case of Austria 1926-1995[J]. Ecological Economics, 2001,38(1):25-45.

[161] World Business Council for Sustainable Development, United Nations Environment Programme. Eco-Efficiency and Cleaner Production: Charting the course to Sustainability [M]. Düsseldorf: WBCSD, 1998.

[162] 诸大建,朱远. 生态效率与循环经济[J]. 复旦学报(社会科学版),2005(2): 60-66.

[163] Helge B. Toward a methods-framework for eco-efficiency analysis? [J]. Journal of Industrial Ecology, 2005,9(4):9-11.

[164] Matti M, Tuuli S J M, et al. Measuring regional eco-efficiency: case Kymenlaakso [M]. Helsinki: Edita Publishing Ltd. , 2004.

[165] World Business Council for Sustainable Development. Measuring Eco-Efficiency: A Guide to Reporting Company Performance [M]. Düsseldorf: WBCSD, 2000.

[166] Huppes G, Ishikawa M. A framework for quantified eco-efficiency analysis [J]. Journal of Industrial Ecology, 2005,9(4):25-41.

[167] Eik A, Steinmo S, Solem H, et al. Eco-efficiency in recycling systems-evaluation methods & case studies for plastic packing [R]. NTNU: Industrial Ecology Program, 2002.

[168] Kuosmanen T. Measurement and analysis of eco-efficiency: An economist's

perspective [J]. Journal of Industrial Ecology, 2005,9(4):15-18.

[169] Nieuwlaar E, Warringa G, Brink C, et al. Supply curves for eco-efficient environmental improvements using different weighting methods [J]. Journal of Industrial Ecology, 2005,9(4):85-96.

[170] 顾晓薇,王青,刘建兴,等.辽宁省自然资源可持续利用的生态足迹分析[J].资源科学,2005,27(4):118-124.

[171] 顾晓薇,李广军,王青,等.高等教育的生态效率——大学校园生态足迹[J].冰川冻土,2005,27(3):418-424.

[172] 魏庆龄.数据包络分析[M].北京:科学出版社,2004.

[173] Joost G V, Arianne B, Han C B. Communicating the eco-efficiency of products and services by means of the eco-costs/ value model [J]. Journal of Cleaner Production, 2002, 10(1):57-67.

[174] 岳媛媛,苏敬勤.生态效率:国外的实践与我国的对策[J].科学学研究,2004,22(2):170-173.

[175] Stigson B. A road to sustainable industry: How to promote resource efficiency in companies [M]. Düsseldorf: WBCSD, 2001.

[176] Stigson B. Eco-efficiency: Creating more value with less impact [M]. Düsseldorf: WBCSD, 2000.

[177] Putnam D. ISO 14031: Environmental Performance Evaluation[J]. Confederation of Indian Industry Journal, 2002.

[178] Five Winds International. The role of eco-efficiency: Global challenges and opportunities in the 21st century[EB/OL]. http://www.fivewinds.com.

[179] Madden K, Young R, Brady K, et al. Developing the eco-efficiency: learning module[R]. Düsseldorf: WBCSD, 2005.

[180] Suh S, Lee K M, Ha S. Eco-efficiency for pollution prevention in small to medium-sized enterprises: a case from South Korea [J]. Journal of Industrial Ecology, 2005(9): 223-240.

[181] Raymond C, Aaron B, Bertha L. Eco-efficiency and SMEs in Nova Scotia, Canada [J]. Journal of Cleaner Production, 2006, 14(2-7): 542-550.

[182] Marcio D A, Suzana K R. Eco-efficiency management program (EEMP) — a model for road fleet operation [J]. Transportation Research Part D: Transport and Environment, 2004, 9(6): 497-511.

[183] Dominique M, Michele M, Yves A. Development of eco-efficiency indicators for the Canadian food and beverage industry [J]. Journal of Cleaner Production, 2006, 14(6-7): 636-648.

[184] Ina R, Carl-Otto G, Dietlinde Q. Eco-efficiency analysis of washing ma-

chines [R]. Freiburg, 2004.

[185] Allen K. DEA in the ecological context — An overview[C]//Westermann G. Data Envelopment Analysis in the Service Sector. Wiesbaden: Deutscher Universitätsverlag, 1999: 203-235.

[186] Grant J. Planning and designing industrial landscapes for eco-efficiency [J]. Journal of Cleaner Production, 1997, 5(1-2): 75-78.

[187] Mickwitz P, Melanen M, Rosenstrom U, et al. Regional eco-efficiency indicators — a participatory approach [J]. Journal of Cleaner Production, 2006, 14(18): 1603-1611.

[188] Huisman J, Stevels A N, Stobbe I. Eco-efficiency considerations on the end-of-life of consumer electronic products [J]. IEEE Transactions on Electronics Packaging Manufacturing, 2004, 27(1): 9-25.

[189] Hellweg S, Doka G, Finnveden G, et al. Assessing the eco-efficiency of end-of-pipe technologies with the environmental cost efficiency indicator [J]. Journal of Industrial Ecology, 2005, 9(4): 189-203.

[190] 李丽平,田春秀,国冬梅. 生态效率——OECD 全新环境管理经验[J]. 环境科学动态,2000(1):33-36.

[191] 廖红,朱坦. 生态经济效率环境管理发展的关系探讨[J]. 上海环境科学,2002,21(7):448-451.

[192] 戴玉才. 环境效率—发展循环经济路径之一[J]. 环境科学动态,2005(1):20-22.

[193] 周国梅,彭昊,曹凤中. 循环经济和工业生态效率指标体系[J]. 城市环境与城市生态,2003,16(6):201-203.

[194] 刘华波,杨海真,顾国维. 基于生态效率建立我国循环经济评价指标体系的思考[J]. 四川环境,2006,25(2):78-82.

[195] 谭飞燕,常立农. 企业技术创新的生态效益评价[J]. 科技与管理,2003(6):116-121.

[196] 何伯述,郑显玉,侯清濯,等. 我国燃煤电站的生态效率[J]. 环境科学学报,2001,21(4):435-438.

[197] 戴铁军,陆钟武. 钢铁企业生态效率分析[J]. 东北大学学报(自然科学版),2005,26(12):1168-1173.

[198] 孙鹏,王青,刘建兴,等. 沈阳市交通生态效率与环境压力[J]. 生态学杂志,2007,26(12):2107-2110.

[199] Rees W E. Ecological footprint and appropriated carrying capacity: what urban economics leaves out [J]. Environment and Urbanization, 1992,4(2):121-130.

[200] Rees W E, Wackernagel M. Urban ecological footprints: why cities cannot

be sustainable and why they are a key to sustainability[J]. Environmental Impact Assess Review,1996,16(4-6):223-248.

[201] Wackernagel M, Schulz N B, Deumling D, et al. Tracking the ecological overshoot of the human economy[J]. PNAS (Proceedings of the National Academy of Sciences of the United States of America),2002,99(14):9266-9267.

[202] 吴隆杰,杨林,苏昕,等.近年来生态足迹研究进展[J].中国农业大学学报,2006,11(3):1-8.

[203] Wackernagel M, Monfreda C, Moran D, et al. National footprint and biocapacity accounts 2004: The underlying calculation method[R]. Oakland: Global Footprint Network,2004.

[204] Wackernagel M, Monfreda C, Moran D, et al. National footprint and biocapacity accounts 2005: The underlying calculation method[R]. Oakland: Global Footprint Network,2005.

[205] Wackernagel M, Onisto L, Callejas L, et al. Ecological footprints of nations: How much nature do they use? How much nature do they have?[R/OL] 1997. http://www.ecou-ncil.ac.cr/rio/focus/report/english/footprint/.

[206] Simmons C, Lewis K, Barrett J. Two feet — two approaches: a component-based model of ecological footprint[J]. Ecological Economics,2000,32(3):375-380.

[207] Bicknell K B, Ball R J, Cullen R, et al. New methodology for the ecological footprint with an application to New Zealand economy[J]. Ecological Economics,1998,27(2):149-160.

[208] 冯君君.从生态足迹观点探讨台湾地区环境资源负荷——应用投入产出分析方法[J/OL].(台湾)公共事务评论,2001,2(2):123-158. http://www.pam.org.tw/pam-org/journal/review-3rd/3-6.doc.

[209] 高吉喜.可持续发展理论探索——生态承载力理论、方法与应用[M].北京:中国环境科学出版社,2001.12-17.

[210] 蒋玲燕,闻岳,周琪.生态足迹分析方法及其在国内的应用[J].四川环境,2006,25(4):43-47.

[211] 张志强,徐中民,程国栋.生态足迹的概念及计算模型[J].生态经济,2000(10):8-10.

[212] 白钰,曾辉,魏建兵.关于生态足迹分析若干理论与方法论问题的思考[J].北京大学学报(自然科学版),44(3):493-500.

[213] 顾晓薇.基于"国家公顷"计算城市生态足迹的新方法[J].东北大学学报(自然科学版),2005,26(04):295-298.

[214] 冯娟,赵全升,谢文霞,等."省公顷"在小城镇生态足迹分析中的应用研究——以山东省晏城镇生态建设为例[J].地理科学,2008,28(2):209-213.

[215] World Wide Fund for Nature, Zoological Society of London, Global Footprint Network. The Living Planet Report 2006 [R/OL]. Switzerland: WWF-World Wide Fund for Nature, 2006. http://assets.panda.org/downloads/living_planet_report.pdf.

[216] Global Footprint Network. National Footprint and Biocapacity Accounts [EB/OL]. http://www.footprintnetwork.org.

[217] Wackernagel M, Moran D, Goldfinger S, et al. EUROPE 2005 — The Ecological Footprint[R]. Switzerland: WWF, 2005.

[218] Wackernagel M, Kitzes J, Cheng D, et al. ASIA-PACIFIC 2005 — The Ecological Footprint and Natural Wealth[R]. Switzerland: WWF, 2005.

[219] 徐中民,张志强,程国栋,等.中国1999年生态足迹计算与发展能力分析[J].应用生态学报,2003,14(2):280-285.

[220] 刘宇辉.中国1961—2001年人地协调度演变分析——基于生态足迹模型的研究[J].经济地理,2005,25(2):219-222,235.

[221] 高长波,张世喜,莫创荣,等.广东省生态可持续发展定量研究:生态足迹时间维动态分析[J].生态环境,2005,14(1):57-62.

[222] 闵庆文,余卫东,成升魁.商丘市居民生活消费生态足迹的时间序列分析[J].资源科学,2004,26(5):125-131.

[223] 紫檀,潘志华.内蒙古武川县生态足迹分析[J].中国农业大学学报,2005,10(1):64-68.

[224] 杨海林,宁丰收,游霞.小城镇发展可持续性定量测度的生态足迹方法[J].重庆工商大学学报(自然科学版),2006,22(6):253-256.

[225] Stoglehner G. Ecological footprint — a tool for assessing sustainable energy supplies [J]. Journal of Cleaner Production, 2003,11(3):267-277.

[226] Holden E, Georg H K. The ecological footprints of fuels [J]. Transportation Research Part D: Transport and Environment, 2005,10(5):395-403.

[227] 章锦河,张捷,梁琳,等.九寨沟旅游生态足迹与生态补偿分析[J].自然资源学报,2005,20(5):735-743.

[228] 席建超,葛全胜,成升魁,等.旅游消费生态占用初探——以北京市海外入境旅游者为例[J].自然资源学报,2004,19(2):224-229.

[229] Gyllenhammar A, Hakanson L. Environmental consequence analyses of fish farm emissions related to different scales and exemplified by data from the Baltic — a review [J]. Marine Environmental Research, 2005,60(2):211-243.

[230] 孙兆敏,贾志宽,尚爱军,等.西部地区生态足迹与苜蓿草产业发展战略研究[J].中国生态农业学报,2005,13(1):160-163.

[231] 梁勇,成升魁,闵庆文.生态足迹方法及其在城市交通环境影响评价中的应用

[J].武汉理工大学学报(交通科学与工程版),2004,28(6):821-824.

[232] Olgyay V, Herdt J. The application of ecosystems services criteria for green building assessment [J]. Solar Energy, 2004,77(4):389-398.

[233] 谢鸿宇.基于空间综合生态足迹分析的项目环境影响评价方法研究[D].武汉:武汉大学,2004.

[234] 宋巍巍,刘年丰,谢鸿宇.基于综合生态足迹的项目生态环境影响分析研究[J].华中科技大学学报(城市科学版),2005,22(1):85-89.

[235] 王军,刘建兴,张素珞,等.沈阳市皇姑区中小学生家庭生态足迹[J].生态学杂志,2008,27(4):657-660.

[236] Long A H, Zhang Z Q, Su Z Y. Review of progress in research on ecological footprint [J]. Advances in Earth Science, 2004,19(6):971-981.

[237] Vanden B J, Verbruggen H. Spatial sustainability, trade and indicators: An evaluation of the ecological footprint [J]. Ecological Economics, 199(29):61-72.

[238] Li M Y, Jiang H. Shortcomings of hypothesis and mistakes of application of ecological footprint model [J]. Research of Agricultural Modernization, 2005,26(1):6-9.

[239] 彭建,吴建生,蒋依依,等.生态足迹分析应用于区域可持续发展生态评估的缺陷[J].生态学报,2006,26(8):2716-2722.

[240] 陈冬冬,高旺盛,陈源泉.生态足迹分析方法研究进展[J].应用生态学报,2006,17(10):1983-1988.

[241] 黄耀.中国陆地和近海生态系统碳收支研究[J].中国科学院院刊,2002,17(2):104-107.

[242] Wackernagel M, Onisto L, Bello P, et al. National natural capacity accounting with the ecological footprint concept [J]. Ecological Economics, 1999, 29 (3): 375-390.

[243] 江苏省建设厅.江苏省建筑工程造价估算指标[M].南京:河海大学出版社,2002:7-8.

[244] 唐沛,杨平.中国建筑垃圾处理产业化分析[J].江苏建筑,2007(3):57-60.

[245] 王罗春,赵由才.建筑垃圾处理与资源化[M].北京:化学工业出版社,2004:2-3.

[246] 陶在朴.生态包袱与生态足迹[M].北京:经济科学出版社,2003.

[247] 范燕宁.社会发展代价问题的历史考察与现实分析[J].武汉大学学报(人文科学版),2001(6):661-668.

[248] 贺善侃.社会发展代价的实质及支付原则[J].学术月刊,2000(8):23-29.

[249] 蔡捷,刘锦棠.发展与代价刍议[J].天津商学院学报(天津),1996(2):28-30.

[250] 罗元.代价问题探索[J].思想战线,1988(3):18-21

[251] 孔圣根.谈历史进步的代价[J].北京社会科学,1994(3):89-92.

[252] 李钢,高静文.试论代价及其本质[J].哲学研究,1996(3):32-35.

[253] 龙柏林.关于代价的哲学思考[J].天府新论,2000(6):35-38.

[254] 鲁明.简论代价的种类及根源[J].哲学研究,1996(3):28-31.

[255] 刘怀玉.马克思的"历史进步代价"理论与发展问题[J].哲学研究,1993(6):10-17.

[256] 刘会洪,王文涛.房地产业的政策博弈与制度变迁[J].改革与开放,2007(4):4-6.

[257] 杨梓.我国房地产利益博弈探究[J].消费导刊,2008(9):20-21.

[258] 辞海编辑委员会.辞海[M].上海:中华书局辞海编辑所,1965.

[259] 罗竹风.汉语大词典[M].上海:汉语大词典出版社,1991.

[260] 郭旭新.论经济转型中的秩序——关于可持续发展的制度经济学解释[J].南京社会科学,2007(1):30-36.

[261] 高峰.社会秩序论——本质及相关问题的总体性研究[D].北京:中共中央党校,2007.

[262] 庾莉萍.房地产市场制度在三个方面亟待创新[J].中国住宅设施,2006(12):24-27.

[263] 魏雅华.2006年中国九大房地产腐败案[J].市场瞭望(财经版),2006(12):46-49.

[264] 道格拉斯·诺思.制度、意识形态和经济绩效[M]//发展经济学的革命.上海:上海人民出版社,2000.

[265] 杜苛桉,王蕊.社会发展代价及其补偿问题研究[J].北京印刷学院学报,2006,14(1):77-80.

[266] 陈星彬.中国房地产市场信用缺失的制度分析[D].大连:东北财经大学,2007.

[267] 卢现祥.西方新制度经济学[M].北京:中国发展出版社,2003.

[268] 蒋伏心,周春平.我国私营企业发展的非正式制度约束[J].江海学刊,2004(1):64-70.

[269] 高燕,王海滋.房价上涨与制度缺陷[J].价格月刊,2007(1):38-39.

[270] 周海平.中国城镇住房制度变迁中的非正式制度研究[D].上海:华东师范大学,2006.

[271] 中国房地产估价师与房地产经纪人学会.房地产基本制度与政策[M].北京:中国建筑工业出版社,2005.

[272] 黄兴文.房地产业需要制度创新(一)[EB/OL].[2007-02-14].http://blog.sina.com.cn/s/blog_4745878201000891.htm

[273] 欧阳新年.资源与环境约束下中国煤炭产业集约化发展研究[D].北京:中国地质大学,2007.

[274] 向晶.集约化农业及其环境效应[D].成都:四川大学,2006.

[275] 秦远建.产业集约化理论与中国汽车产业集约化发展研究[D].武汉:武汉理工大学,2003.

[276] 殷鹏.我国道路运输业的集约化经营发展研究[D].西安:长安大学,1999.

[277] 聂梅生.关于转变住宅建设增长方式的探讨[J].中国房地产,1999(1):38-40.

[278] 王吓忠.房地产企业如何向集约型开发经营转变[J].中国房地产,2000(5):20-22.

[279] 陈庆吉,王殿选.基于C-D生产函数的集约度与粗放度的测度公式及其应用[J].东北电力学院学报,2000,20(3):58-64.

[280] 陈兴祖,李伯亭.经济发展集约化的定量分析[J].技术经济,1995(12):46-48.

[281] 范克危,张婧.房地产企业人力资源管理与生产函数[J].苏州城建环保学院学报,1999,12(2):36-41.

[282] 魏晓华,蒲涛.我国房地产开发行业生产函数析[J].合作经济与科技,2006(8):55-56.

[283] 王瑛.房地产开发中的利益失衡现象及法律制度完善[D].福州:福州大学,2006.

[284] 翟绪微.我国城市房屋拆迁补偿制度研究[D].长春:吉林大学,2007.

[285] 岑艳.我国房地产税收制度改革研究[D].成都:西南财经大学,2007.

[286] 王宇.我国住房保障制度评析[D].大连:东北财经大学,2007.

[287] 黄羽.论我国经济适用房制度的改革与完善[D].厦门:厦门大学,2007.